Weltlese

Herausgegeben von Ilija Trojanow

PETER FRÖBERG IDLING

Pol Pots Lächeln

EINE SCHWEDISCHE REISE
DURCH DAS KAMBODSCHA DER ROTEN KHMER

Aus dem Schwedischen
von Andrea Fredriksson-Zederbauer

Mit einem Vorwort
von Steve Sem-Sandberg

Edition Büchergilde

Die Übersetzung aus dem Schwedischen
wurde gefördert vom Swedish Arts Council, Stockholm.

Titel der Originalausgabe: *Pol Pots leende*

Deutsche Erstausgabe
Aus dem Schwedischen von Andrea Fredriksson-Zederbauer
Lizenzausgabe für die Edition Büchergilde, Frankfurt am Main
Mit freundlicher Genehmigung der
Büchergilde Gutenberg Verlagsgesellschaft mbH,
Frankfurt am Main, Wien, Zürich

Published by agreement with Salomonsson Agency
Herstellung: Thomas Pradel, Oberursel
Satz: Pinkuin Satz und Datentechnik, Berlin
Druck und Bindung: CPI – Clausen & Bosse, Leck
Printed in Germany 2013
ISBN 978-3-86406-021-2
www.edition-buechergilde.de

VORWORT ZUR DEUTSCHSPRACHIGEN AUSGABE

Peter Fröberg Idlings Buch *Pol Pots Lächeln* rief bei seinem Erscheinen in Schweden im Jahr 2006 sehr viel Aufmerksamkeit hervor. Nicht zuletzt deshalb, weil ein vergleichsweise junger Autor sich eines so großen und schwierigen und vor allem streitbaren Themas annahm. Das Buch handelt von Kambodscha während seiner allerdunkelsten Periode in den Siebzigerjahren, in denen das Land vom kommunistischen Diktator Pol Pot regiert wurde und ein großer Teil der Bevölkerung entweder verhungerte oder ermordet wurde. Es handelt auch von einigen Polittouristen, die das Regime einlud, weil sie Hunger und Mord bestreiten und in ihren Heimatländern die Meinung befestigen sollten, dass das über die Massenmedien verbreitete Bild eines Demokratischen Kampuchea mit Zwangsarbeit, Folter und Massenhinrichtungen nur ein Mythos sei, geschürt von den imperialistischen USA und ihren Verbündeten. Unter diesen »nützlichen Idioten«, die in ein sonst so geschlossenes Land eingeladen wurden, gab es auch eine Gruppe von Schweden, vier Vertreter der sogenannten Freundschaftsgesellschaft Schweden-Kampuchea, deren vorderster Wortführer, Jan Myrdal, während vieler Jahrzehnte der vielleicht prägendste schwedische Linksintellektuelle war. Die vier Schweden verbringen im August 1978 zwei Wochen in Kambodscha. Im Buch folgt Fröberg Idling dicht ihrer Spur. Er erkundet, was sie erkunden, wenn sie Dammbauten und Fabrikanlagen besuchen beziehungsweise sich mit Bauern auf den Reisfeldern oder politischen Funktionären unterhalten. Zu Hause berichten die vier mit Überzeugung von einem kambodschanischen Volk, das sich aus Jahrzehnten kolonialer Unterdrückung erhoben habe, das seine politischen Führer verehre, weil es sich zum ersten Mal seit Ausbruch des Krieges satt essen könne, und das zudem nicht die geringste Angst habe, mit Fremden zu reden.

Auftrag ausgeführt, mit anderen Worten?

Nein. Die vier Schweden sahen, was sie sahen. Es gibt außerdem hunderte Bilder, die ihre Beschreibung untermauern – und, wie ein norwegischer Kampuchea-Reisender es ausdrückt: »Menschen, die sich unterdrückt gefühlt hätten, hätten es nicht gewagt, sich in dieser Weise zu verhalten. Keine Macht der Welt hätte sie dazu zwingen können.«

Peter Fröberg Idling zeigt in seinem Buch, dass eine Macht genau das doch tun kann; und dass die 1000 Kilometer lange Potemkin'sche Kulisse, die die vier entlangfuhren, nicht minder wirklich war, nur weil sie diese nicht durchschauten. Er beweist es, indem er die Geschichte Kambodschas und der Roten Khmer bis zum Zeitpunkt jener Reise erzählt, und er macht das so gekonnt, dass die Leserinnen und Leser dieses Buches ganz deutlich erkennen, wie nur wenige Schrittlängen vom Kameraobjektiv der Schweden entfernt ein vollendeter Unterdrückerstaat heranwächst, eben im Begriff, vorsätzlichen Mord an seiner gesamten Bevölkerung zu begehen.

Fröberg Idling ist 1972 geboren; er selbst spricht davon, dass er im Kinderwagen lag, als die Proteste gegen Nixons und Kissingers Luftbombardements auf Kambodscha ihren Höhepunkt erreichten und der Widerstand gegen die Kriege in Südostasien in

Schweden zu einer populären Massenbewegung herangewachsen war. Wie kann denn er, der damals nicht einmal dabei war, jene Aufarbeitung leisten, die die maoistische Linksbewegung der Sechziger- und Siebzigerjahre selbst vor langer Zeit hätte leisten sollen?

Von den vier schwedischen Reisenden wollte eine von Fröberg Idling nicht interviewt werden, zwei sagten, sie würden es bereuen, dass sie sich so leicht täuschen ließen, während der vierte, Jan Myrdal, in der Abendzeitung *Aftonbladet* zu einem wütenden Angriff auf den Autor überging. Myrdal weigerte sich, auch nur einen Fehler zuzugeben oder nur ein Wort zurückzunehmen. (»Ich sah, was ich sah, und darüber habe ich geschrieben.«)

Aber auch in dem medialen Schlagabtausch, der auf das Buch und Myrdals Kommentar folgte, behielt Fröberg Idling die Oberhand. Alle Versuche, ihn zur Seite zu drängen oder sachlicher Fehler zu überführen, missglückten. Peter Fröberg Idling hat selbst viele Jahre lang in Kambodscha gelebt. Er ist an dieselben Orte gefahren und hat zum Teil mit denselben Menschen gesprochen wie die schwedischen Reisenden damals. Auf seine ruhige, methodische Art gelingt es ihm, nicht nur auf die ideologischen Wurzeln des Engagements für das Demokratische Kampuchea zu verweisen, die völlig verständliche Solidarität mit einem kleinen und verarmten Volk, das sich von einer scheinbar unüberwindlichen Übermacht befreit, sondern auch auf die gewissermaßen *existentiellen* Wurzeln dieser Solidarität. Wenn ein solch (auch international) gefeierter Autor wie Per Olov Enquist in einem Artikel in der Zeitung *Expressen* die von den Roten Khmer vollständig entvölkerte Hauptstadt Phnom Penh als »Hurenhaus« bezeichnet, das vom Schmutz des Imperialismus reingewaschen werden müsse, und dass, weiter, die Einzigen, die das Geschehene betrauern würden, die Zuhälter des Hurenhauses seien, wird deutlich, dass hier nicht Enquists politische, sondern vielmehr seine religiöse Radikalität durchdringt, sein Aufwachsen im freikirchlichen Norrland und seine lebenslange Faszination für Erweckungsbewegungen aller Art.

Aber Enquist ist (oder war) mit solchen kopflosen Äußerungen bei weitem nicht allein. Geht man an die Wurzeln, wird sichtbar, in welch großem Ausmaß die linke Bewegung in Schweden ihre Nahrung aus einem verblendenden Idealismus bezog, einem Traum von seelischer Reinheit und von der Rückkehr in einen Zustand verlorener Unschuld, die von Natur aus viel eher biblisch ist als fest in der Wirklichkeit verankert. Mit solchem als Politik verkleideten Puritanismus haben Pol Pots »killing fields« nicht besonders viel gemeinsam, möchte man meinen. Oder gibt es hier doch Verbindungen? Dieser Zweifel, den Fröberg Idling im Bewusstsein des Lesers sät, macht dieses Buch so spannend. Man liest nicht nur weiter, um zu wissen, wie es ausgeht, sondern weil man *verstehen* will. Wir haben alle unsere Scheuklappen. An einer Stelle fragt sich Fröberg Idling explizit: Was ist es, das *ich* nicht sehe?

Wahrscheinlich ist das auch die wichtigste Erklärung für den Erfolg von *Pol Pots Lächeln* nicht nur in Schweden, sondern auch in einer Reihe anderer Länder: seine großen literarischen Qualitäten.

Selbst wenn zwei der vier schwedischen Reisenden im Buch fortlaufend interviewt werden, ist schon von der ersten Seite an offensichtlich, dass hier kein Journalist ihrer Spur folgt, sondern ein literarischer Autor, ein literarischer Autor zudem, der sich der dokumentarischen Reportage als einer Form bedient, vielleicht der einzig möglichen, um die Geschichte zu erzählen, die er erzählen möchte.

Dieser Hinweis ist von einiger Bedeutung. Es gibt heute einen Überfluss an Journalistik, die mit Hilfe verschiedener, mehr oder minder gestelzt eingesetzter literarischer Griffe versucht, zugänglicher und überzeugender zu wirken. Das Ergebnis ist lediglich aufgeblasen, leer und floskelhaft. Peter Fröberg Idling kommt aus einer ganz anderen Richtung. Er ist Autor von Anfang an, und er weiß genau, welche Form zu welcher Art des Erzählens passt. Geschickt flicht er mehrere Handlungsverläufe ineinander, von denen jeder seine ihm eigene Tonlage erhält; und indem diese Verläufe einander ablösen, schaffen sie im Buch eine rhythmische Steigerung, die die Lektüre schließlich unerbittlich macht.

Ständig kristallisieren sich neue Muster heraus, ständig werden neue Zusammenhänge sichtbar.

Vor allem handelt es vom Land selbst, das vom Flugzeug aus den Eindruck erweckt, es bestünde großteils aus Wasser, und dessen politische Geschichte (von der Kolonialzeit bis heute) ebenso schwer zu greifen ist. Fröberg Idling versucht dennoch, einen Hintergrund für jene Gestalten zu skizzieren, die später als Hauptakteure im politischen Drama hervortreten: der stets lächelnde Prinz Norodom Sihanouk, Liebling des Westens, der sich hinter die Revolution der Roten Khmer stellen und ihr die benötigte Legitimität verleihen wird; der junge Französischlehrer Saloth Sar, der später mit durchaus nicht selbstverständlicher Logik (meint Fröberg Idling) zu Pol Pot werden sollte, einem der schrecklichsten Diktatoren der Welt.

Und es handelt natürlich auch vom Besuch der vier Schweden, davon, wie man sehend und blind zugleich sein kann. Was die vier in dem Moment dachten, als sie sich einer Wahrheit anschlossen, die von keinerlei Wirklichkeit untermauert war. Schritt für Schritt verfolgt Peter Fröberg Idling die Frage noch weiter. Wie entsteht Wahrheit? Was ist der Unterschied zwischen dem, was ich sehe, und dem, was ich sehen *will*? Gibt es einen solchen Unterschied überhaupt? Oder sehen wir stets nur das, was uns die Geschichte zu sehen zwingt, damit nicht die ganze Welt aufhört sich zu drehen?

Eine literarische Reportage mit einer im Detail so durchdachten und mehrschichtigen Komposition wie *Pol Pots Lächeln* ist nicht nur in der schwedischen, sondern in der zeitgenössischen europäischen Literatur insgesamt ungewöhnlich. Das Einzige, womit ich sie vergleichen kann, ist Ryszard Kapuścińskis Buch über Angola im Bürgerkrieg. (Die polnische Ausgabe von Fröberg Idlings Reportage wurde übrigens für jenen großen Preis nominiert, der vor einigen Jahren gestiftet wurde und Kapuścińskis Namen trägt.) Beide Autoren haben einen entwickelten Sinn für die Architektur eines Textes, dafür, wie kleinste Textbausteine zur Gesamtheit beitragen; und wie man sinnliche Details literarisch verwaltet.

Jenseits von Kapuściński scheint mir jedoch, dass die Vorbilder, die Peter Fröberg Idling am nächsten stehen, unter den schwedischen Reise- und Reportagebüchern zu finden sind, die auf das politische Erwachen in den späten Sechzigerjahren folgten. Parallel zur politischen Radikalisierung in Schweden kam es auch zu einer ästhetischen. Es wurden nicht nur die Mauern zwischen Elite und Volk niedergerissen, zwischen privat und politisch, sondern auch die zwischen der sogenannten Hochkultur und jeder anderen Form der Kultur. Die Hochkultur zog hinaus zum »Volk«, und eine Konsequenz daraus war, dass literarische Autoren begannen, dokumentarische Texte über Phänomene in ihrer unmittelbaren Nähe zu schreiben: von den Gruben und Fabriken. Auch wenn der Tonfall in diesen Büchern zeitweise recht dogmatisch und belehrend ist, sind viele davon heute lebende Klassiker, wie zum Beispiel Per Olov Enquists glänzender Roman *Die Ausgelieferten* (*Legionärerna*, 1968), Sven Lindqvists *Myten om Wu Tao-tzu* (»Die Sage von Wu Daozi«, 1967) oder Sara Lidmans Reportage über die Grubenarbeiter in Kiruna (*Gruva*, 1969).

Obwohl *Pol Pots Lächeln* den ideologischen Eifer dieser Bücher durch gesunden Zweifel ersetzt und das Programmatische in sein Gegenteil verwandelt hat, in eine hellhörige und forschende, ständig in Frage stellende Neugier, ist es über weite Strecken diese sehr schwedische Tradition des literarischen Dokumentarismus, auf die *Pol Pots Lächeln* zurückgreift und die sie weiterführt.

Steve Sem-Sandberg, 2012

HOU YOUN: Doktor der Wirtschaftswissenschaften, Ausbildung in Paris. Mitglied des marxistischen Zirkels in Paris. Parlamentsabgeordneter und bekannter Linksoppositioneller der Sechzigerjahre. Später Innenminister des GRUNK, der Exilregierung von Prinz Sihanouk. 1975 oder 1976 ermordet.

HU NIM: Wirtschaftswissenschaftler, Ausbildung in Frankreich. Parlamentsabgeordneter, Finanzminister und bekannter Linksoppositioneller der Sechzigerjahre. Propaganda- und Informationsminister im Demokratischen Kampuchea. 1977 hingerichtet.

IENG SARY: Ausbildung in Paris. Gründer des marxistischen Zirkels in Paris. Außenminister des Demokratischen Kampuchea. Schwager von Pol Pot. Verließ die Roten Khmer 1996.

IENG THIRITH: Ausbildung in Paris. Sozialministerin des Demokratischen Kampuchea. Verheiratet mit Außenminister Ieng Sary. Schwägerin von Pol Pot. Verließ die Roten Khmer 1996.

ISOUP GANTHY: verantwortlich für die Vertretung von Sihanouks Exilregierung in Stockholm 1973–75. Zuvor in Albanien postiert. 1976 hingerichtet.

KAING GUEK EAV / DUCH: Lehrer, Ausbildung in Kambodscha. Kommandant von S-21, dem Gefängnis der Geheimpolizei in Phnom Penh. 1999 verhaftet.

KHIEU PONNARY: eine der ersten Studentinnen Kambodschas. Ausbildung in Paris. Mitglied des Zentralkomitees und Frauenbundsvorsitzende des Demokratischen Kampuchea. Verheiratet mit Pol Pot. Erkrankte in den Siebzigerjahren an Schizophrenie. 2003 gestorben.

KHIEU SAMPHAN: Doktor der Wirtschaftswissenschaften, Ausbildung in Paris. Übernahm von Ieng Sary den Vorsitz des marxistischen Zirkels in Paris. Parlamentsabgeordneter und bekannter Linksoppositioneller der Sechzigerjahre. Ab 1976 Staatschef des Demokratischen Kampuchea. Verließ die Roten Khmer 1998.

LON NOL: General und unter anderem Verteidigungsminister unter Prinz Sihanouk, den er in einem Staatsstreich 1970 stürzte. Präsident bis zur Machtübernahme der Roten Khmer 1975. Exil in den USA. 1985 gestorben.

MEY MAK: Fluglotse beim Flughafen Pochentong in der Zeit des Demokratischen Kampuchea. In den Achtzigerjahren Pol Pots Sekretär. Verließ die Roten Khmer 1998.

NORODOM SIHANOUK: 1941 zum König gekrönt. Abdankung 1955, behielt allerdings die Macht als Prinz. 1970 in einem Militärstreich abgesetzt. Bildete zusammen mit den Roten Khmer eine Exilregierung, GRUNK. Staatsoberhaupt des Demokratischen Kampuchea 1975–76. Danach unter Hausarrest. 1993 neuerlich zum König gekrönt. 2004 aus gesundheitlichen Gründen abgedankt. 2012 gestorben.

NUON CHEA: Jurist, Ausbildung in Thailand. Stellvertretender Ministerpräsident des Demokratischen Kampuchea und Pol Pots rechte Hand von den Sechzigerjahren bis zu dessen Tod. Verließ die Roten Khmer 1998.

OK SAKUN: Ausbildung in Paris. Vorsitzender des marxistischen Zirkels in Paris Ende der Sechzigerjahre. Führte die Delegation der Freundschaftsgesellschaft Schweden-Kampuchea. Vertrat später das Demokratische Kampuchea in Genf. 2002 gestorben.

SALOTH SAR / POL POT: Ausbildung in Paris. Leitung der Kommunistischen Partei Kambodschas, Ministerpräsident im Demokratischen Kampuchea und nach 1975 Frontfigur der Roten Khmer. 1998 gestorben.

SOK RIM: führte die Delegation der Freundschaftsgesellschaft Schweden-Kampuchea.

SON SEN: Lehrer, Ausbildung in Paris. Mitglied des marxistischen Zirkels in Paris. Im Demokratischen Kampuchea für die Nordostzone verantwortlich. Später Verteidigungsminister. 1997 ermordet.

SUONG SIKOEUN: Ausbildung in Paris. Mitglied des marxistischen Zirkels in Paris und langjähriger Redakteur dessen Zeitung. Einer der engsten Mitarbeiter von Außenminister Ieng Sary und Außenamtspressesprecher im Demokratischen Kampuchea. Zuständig für ausländische Besuche von geringerer Priorität. Verließ die Roten Khmer 1996.

TA MOK: Mitglied der Khmer Issarak, der bewaffneten Guerilla, die für die Befreiung Kambodschas von Frankreich kämpfte. Im Demokratischen Kampuchea für die Südwestzone verantwortlich. Wurde Anführer der Roten Khmer, nachdem er Pol Pot 1997 abgesetzt hatte. 1999 verhaftet und 2006 in der Haft verstorben.

THAILAND
LAOS
Siem Reap
Malai
Battambang
Pailin
Lumpat
Kompong Thom
KAMBODSCHA
Skuon
Kompong Cham
Phnom Penh
Neak Loeung
Kampot
Sihanoukville
Kompong Som
VIETNAM

Ein Vorschlag

»doch, es ist warh«

L. M. Raattamaa, aus: Politische Gewalt

1.

Eine Straße in der Landschaft. Man kann keine siebzig halten, ohne die Kurven, Frostaufbrüche, Spurrillen zu spüren. Der Unterschied zu den Straßen in Kambodscha ist nicht groß. Ein uralter Pfad, der mit den Jahrhunderten breiter wurde. Mit Asphalt belegt in neuerer Zeit. Ein Belag, der heute abgenutzt und aufgesprungen ist. Der Blick der Gesellschaftskonstrukteure ist auf anderes gerichtet.

Mein Auto wurde 1971 gebaut. Der einstmals rote Lack ist fleckig, und in der oberen linken Ecke der gesprungenen Windschutzscheibe steht eingraviert »Made in West Germany«. In diesem Jahr führten die USA 61 000 Bombenangriffe auf Kambodscha durch, Pol Pot hieß noch Saloth Sar, und mich gab es nicht.

Dies ist das erste Gespräch.

Die Vorsommersonne steht tief über den Fichten. Hellgrüne Felder mit Findlingen breiten sich aus, sobald die Bäume weniger werden. Tausend Jahre lang haben Menschen hier die Erde gepflügt.

Ich denke, dass die Straße der Situation entspricht, weil sie mit ihren Schwestern in Kambodscha mehr gemein hat als die E4. Ich denke, dass das Auto ihr entspricht, weil es im Dienst war, bevor das Demokratische Kampuchea in die Landkarten eingetragen wurde. Ansonsten weiß ich nicht so recht.

Das Tor im Zaun ist grün. Auf beiden Seiten wächst eine hohe, blühende Fliederhecke. Durch die Blätter schimmert ein altes rotes Haus.

Ist es das, was ich erwartet habe?

Ich habe doch nichts erwartet.

Aber doch vielleicht nicht gerade das. Nicht ein kleines rotes Haus inmitten von Fliederblüten an einer solchen Straße.

2.

Es dauert nicht ganz fünf Minuten, die 475 Meter vom Eingang Angkor Wats bis in den innersten Tempel zu gehen. Errichtet im 12. Jahrhundert, sind dessen Türme Symbole der fünf heiligen Berge in Indien. Das Meer wird von einem mächtigen Wassergraben dargestellt, und über die umliegenden zehn Quadratkilometer breiten sich Teiche aus, groß wie Seen, von Hand gegraben. Dazwischen stehen hunderte großer Tempel. Es gibt auf der Welt nichts Vergleichbares.

Als Angkor Wat gebaut wurde, hat dort angeblich über eine Million Menschen gelebt. Somit war es damals die größte Stadt von allen. Größer als Peking, größer als Paris. Die Silhouette Angkor Wats findet sich auf allen Nationalflaggen Kambodschas. Sie ist im Gegen-, Morgen- und Abendlicht in Fotobänden und auf Ansichtskarten abgebildet. Touristen kommen aus der ganzen Welt, um sie zu sehen. Und das Gebäude ist zweifellos atemberaubend schön.

Weniger oft ist davon die Rede, wie die Tempel gebaut wurden. Wie so viele prachtvolle Gebäude mit derart primitiven

Mitteln in so kurzer Zeit errichtet werden konnten. Die Historiker meinen, dass dafür eine Sklavengesellschaft nötig gewesen sein muss. Ein einziges großes Arbeitslager.

Es ist leicht, Zahlen zu nennen, die sich auf Höhe und Breite und auf die Zeitangaben beziehen. Aber wie viele Leben hat es gefordert, um dieses Weltwunder zu bauen?

Wie lange hat es gedauert, den Schrecken und die Unterdrückung zu vergessen und nur die Monumente zu sehen?

3.

Es lässt sich ganz einfach erzählen, in der gängigen Variante.

Der Krieg in Vietnam führte zur Destabilisierung des neutralen Nachbarlands Kambodscha. 1970 wurde das Staatsoberhaupt, Prinz Sihanouk, in einem Staatsstreich unter der Führung von General Lon Nol abgesetzt. Danach brach ein Bürgerkrieg zwischen dem von den USA unterstützten Lon-Nol-Regime und der kommunistischen Guerilla aus, welche die Roten Khmer genannt wurde. Mit dem Abzug der USA aus Südvietnam 1975 kam auch die Regierung Kambodschas zu Fall. Die Roten Khmer übernahmen die Macht und begannen unter der Leitung des zuvor unbekannten Pol Pot mit einem radikalen Umbau der Gesellschaft. Das Land wurde in Demokratisches Kampuchea umbenannt und die Bevölkerung der Städte in die ländlichen Gebiete deportiert, wo man sie zu Zwangsarbeit heranzog. Privateigentum, Religion und Geld wurden abgeschafft. Das Ziel war eine maoistisch inspirierte Bauernutopie. Wie sich später zeigte, war Pol Pot gleich Saloth Sar, ein ehemaliger in Frankreich ausgebildeter Lehrer. Im Verlauf der nächsten gut dreieinhalb Jahre starben mindestens 1,7 Millionen Menschen, ein Fünftel der Bevölkerung, durch Entbehrungen, Krankheiten und Hinrichtungen. Im Dezember 1978 erfolgte der Einmarsch Vietnams in das Demokratische Kampuchea. Pol Pot wurde gestürzt und eine vietnamtreue Regierung installiert. Die Roten Khmer nahmen ihren Guerillakrieg von Stützpunkten an der thailändischen Grenze aus erneut auf. Mit dem Tod Pol Pots 1998 legten sie endgültig ihre Waffen nieder. Kambodschas erste demokratische Wahl, organisiert von der UNO, wurde 1993 abgehalten.

So sieht *Geschichte* aus.

Pol Pot aus dem Dschungel, aus dem Nirgendwo. Reihenweise Totenschädel. Einfach und unbegreiflich.

4.

Es ist meine erste Erinnerung. Das Innere eines Kinderwagens. Die Erwachsenen, die draußen gehen, alle in dieselbe Richtung. Ich glaube, der Himmel ist grau, aber das kann eine nachträgliche Zuschreibung sein. Wir schreien, sie gehen, und ich werde bald drei Jahre alt sein. Ich erinnere mich daran, wie lustig ich es gefunden habe, dass wir »Kiss«* schreien. Wenngleich nicht ganz, denn wir skandieren »Kissinger«.

Kissinger!
Kissinger!
Mör! Der!

Kissinger!
Kissinger!
Mör! Der!

Wir sind in Stockholm, und es ist der 17. April 1975. »Der Ami steckt die Prügel ein, heut Abend will gefeiert sein«, lautet die Parole. Phnom Penh ist gefallen, und hier ist der Ort, an dem alles seinen Anfang nimmt.

Aber eigentlich ist klar, dass das nicht der Ort ist, an dem alles anfängt. Wie sollte es in Stockholm seinen Anfang nehmen können? Eher fängt es in einer kleinen Bibliothek mit schwedischen Büchern in Phnom Penh an. Eine schwedische Entwicklungsorganisation und ein Praktikant. Er stammt von der Westküste, vielleicht Göteborg. Das legt zumindest die Lautfärbung nahe, mit der er sagt, dass die verflucht noch mal nicht ganz dicht sind. Er zeigt auf ein dünnes Buch mit einer Schwarzweißfotografie. Die sind verflucht noch mal nicht ganz dicht, sagt er, und das Buch wird von einem vergilbten Klebeband zusammengehalten.

Das Buch trägt den Titel *Kampuchea zwischen zwei Kriegen* und wurde im Frühjahr 1979 veröffentlicht. Es ist eine überaus enthusiastische Reiseerzählung aus dem Demokratischen Kampuchea Pol Pots.

Die Autoren sind in alphabetischer Reihenfolge angeführt. Vielleicht aus Tradition oder als akzeptable Hierarchie für jene, die sich Hierarchien widersetzen.

Inoffiziell ist die Ordnung aber eine andere. Ein psychiatrischer Pfleger, eine Studentin, eine Journalistin und ein weltberühmter Autor.

Drei Personen um die dreißig, der letztgenannte um die fünfzig.

Zwei Frauen und zwei Männer.

Eine der Frauen ist mit einem Kambodschaner verheiratet, den sie einige Jahre zuvor in Frankreich getroffen hat. Sie ist

* auf Schwedisch Urin (»Pipi«); Anm. d. Ü.

diejenige, die die jungen linksradikalen, intellektuellen Kambodschaner am besten kennt. Ihr Mann ist Revolutionär und war anfangs an der Gesandtschaft in Ostberlin stationiert.

Als die vier Schweden durch das Demokratische Kampuchea reisen, ist er wahrscheinlich schon tot, zermalmt von der Revolution, für die er kämpfte.

Sie und die anderen Schweden wissen das nicht. Man nimmt an, er sei zu beschäftigt, sie zu treffen, zu beschäftigt mit seinen revolutionären Pflichten.

Aber der Anfang liegt natürlich auch nicht in jener Bibliothek mit dem entrüsteten Göteborger. Es fängt nicht mit dem abgegriffenen Buch und den Namen in alphabetischer Reihenfolge an. Es fängt an einem anderen Ort an. Falls man überhaupt sagen kann, dass es anfängt. Eins führt zum andern. Kehrt zurück oder kehrt scheinbar zurück. Zirkuliert. Wir könnten ja sagen, der Anfang besteht darin, dass die Geschichte endet? Wir könnten sagen, er besteht darin, dass die Geschichte beginnt? Oder dass sie möglicherweise von neuem beginnt? Oder darin, dass sie ganz einfach weitergeht?

5.
[Wie ein Flimmer weiß]

Ein Treffer vor sechzig Jahren.

Einer von Saloth Sars Schulkameraden aus der Oberstufe erinnert sich noch daran.

Ein Fußballspiel an der Schule in Kompong Cham. Ein Fallrückzieher. Der bleibt bis heute, wenn auch so viel anderes verschwunden ist.

Er soll ein guter Fußballer gewesen sein, Saloth Sar. Noch

lange nicht Pol Pot. Einfach Saloth Sar. Ein Balltalent mit einer Schwäche für französische romantische Poesie. Paul Verlaine. Victor Hugo. Und er spielte gerne Geige. Darin war er weniger gut, sagen die, die sich erinnern.

Man stellt sich den schweren braunen Lederball vor. Vielleicht eine Flanke. Wie er mit dem Rücken zum Tor hochspringt, die Beine wie eine Schere aufklappt, beinahe waagrecht in der Luft liegend. Den Ball trifft und mit Kraft Richtung Tor schickt.

Wer war Torwart? Das ist in Vergessenheit geraten.

Lon Non etwa, der kleine Bruder von Lon Nol, dem künftigen Putschisten, und Saloth Sars bester Freund?

Oder vielleicht Khieu Samphan, der später Staatschef des Demokratischen Kampuchea wurde? Der Richtersohn war ein Streber und einige Jahre jünger. Er wird wohl als Feldspieler kaum zu gebrauchen gewesen sein.

An den Fallrückzieher erinnert man sich, dort auf dem Spielfeld in der Provinzhauptstadt.

Saloth Sar sollte etwas mehr als dreißig Jahre später dem Todesurteil gegen Lon Non zustimmen. Wenn nicht schon früher, so standen sie dann endgültig auf verschiedenen Seiten des Felds. Dachte er ein wenig an die Zeit, in der sie unzertrennlich waren, bevor er grünes Licht für die Hinrichtung gab? Als sie Fußball spielten und gemeinsam im Mekong badeten? Oder hatten die Selbstkritikseminare der Revolution erfolgreich alle Sentimentalitäten unterdrückt?

Der Fallrückzieher, das Tor. Der charmante Saloth Sar. Lächelnd. Wie jeder andere Torschütze auch.

6.

Die Vorderseite des zusammengeklebten Buches zeigt ein schwarzweißes Bild. Menschen, die an einem Flussdamm Erde tragen. Geflochtene Körbe und manche in schwarzer Kleidung. Zwei Jugendliche, in der Mitte platziert, begegnen dem Blick des Betrachters mit einem zarten Lächeln.

Auf der Rückseite ist die schwedische Delegation vor Angkor Wat aufgestellt. Es ist August, bewölkt und warm. Sie tragen kurzärmelige Hemden und Sandalen. Die Kleidung sieht auffallend anspruchslos aus. Ist das eine bewusste Wahl?

Außen rechts steht Hedda Ekerwald. Sie lächelt schwach, ein wenig so, als hätte sich der Fotograf viel Zeit genommen und das Lächeln wäre langsam gewichen. Dann Gunnar Bergström, der Vorsitzende, ernst, mit überkreuzten Armen und in China erworbener Maomütze. Daneben Marita Wikander, lächelnd, mit der Regenjacke in den Händen. Außen links Jan Myrdal, der etwas anhat, das nach schwarzen Halbschuhen aussieht. Auch er scheint fröhlich, beinahe knabenhaft hochgestreckt, mit Rucksack und einer massiven Armbanduhr.

Das Gras, auf dem sie stehen, ist kurz mit breiten Blättern. In etwa fünfzig Metern Entfernung Angkor Wats mächtige Türme. Eine einzelne Zuckerpalme streckt ihre borstige Krone in den grauen Himmel. Sie befindet sich neben der Treppe vor einem der Eingänge in die Tempelmauer. Sie neigt sich leicht nach rechts. Wenn sie dort noch steht, sollte es einfach sein, die Stelle zu finden, von der aus die Fotografie aufgenommen wurde.

Falls es dieselbe Stelle ist, würde man dann sehen, was sie sahen?

7.

Am 15. Mai 1975, einen knappen Monat nach der Einnahme Phnom Penhs durch die Roten Khmer, schreibt Per Olov Enquist in *Expressen*:

»Jahrelang vergewaltigte der abendländische Imperialismus ein asiatisches Land, tötete fast eine Million Menschen, verwandelte eine schöne kambodschanische Kulturstadt in ein Ghetto, in ein Hurenhaus.

Doch das Volk erhob sich, befreite sich, warf die Eindringlinge hinaus, fand, dass diese schöne Stadt wiederhergestellt werden müsse. Da räumte man das Haus und fing an, sauber zu machen. Man begann die Böden und Wände zu scheuern, weil die Menschen hier nicht in Erniedrigung leben sollten, sondern in Frieden und mit Würde.

Im Westen fließen da Krokodilstränen. Das Hurenhaus entrümpelt, die Aufräumarbeiten sind im Gang. Darüber können nur Zuhälter Trauer empfinden.

Es lehrt uns jedoch, dass der Kampf kein historisches Monument ist, kein lebloses Denkmal; er dauert fort.«

Der Kampf geht weiter. Wir wollen das im Kopf behalten.

8.

DER SPATEN IST DEIN STIFT, DAS REISFELD DEIN PAPIER!

9.

Immer, wenn ich mir die Radionachricht vom 18. April 1975 anhöre, ist es dasselbe. Die sachliche und deutlich artikulierte Agenturstimme, die Zeitlosigkeit der Ausstrahlung. Ich spiele sie erneut.

»Die Stille aus Kambodschas Hauptstadt Phnom Penh ist nun praktisch total. Die Verbindungen sind unterbrochen. Vom Radio der Nationalen Front wurde heute lediglich gemeldet, dass man Kambodschas zweitgrößte Stadt, Battambang, und acht andere kleinere Städte eingenommen hat.«

Als würde man an der Grenze stehen und über die Reisfelder und Zuckerpalmen blicken. Der blaue Himmel, der sich über alles spannt. Die Stille in der Landschaft. Das Fehlen von Bewegung. Dort hinter dem Horizont hat man den Schlüssel umgedreht, und die Mechanik setzt sich langsam und mühevoll in Gang.

10.

Es ist ein Land des Wassers. Mein Flugzeug fliegt nicht über eine Landschaft, es fliegt über ein Meer. Ich frage mich, wie zum Teufel wir hier landen sollen. Schmale Straßen, von Bäumen gesäumt, verlaufen gerade durch die braunen Wellen. Wir haben September und die Regenperiode neigt sich ihrem Ende zu. Der Mekong scheint über das gesamte Land geschwollen zu sein.

Beinahe so sah es auch am 12. August 1978 aus, als sich eine chinesische 747 nach fünf Stunden Flug Phnom Penh näherte. Nur etwas weniger Wasser. Im Flugzeug saßen die schwedische Delegation und eine Tanztruppe aus Rumänien in Urlaubskleidung. Die Wolkendecke öffnete sich und drei der vier Schweden sahen zum ersten Mal das Land, dem sie die letzten Jahre gewidmet hatten.

Die Reisfelder, die Sonne und das braune Wasser. In ihr Reisetagebuch schreibt Hedda Ekerwald, dass ihr Tränen in die Augen stiegen, denn überall war die Landschaft von Bombenkratern durchsetzt.

11.

Die mikroverfilmten Zeitungsseiten flackern vorbei, projiziert mit weißem Licht auf die Scheibe vor mir. Die Projektoren sind in dem halbdunklen Saal unter der Königlichen Bibliothek in Stockholm in Reihen aufgestellt. Die meisten sind besetzt und rasseln, wenn ihre Benutzer vor- oder zurückspulen. Jeder von ihnen sitzt bei seinem Viereck Licht, angefüllt mit vergessenen Nachrichten und Fotografien.

15. April 1975. Ich spule vor. Die Seiten laufen mit hoher Geschwindigkeit vorbei. 16. April 1975. Ich spule weiter. Bilder, Anzeigen, der Fußballer Ralf Edström hat sich einen Riss in der Lippe zugezogen, Olof Palme bezeichnet die Tschechoslowaken als Kreaturen der Diktatur.

17. April 1975. Die Titelseiten der Abendblätter *Aftonbladet* und *Expressen* bringen dieselbe Nachricht: »Phnom Penh ist gefallen.« Ihre jeweiligen Reporter berichten direkt aus der Stadt. Freudenszenen und Verbrüderung. Guerillakämpfer und Regierungssoldaten, die einander umarmen. Waffen, die verstummt sind. Beide haben gesehen, wie ein totenbleicher Ministerpräsident, Sirik Matak, beim Roten Kreuz Schutz gesucht hat. Wie er am Zaun gezwungen wurde umzukehren.

Die Berichte gehen auf den folgenden Seiten weiter.

Den Morgenzeitungen ist es nicht gelungen, die Nachricht ins Blatt zu nehmen. Sie wird am nächsten Tag groß aufgemacht.

Als Revolutionsführer werden Prinz Sihanouk und Khieu Samphan genannt. Khieu Samphan ist einer mehr in der Reihe intellektueller und bildschöner Revolutionäre. Ein klein wenig kambodschanischer Che Guevara. So anders im Vergleich mit den Linkssympathisanten der westlichen Welt, aber dennoch so ähnlich. Ein Mann, der lebt, was er predigt. Auf den Fotografien lächelt er in die Kamera, im Hintergrund ist der Dschungel zu erkennen, der beinahe zehn Jahre sein Zuhause und seine Guerillabasis war.

Nirgendwo sieht man den wirklichen Führer. Bei der Aufzählung revolutionärer Schlüsselfiguren fehlt sein Name. Pol Pot, außerhalb des innersten Zirkels unbekannt, bleibt weiterhin im Schatten.

An den darauffolgenden Tagen wird die Berichterstattung immer knapper. Das Demokratische Kampuchea wurde geschlossen. Alle Verbindungen sind unterbrochen. Gerüchte besagen, dass die Städte geräumt werden, was Vertreter der neuen Regierung zurückweisen. Die Zeitungskommentatoren sind verwirrt. Wie ist das zu verstehen? Die Analyse ist vorsichtig. Aber es geschieht so viel anderes in der Region. Der Krieg in Vietnam geht in seine absolute Endphase. Das füllt die Spalten. Und einige Tage später die Geiselnahme durch die Rote-Armee-Fraktion an der westdeutschen Botschaft in Stockholm. Die internationale Revolution wird mitten im schwedischen Wohlfahrtsfrühling ausgefochten werden.

Ich drehe an den Reglern. Die Seiten fließen vorbei. Es ist eine andere Zeit. Welcher Staatsstreich in einem Land der Dritten Welt würde heute einen Zeitungsaushang und eine Titelseite hervorrufen? Welcher Krieg ohne direkte Beteiligung der USA oder der EU würde den besten Nachrichtenplatz in der Boulevardpresse belegen?

Die Zeitungen sind kommerziell, damals wie heute. Sie schreiben, was sich verkauft, was eine große Mehrheit lesen will.

Es wird hin und wieder darauf verwiesen, dass das Interesse der damaligen Zeit für kleine, arme Länder hinter dem Horizont auf Egoismus beruhte. 1975 herrschte Kalter Krieg. Jeder unbedeutende lokale Konflikt konnte sich unter Einmischung der Großmächte zu einem globalen Atomwaffenkrieg ausweiten. Deshalb war es wichtig, sich über die Entwicklung in Angola, in Kambodscha und auf Kuba auf dem Laufenden zu halten.

Es kann zudem so gewesen sein, dass man sich damals ganz einfach mehr aus anderen Menschen machte, auch aus jenen, die außerhalb der westlichen Welt lebten.

Was auch immer zutrifft, die Größe der Schlagzeilen sagt etwas über die Freundschaftsgesellschaft Schweden-Kampuchea. Freilich war sie nur eine kleine Abspaltung der FNL-Bewegung, aber der Konflikt in Kambodscha war nichts, was lediglich eine verschwindende Minderheit beschäftigte. Er war bestens bekannt. Es war selbstverständlich, dass der Reise der Delegation, mit Jan Myrdal als Zugpferd, Aufmerksamkeit zuteilwürde.

Die Reise in das Land, das sich in sich selbst eingeschlossen hat. Das Reich der Träume. Das Schlachthaus.

12.

Sven-Oskar Ruhmén von *Aftonbladet* befand sich am 17. April 1975 in Phnom Penh. Einen Tag später beschrieb er den Einmarsch der Roten Khmer:

»Für einen schwedischen Zuschauer war das ein phantastischer Anblick. Ich persönlich habe niemals zuvor eine so schöne Szene erlebt. Ich fühlte mich glücklich und erleichtert und angesichts dessen, was ich sah, konnte ich die Tränen nicht zurückhalten.«

Das war die letzte Meldung, die aus Phnom Penh gesendet wurde, bevor alle Telefone, Rundfunksender und Fernschreiber verstummten.

13.

DIE MINDERHEIT MUSS DER MEHRHEIT WEICHEN!

14.

[Wie ein Flimmer weiß]

»Wir kamen uns wie Affen vor, direkt aus dem Dschungel.«

Mey Mann war 1949 in der gleichen Gruppe der einundzwanzig Stipendiaten wie Saloth Sar. Sie reisten gemeinsam: Phnom Penh–Saigon. Danach Saigon–Paris.

Die Ankunft in Saigon war der Grund, weshalb er sich wie ein Affe vorkam. Es war eine völlig andere Stadt als Phnom Penh. Sie war der Handelsknotenpunkt für die gesamte Region. Der große Ausschiffungshafen der Franzosen. Phnom Penh andrerseits war für seine Ruhe bekannt. Die breiten schattigen Boulevards, beinahe ohne Verkehr. Die Flüsse Tonlé Sap und Mekong, die an den Kais zusammentrafen, groß und träge. Als gäben sie das Tempo vor.

Saigon war etwas völlig anderes.

Und dann: ss Jamaique, auf Europa zu. Ein rostiges Passagierschiff, das von der französischen Armee konfisziert wurde. Vier Wochen in der vierten Klasse. Das Meer, die unbekannten Küsten. Es ist ein Abenteuer, das sich die einundzwanzig jungen Männer kaum zu erträumen gewagt haben.

Saloth Sar an der Reling. Der Wind, die Sonne und der Wellengang, aufgrund dessen die Mehrzahl seiner Kameraden von der Seekrankheit gefangen gehalten wird. Er ist vierundzwanzig Jahre alt und nun Teil einer sehr privilegierten Schar.

Während der letzten fünfzig Jahre wurden weniger als zweihundertfünfzig Kambodschaner im Ausland ausgebildet.

Was denkt er, nun, da er die ihm vertraute Welt für eine verlässt, die er nur vom Lesen kennt?

Sie sorgten sich wegen der europäischen Kälte, erzählt Mey Mann viel später. Aber daran werden sie wohl kaum als Erstes gedacht haben. Wie würden die Studien verlaufen? Wo sollten sie wohnen? Oder waren das bloß Kleinigkeiten im großen Abenteuer?

Mit auf dem Schiff sind französische Soldaten auf dem Nachhauseweg vom Krieg in Vietnam. Saloth Sar freundet sich mit ihnen an. Jeden Abend geben sie ihm einen Krug Rotwein aus ihrer eigenen Ration, den er mit den übrigen Studenten teilt.

Er kümmert sich auch um die Verköstigung. Die kambodschanischen Studenten halten das französische Schiffsessen für ungenießbar. Als sie in Dschibuti anlegen, nutzen sie die Gelegenheit, um Kräuter und Zitronen zu kaufen. Sachen, die sie erkennen. Saloth Sar ist der Koch der Gruppe. Ein ungeahntes Talent.

Der Wein und das Essen. Das muss ihm sehr gelegen kommen. Er gilt als Mann mit Sinn für die schönen Seiten des Lebens. Ein Bonvivant. In Phnom Penh lässt er seine neunzehnjährige Freundin Soeung Son Maly zurück. Die von den anderen

Männern »die Schönheitskönigin« genannt wird. Von denen, die Kambodschas Unabhängigkeitskampf diskutieren. Das tut Saloth Sar nicht. Er erbettelt sich Wein und träumt von Mademoiselle Soeung.

15.

In einem Bücherregal meines Elternhauses finde ich ein bekanntes Buch. Die Vorderseite ist verloren gegangen, aber darauf stand *Das Geschichtsbuch*. Dass das Buch auseinanderfällt, scheint recht üblich. Gedruckt wurde es in einem alten Rinderstall 1970 vom damals neu gestarteten Verlag Ordfront. Der Leim, den man verwendete, war im vorangegangenen Winter gefroren und die Bücher sind davon brüchig geworden.

Das Geschichtsbuch war der erste große Verkaufserfolg des Verlags und ich erinnere mich, es als Kind oft gelesen zu haben. Es ist großteils eine Comic-Schilderung der Geschichte. Anstelle von Königen und Kriegen erzählt es von den Verhältnissen der gewöhnlichen Menschen, von der Eiszeit bis in die Gegenwart.

In die damalige Gegenwart also.

Die letzten Seiten sind dem Kolonialismus und den Revolutionen der Sechzigerjahre gewidmet. Über eine Doppelseite ist ein Spruchband drapiert. Darauf steht »Korea Kuba Vietnam China Albanien«.

Darunter ein idyllisches Bild von Menschen, die gemeinsam auf einem Feld arbeiten.

Ich lese: »Das ganze Volk machte mit und befreite sein Land. Nun galt es, dafür zu sorgen, dass ihnen keine Bürokraten, Parteibonzen oder Techniker die Macht wegnahmen! Damit die Büroangestellten und Beamten nicht glaubten, sie seien besser als die Arbeiter, müssen sie jedes Jahr eine Zeitlang probeweise in Fabrik oder Landwirtschaft werken. Universität und andere höhere Bildung stehen Arbeitern und Bauern offen. Die Bauern werden nicht wie in der Sowjetunion in große Industriestädte gezwungen. Stattdessen baut man Fabriken in Dörfern und Kleinstädten, wo die Leute bereits wohnen.«

16.

WENN DU DEN FEIND VERNICHTEN WILLST, DANN MUSST DU DEN FEIND IN DIR VERNICHTEN!

17.

Vier Schweden, die Kambodscha zu einem Zeitpunkt besuchten, da beinahe niemand über die Grenze gelassen wurde. Ein Land, in dem eine gut geschmierte Höllenmaschinerie ohne Unterlass arbeitete und jeden Tag über tausend Kinder, Frauen und Männer starben.

Bleibt man in der Welt der Statistik, so waren 1330000 Menschen bereits gestorben, als das Flugzeug der Schweden über Phnom Penh zur Landung ansetzte.

Die Namen der Toten hätten knapp 10500 Buchseiten wie diese gefüllt oder auch dreißig Bücher dieses Umfangs.

Weitere 2900 Seiten warteten ungeschrieben auf die noch Lebenden, die sterben würden.

Das Beispiel ist billig. Es stimmt auch nicht. 1978 starben mehr als in den vorangegangenen Jahren. Die Sklavenarbeit hatte die Körper völlig entkräftet, der Hunger wurde immer umfassender, die Säuberungen noch willkürlicher.

Man landet leicht bei den Zahlen. Wie sonst soll es gezeigt werden? Es geht nicht, sich alle Gesichter, alle Leben vorzustellen. Sechs Tsunami-Katastrophen, nicht verstreut über halb Süd- und Südostasien, sondern konzentriert auf ein Land, halb so groß wie Schweden? Eine Welle, die umherrast, Jahr für Jahr, durch Ortschaften und über Reisfelder?

Es bleibt unmöglich, sie alle in einer einzigen Empfindung zu umschließen, in einem einzigen Gedanken.

Ein abgenutztes Buch mit vier Namen in alphabetischer Reihenfolge. Gunnar Bergström, Hedda Ekerwald, Jan Myrdal und Marita Wikander. Jene, die dort waren.

Jan Myrdal ist seit den Fünfzigerjahren ein Name in der schwedischen Öffentlichkeit. Weiterhin als Autor tätig, eine streitbare Stimme in der gesellschaftlichen Debatte. Aber die anderen? Wo befinden sie sich heute? Wie sehen die stickigen, heißen Augustwochen in ihrer Erinnerung denn aus, so fünfundzwanzig Jahre später? Wie verhalten sie sich heute zu ihren enthusiastischen Berichten von der Reise durch den Massenmord?

18.

Der isländische Nobelpreisträger Halldór Laxness schreibt 1963, in seinem Buch *Zeit zu schreiben*, über seine früheren Reisen in die Sowjetunion Josef Stalins. »Manch einer befürchtete auch – und ich zählte dazu –, dass es dem Sozialismus ganz allgemein in der Welt schaden würde, wenn die Menschen von der unbestreitbaren Freudlosigkeit des Stalin-Regimes zu hören bekämen – ›dort im Zentrum des Sozialismus‹. Hinter vorgehaltener Hand sagte man sich: ›Wer weiß, vielleicht erholt sich der Patient noch‹, und in dieser Hoffnung wartete man geduldig und machte gut Wetter für die Sache.«

Vielleicht ist das die Antwort. Die Schweden sahen, sagten aber bei ihrer Heimkehr nichts, um nicht einer Revolution zu schaden, die im Grunde gut war?

Oder sie sahen vielleicht Dinge und Situationen, die sie erst im Nachhinein in richtige Zusammenhänge zu bringen wissen?

Entweder das eine oder das andere. Sie müssen das heute beantworten können. Jetzt, wo die Gegenwart des Jahres 1978 zu analysierter Geschichte geworden ist.

Drei Namen, die ungewöhnlich genug sind, um ihre Spur zu finden.

Auf dem Vorsatzblatt finden sich einige weitere Anhaltspunkte. Gunnar Bergström, Vorsitzender der Freundschaftsgesellschaft Schweden-Kampuchea, war 1978 psychiatrischer Pfleger, Hedda Ekerwald, Mitglied des Vorstands, war Studentin der Soziologie, Marita Wikander, auch sie Vorstandsmitglied, war Redakteurin.

Ich fange an. Wie sich herausstellt, geht es leicht. Bald schon habe ich einen Berater für Jugendkriminalität, eine Universitätslektorin in Soziologie und eine PR-Verantwortliche an einem Museum gefunden.

19.

Damals, als ich Telefonnummern hinter ihre Namen schreiben konnte, schien es mir, als würde ich der Antwort auf meine Frage näher kommen: Wie kann man geradewegs durch einen der größten Massenmorde des 20. Jahrhunderts reisen, ohne etwas zu sehen? Hatte man den Mund mit wohlmeinenden Salonlügen voll, um »gut Wetter für die Sache zu machen«? Oder wurden sie reingelegt?

Entweder das eine oder das andere.

Bald sollte sich zeigen, dass es nicht ganz so einfach war.

20.
[Wie ein Flimmer weiß]

Die Gedanken gleiten widerstandslos zu kontrafaktischen Überlegungen. In Kürze ist der Sommer 1950 da, und es fällt leicht, sich zu fragen, ob alles anders hätte werden können.

Ich weiß nicht, wohin die Frage führt. Einen Augenblick lang denken: Was, wenn nicht?

Im Paris des Jahres 1950 ist Frühling. Das Semester ist beinahe zu Ende und die kambodschanischen Studenten können zwischen zwei verschiedenen Ferienreisen wählen. Die eine geht in die Schweiz und die andere nach Jugoslawien. Bislang nichts außer Namen auf der Karte für sie. Der Unterschied ist, dass das erste Angebot Geld kostet, das andere nicht.

Ob Saloth Sar es vorgezogen hätte, in den Alpen zu wandern, wissen wir nicht. Es ist durchaus möglich. Es hätte recht gut in das Bild des Fünfundzwanzigjährigen gepasst. Aber er ist knapp bei Kasse. Das entscheidet. Es wird Jugoslawien.

Außerhalb Zagrebs wird an einer großen Autobahn gebaut. Auch »Straße der Brüderlichkeit und Einheit« genannt. Eine internationale Arbeitsbrigade stellt einen Teil der Arbeitskräfte. Junge Menschen aus ganz Europa arbeiten gemeinsam daran, ihren vom Krieg zerstörten Kontinent wieder aufzubauen.

Dorthin geht Saloth Sars Reise.

Drei Tage pro Woche arbeiten sie, an den vier folgenden widmen sie sich Kultur, Sport und anderen Aktivitäten. Das Essen ist knapp und die Arbeit hart. Aber es ist Sommer und sie sind jung und amüsieren sich. Viel später, als aus Saloth Sar Pol Pot geworden ist und er jugoslawischen Journalisten eines seiner seltenen Interviews gibt, wird er über die Zeit in der Arbeitsbrigade mit Wärme sprechen.

Gefiel es ihm oder gefiel es ihm nicht? Oder ist das eine blinde Spur wie so viele andere seiner autobiographischen Angaben?

Vielleicht ist es aber wahr. Im Sommer 1951 kommt er wieder, dann jedoch für einen Zelturlaub mit einigen Freunden.

Welchen Eindruck machte die Arbeitsbrigade auf den noch unpolitischen Saloth Sar? Wie sehr färbte das Monumentale an der Vision, das Land der Zukunft Seite an Seite zu verwirklichen, auf ihn ab? Die knappen Rationen und die zeitweise harte Arbeit – sagen sie etwas über die Verhältnisse im Demokratischen Kampuchea fünfundzwanzig Jahre später? Wurde dort die Idee vom arbeitenden Volk geboren?

Oder sind das nur Parallelen, die ich sehe, weil ich will, dass es sie gibt?

21.
[Hintergrundfragment]

Aus den Ruinen des Zweiten Weltkriegs ersteht das neue Europa. Das rasche wirtschaftliche Wachstum bereitet den Boden für die moderne Konsumgesellschaft. Die USA sind jenes Vorreiterland, aus dem die schwedischen Fünfzigerjahre ihre Vorbilder holen. Es ist eine neue Zeit.

Die Haushalte können sich mehr leisten. Immer mehr machen Abitur und gehen anschließend an die Universitäten. Kinder vom Land ziehen in die Städte, die Hausfrauen treten ins Erwerbsleben ein. Man baut den Wohlfahrtsstaat aus.

Es ist eine schnelle Bewegung auf etwas Neues, etwas Besseres, etwas Moderneres zu.

Der Weltkrieg ist zu Ende, niemals wieder. Der Pazifismus vereint Menschen aller Lager, und die Pläne für eine schwedische Atombombe werden gestoppt.

Als dann die Gewalt in Vietnam aus jedem Fernsehgerät strahlt, fällt die Reaktion proportional dazu aus. Ist vielleicht die Empörung um so vieles größer, weil der amerikanische Befreier sich jetzt in den imperialistischen Unterdrücker verwandelt hat? Der Fall also so viel tiefer ist?

Der schwedische und europäische Widerstand gegen den Krieg bewegt sich nach links. Aber in den erstarrten Positionen des Kalten Krieges ist die Sowjetunion keine selbstverständliche Alternative. Stattdessen solidarisiert man sich mit Entwicklungsländern und Kolonien. Mit ihrem Kampf für politische und wirtschaftliche Selbstbestimmung.

Brennpunkt ist der Vietnamkrieg. Dort liegen die Gegensätze und Ungerechtigkeiten der Welt offen.

Im Mai 1968 erreicht die Studentenrevolte in Paris ihren Höhepunkt. Auf den Straßen brennen Autos, und zehn Millionen französische Arbeiter treten in Generalstreik. Weltweit marschieren die Demonstrationszüge und stellen direkte Forderungen nach Veränderung. Der Aufruhr ist nicht örtlich begrenzt, man denkt global.

In Schweden wird eine Unzahl an Vereinen zur Unterstützung des vietnamesischen Kampfes ins Leben gerufen, FNL-Bewegung genannt, nach der Befreiungsarmee in Südvietnam. Gelder werden gesammelt. 1973 sind 8,3 Millionen Schwedische Kronen zusammengekommen. Es sind zuallererst junge Menschen, die sich engagieren. Sie verkaufen die Zeitung *Vietnambulletin* vor Kaufhäusern und dem Alkoholmonopolisten und rasseln mit ihren Sammelbüchsen. Es geht aber nicht nur darum, Geld hereinzubekommen. Sie wollen etwas bewegen und versuchen dazu, Passanten in politische Diskussionen zu verwickeln. Ihr Anliegen ist eine möglichst breite »Einheitsfront«, bei der die Parteipolitik dem großen Ziel untergeordnet ist.

Die zahlreichen FNL-Vereine werden ehrenamtlich betrieben. Die Beteiligung ist beeindruckend. Oft wird von den Aktivisten erwartet, drei Abende pro Woche und nicht selten auch Samstagnachmittage freizuhalten. Sie gehen in Studienzirkel, arrangieren Zusammenkünfte und Demonstrationen. Es ist eine seriöse Arbeit. Ein guter Aktivist verfügt über ideologisches Bewusstsein, ist diszipliniert und hält sich von Alkohol fern.

Alles brodelt und es gibt wieder Glut und Glimmern in der Politik. Die Walzen der Matrizendrucker rollen. Die Macht scheint sich aus einem trägen Reichstag gelöst zu haben und findet sich nun bei jenen, die bereit sind zu kämpfen. Was man auf den schwedischen Straßen tut und lässt, wird, so die Erwartung, auf die Weltpolitik durchschlagen. Die Politik betrifft jeden und jede, nicht bloß die fernen Machthaber. Die Demonstrationszüge, seit langem zu einem sozialdemokratischen Ritual erstarrt, arten in Krawalle aus, als sich die Polizei ihnen in den Weg stellt.

Aber es sind nicht nur die Jungen, die ein Ende des Krieges sehen wollen. Auf gemeinsame Initiative der fünf Parteien im Reichstag wird eine Unterschriftenaktion gestartet, eine Aufforderung an Richard Nixon, den Präsidenten der USA, die Bombardierung Vietnams zu stoppen. Innerhalb eines Monats haben 2,7 Millionen Schweden unterschrieben.

Diese Hingabe prägt jene, die daran teilhaben. Sie »vertrauen den eigenen Kräften«, und viele empfinden tiefes Mitgefühl für die Vietnamesen, deren Städte weggebombt und deren Familien von amerikanischem Napalm verbrannt werden. Der Krieg ist so zynisch und zutiefst unmoralisch, dass man ihn nicht stillschweigend mit ansehen kann. Die USA haben jegliches Vertrauen verwirkt. Man muss etwas unternehmen.

22.

AUCH ALLEIN KANNST DU EINE REVOLUTION MACHEN!

23.

Diese Jahre des Kampfes. All die Abende mit Versammlungen und Studienzirkeln. All die Regalmeter Literatur, die gelesen wurde und auf unterschiedliche Weise bestätigte, wofür man kämpfte. Die Stunden vor den Coop-Märkten. Die Diskussionen. Die Einsichten und die Zusammenhänge.

Und die Schlussfolgerung.

Der Krieg der USA steht im Widerspruch zum Völkerrecht.

Er ist der Versuch, ein unterdrücktes Volk in Fesseln zu halten.

Aber man sehe sich das Land an, das in Grund und Boden gebombt wird! Dort nimmt man die Kanonen auseinander und transportiert sie auf dem Fahrrad durch den Dschungel. Man weigert sich aufzugeben. Man weigert sich, auch nur einen Meter zu weichen. Stattdessen gewinnt man Land zurück, Zoll für Zoll, Kilometer um Kilometer. Lieber den Tod als Niederlage und Unfreiheit.

Die Amerikaner werden eine grundlegende Voraussetzung akzeptieren müssen: Man kann einen Krieg nicht gewinnen, wenn man ein gesamtes Volk gegen sich hat. Man kann einen Volkskrieg nicht gewinnen.

Und weil das Volk Seite an Seite kämpft, Frauen und Männer, Direktoren und Bauern, wird man auch das Neue gemeinsam aufbauen. Es wird Platz für alle geben. Ganz anders als das, was wir im Westen kennen. Die Gesellschaft der Zukunft wird in den Entwicklungsländern entstehen.

Gerechter.

Redlicher.

Rechtschaffener.

24.

Fast ist es wie ein Film aus der Hölle. Nicht weil er höllische Szenen zeigt, sondern weil es bewegte Bilder von der anderen Seite sind. Bilder aus einem Land, das es auf Bildern kaum gibt, noch weniger auf Film.

Ein Land, das zumeist als Text existiert. Als Erinnerungen. Als Ansichten.

Der Film wird am 1. April 1979 auf TV1 gesendet. Eingeleitet wird er von Jan Myrdal, der sagt: »These are notes from a journey in Democratic Kampuchea during the Monsoons. These notes are biased.«

Jan Myrdal wendet sich nicht nur an die schwedischen Wohnzimmer. Es ist ein internationales Publikum, zu dem er spricht, sich der Einzigartigkeit bewusst, im Demokratischen Kampuchea filmen zu dürfen.

Die Qualität des Films ist schlecht, die Kamera surrt im Hintergrund, und er steht ungenügend ausgeleuchtet vor der Silhouette Angkor Wats.

Dieser Film ist eines von den Ergebnissen der Reise der Delegation. Der Film, eine Platte mit kambodschanischer Revolutionsmusik und das Buch, das in der kleinen schwedischen Bibliothek in Phnom Penh Staub ansammelt.

Die Kamera im Hintergrund ist vom Programmbereich Theater des Schwedischen Fernsehens geliehen. Üblicherweise nicht der Bereich, der für Dokumentarfilme zuständig ist. Jan Myrdal soll die Kamera und die Finanzierung durch informelle Kontakte in der Theaterabteilung besorgt haben. Das würde auch erklären, warum der Film heimlich geschnitten wurde, sobald ein Studio leerstand. Dafür einen Termin zu buchen wäre nicht möglich gewesen, ohne dass jemand begonnen hätte, Fragen zu stellen. Das brachte mit sich, dass es lange dauerte, den Film fertigzustellen. Als er gesendet wurde, war er bereits überholt, weil Vietnam Pol Pot gestürzt und das Demokratische Kampuchea praktisch ausradiert hatte.

Aber das kommt später. Jetzt surrt die Kamera und Jan Myrdal setzt auf Schwedisch fort: »Ja, dieser Film ist mit vorgefassten Meinungen gemacht. Es ist nicht nur so, dass mir Kampuchea gefällt und ich großen Respekt für seine Kultur empfinde. Ich halte die Bauernkriege in der Geschichte unserer Nationen für gerechtfertigte Kriege. Es war recht, dass unsere Vorväter 1433 Faxehus niederbrannten. Es war recht, dass die Bauern Europas sich erhoben, und es ist gerechtfertigt, wenn sich die Bauern Asiens erheben. Ich halte auch Revolutionen für richtig. Die Nordamerikanische Revolution 1776 war richtig. Die Französische Revolution 1789 war richtig. 1830, 1848, 1871, 1905, 1917, 1949, um nur einige Jahreszahlen zu nennen, waren Meilensteine in unserer gemeinsamen Geschichte. Zudem halte ich die nationale Selbständigkeit für eine Kernfrage.«

Nicht so sehr das, was Jan Myrdal sagt, bringt mich ins

Schwanken. Es sind die Bilder, die eine schwache, aber dennoch merkbare Schwingung durch mein Weltbild schicken.

Das traditionelle Bild des Demokratischen Kampuchea ist das eines Konzentrationslagers. Ausgemergelte Menschen, die schwarz gekleidet in Reih und Glied als Sklaven arbeiten. Wenn die Toten niedersinken, werden ihre Körper zu natürlichem Dünger im Reisfeld.

Natürlich erwarte ich nicht exakt das, als ich den Videorekorder in einem kleinen Raum des Schwedischen Fernsehens anstelle, an einem fahlen Märzvormittag in Stockholm. Aber ich erwarte vielleicht, etwas davon flüchtig im Hintergrund zu sehen. Einen Schimmer in den Augen jener, die glauben, dass die Kamera anderswohin gerichtet ist. Dass ich mit meiner Erfahrung aus dem heutigen Kambodscha etwas sehen würde, das die Schweden nicht zu deuten wussten.

Die Delegation war auf einer Reise durch jenen Völkermord, den man als den schlimmsten des 20. Jahrhunderts bezeichnet hat. Sie dokumentierte diese Reise sorgfältig. Irgendwo musste der Terror doch zu ahnen gewesen sein.

Aber ich sehe ihn nicht. Ich sehe glückliche und gesunde Menschen. Freilich sind manche schwarz gekleidet, andere aber tragen die gleiche Kleidung wie die kambodschanischen Bauern heute. Sie bauen solide Häuser und pflügen Äcker. Die Kamera gleitet über pralle Säcke mit Cashewnüssen, Maniok und Reis, vorgesehen für den Export. Jede Menge Nahrung in einem Land, dessen Bevölkerung allen Geschichtsbüchern zufolge zu Tode hungerte.

Alles wird von Jan Myrdals ehrfurchtgebietender Stimme begleitet. Er konstatiert, dass man auf dem früher so verödeten Land nun etwas anbaut, dass jeder hart arbeitende Kampucheaner dreißig Kilo Reis im Monat bekommt.

Reisfelder. Ein Dammbau. Die Menschen tragen schwere Erdlasten, lächeln, wenn sie an der Kamera vorbeigehen.

Dann Bilder aus dem Speisesaal eines Kollektivs. Berge von Reis auf den Tischen. Die Mitglieder des Kollektivs essen langsam, nicht gierig, wie es Hungrige wohl täten. Myrdals Stimme: »In der Mitte der Dörfer gibt es große gemeinsame Speisesäle. Sie dienen auch als Versammlungslokale. Man isst gemeinsam. Das Lebensmuster ist alt und neu gleichzeitig. Es sind neue Kollektive und zugleich alte, entwickelte Dorftraditionen.«

Und: »Jene Stadtbewohner, die zuvor in Villen mit Diener wohnten, finden das Essen sicher ein wenig dürftig. Aber die Kooperative garantiert Essen für alle.«

Und: »Es ist ein armes Land. Das Durchschnittsalter der Bevölkerung ist niedrig. Die Hälfte ist vermutlich unter siebzehn Jahren. Mit fünfzig ist man alt. Die harte Arbeit und die anscheinend einfachen Garantien für Wohnraum, Kleidung und Essen, die die neue Gesellschaft bietet, verwirklichen jedoch einen Arme-Bauern-Traum.«

Das Leben ist für alle gleich, hart, aber gerecht. Die Revolution ist ein notwendiger Schritt aus einer verzweifelten Situation. Um das Land wieder aufzubauen. Um den künftigen Wohlstand zu schaffen.

Harte Arbeit jetzt, Lohn später.

Danach gehe ich den Karlavägen entlang. Das Sonnenlicht ist bleich, die Straßen noch winterschmutzig. Der Wind wirbelt braunes Laub aus dem Vorjahr im Kreis.

Was habe ich eigentlich gesehen? Einen halbstündigen Dokumentarfilm, der im staatlichen Schwedischen Fernsehen gesendet wurde und der alle äußeren Voraussetzungen erfüllt, die an einen solchen gestellt werden. Zahlen und Fakten, die durch Bilder und Interviews bestätigt werden. Und eine weithin bekannte Persönlichkeit des Kulturlebens, die mich geführt hat, rhetorisch versiert und überzeugend.

In den Jahren, in denen ich in Kambodscha gelebt habe, hörte ich unzählige Zeugenaussagen über die entsetzlichen Entbehrungen im Demokratischen Kampuchea. Und ihnen zum Trotz, trotz all dem, was man mir erzählt hat, ertappe ich mich bei dem Gedanken, dass es vielleicht doch nicht so schlimm war.

Dass vielleicht irgendeine Art von Missverständnis vorliegt.

25.
[Wie ein Flimmer weiß]

Lauter wohlbekannte Gesichter. Es sind nur wenige, jeder weiß, wer der andere ist.

Eine kleine Wohnung im Pariser Zentrum und ein halbes Dutzend aus der ersten Generation kambodschanischer Studenten. Wieder eine Gesprächsrunde. Diesmal nicht Kunst oder Rechtswissenschaften. Sondern Politik. Politik in recht weitem Sinn.

In der Heimat hat der Kampf um Unabhängigkeit an Intensität zugenommen. Unterschiedliche Gruppierungen kämpfen gegen die Franzosen. Khmer Issarak, lose zusammengehalten von mehreren profilierten Führern. Khmer Viet Minh, die Guerilla vietnamesischer Kommunisten mit kambodschanischem Einschlag. Und was ist vom jungen König zu halten, Sihanouk, der mit dem vor kurzem geschaffenen Parlament zusammenarbeitet, das von den nationalistischen Demokraten dominiert wird? Ist er eine Marionette Frankreichs oder hat er einen eigenen politischen Willen?

Anzüge und eng gebundene Krawatten nach der Mode der

Fünfziger. An einer Wand ein Podest mit einer kleinen Buddha-Statue in Lotushaltung.

Es ist das Paris des Existentialismus. Jenes von Camus und Sartre. Die Nachkriegszeit und der Pessimismus der Vierzigerjahre werden vom Zukunftsglauben der Fünfziger abgelöst. Die französische Kommunistische Partei ist die größte Westeuropas, dem Trend der Zeit entsprechend.

Thema auf der Tagesordnung der Diskussionsrunde: »Soll Kambodschas Freiheit mit der Waffe in der Hand erkämpft werden?«

Bitte sehr.

Seht euch die Vietnamesen an, wie sie den Franzosen Paroli bieten! Vietnam betrachtet man jetzt mit Respekt, für Kambodscha hat man nur ein mildes Lächeln übrig.

Aber was ist mit Indien? Und Burma! Die haben sich mit friedlichen Mitteln befreit, oder etwa nicht?

Die Wohnung gehört Keng Vannsak, einem bald 25-jährigen kambodschanischen Studenten. Er ist eine Art intellektuelle Leitfigur und hat kürzlich eine Französin geheiratet.

Das Paar Keng hat Saloth Sar geholfen, ein Zimmer zur Miete zu finden. Keng Vannsak hat ihn überdies in die Diskussionsrunde eingeladen.

Saloth Sar ist ein stiller Zuhörer. Viel später wird er sagen, dass er sich nicht offenbaren wollte. Nicht Farbe bekennen.

Aber gab es denn wirklich Farbe zu bekennen? Von ihm, der früher nie irgendein politisches Interesse bekundet hatte?

Im folgenden Jahr wird er Bücher in den Buchläden entlang der Seine kaufen. Nicht länger ausschließlich französische Dichtung, sondern auch Marx und Kropotkin. Er wird nicht alles begreifen, was dort steht. Vielleicht sogar recht wenig. Französisch ist immerhin nicht seine Muttersprache und Kropotkins 749 Seiten langes Buch stammt aus den Anfängen des 20. Jahrhunderts.

Aber das ist nicht so wichtig. Er sammelt Eindrücke. Die Revolution ist gleichermaßen eine Einstellung, ein Ideal und eine Methode.

Aus der Diskussionsrunde kristallisiert sich bald ein eigener und geheimer Zusammenschluss heraus. Einer der Initiatoren ist der 26-jährige Ieng Sary, der später Außenminister der Roten Khmer werden soll. Die neue Gruppe, Le Cercle Marxiste, hat ein ausgeprägt kommunistisches Profil. Sie ist in Zellen eingeteilt, mit jeweils nur wenigen Personen. Jede Zelle ist selbständig und kennt die anderen nicht.

Ab wann genau Saloth Sar mitmachte, daran kann sich keiner mehr erinnern. Aber man weiß, dass seine Zelle vom Mathematikstudenten Ok Sakun geleitet wurde. Teil dieser Zelle war auch Hou Youn, Doktorand der Wirtschaftswissenschaften und später einer der führenden Intellektuellen der Roten Khmer.

Sie sind schon da, beinahe alle, die am 17. April 1975 siegreichen Einzug in Phnom Penh halten werden.

Klarer Anführer damals, am Beginn des Kampfs, ist der energische Ieng Sary. Der die Genossen ermuntert, sich selbst zu befriedigen, anstatt Zeit mit Frauen zu vergeuden. Die soll dem Kampf gewidmet werden.

26.

SOZIALISMUS KANN NUR MIT EINEM SOZIALISTISCHEN VOLK ERRICHTET WERDEN!

27.

Das Essen ist begrenzt. Wir sind ziemlich viele. Aber statt dass sich einige mehr als satt essen, während andere hungrig zu Bett gehen, teilen wir es untereinander gleich auf. Alle bekommen gleich viel. Keiner mehr als der andere. Das ist gerecht.

Mit dem Wasser machen wir es genauso. Das ist gerecht.

Wir teilen es untereinander gleich auf. Keiner hat mehr als der andere, aber alle haben etwas.

Alles gehört uns allen, wie der Himmel, wie die Meere. Wir müssen verhindern, dass manche auf Kosten anderer zugreifen.

Alles gehört uns allen, wie die Luft, wie das Obst der Bäume. Das ist gerecht.

Viel zu lange haben wir einander nicht respektiert. Die Starken haben sich auf Kosten der Schwachen bedient.

Die Kinder der Reichen haben ihrer Eltern Geld und Macht geerbt.

Die Armen haben ihrer Eltern Schulden und Unwissenheit geerbt.

Alles gehört uns allen, aber manche haben mehr genommen, als ihnen zusteht. Je mehr sie genommen haben, desto mächtiger sind sie geworden.

Wenn wir Gerechtigkeit wollen, müssen die Reichen aufhören, mehr zu nehmen, als ihnen zusteht. Wenn wir wollen, dass keiner hungrig zu Bett geht, müssen wir das begrenzte Essen aufteilen, nicht nach Stärke, sondern gleich. Die Starken müssen einen Schritt zurücktreten. Die Schwachen müssen einen Schritt vortreten. Alles gehört uns allen. Das ist gerecht.

Wir müssen den Blick von uns selbst heben und miteinander teilen. Wir, die haben, müssen jene sehen, die nichts ha-

ben. Wir, die haben, müssen einsichtsvoller werden. Keiner ist allein.

Wir müssen jene sehen, die nichts haben. Wir müssen angeleitet sein von Respekt und Gerechtigkeit statt Egoismus und privater Gier. Erst wenn wir untereinander gleich verteilen, wird keiner hungrig zu Bett gehen.

Wir müssen uns von unserem Egoismus befreien und eine gerechte Gesellschaft schaffen. Das Essen ist begrenzt, aber keiner soll hungrig zu Bett gehen.

Alles gehört uns allen.

28.

DAS HERZ, GENOSSE, IST KEIN KNIE, DAS MAN NACH BELIEBEN BEUGEN KANN!

29.

[Geschichte, wenn man so will]

Koh Santepep, Insel des Friedens, nannte Prinz Sihanouk sein kleines kambodschanisches Königreich. Eine blühende Ausnahme im Meer des Krieges. Im Osten kämpfte Vietnam gegen die Franzosen. Dann gegen die Amerikaner. Im Westen wurde Thailand zunehmend instabiler. Im Norden sah sich Laos in die vietnamesischen Turbulenzen hineingezogen. In Indonesien tötete man hunderttausende Kommunisten im Zuge eines gewaltsamen Militärputschs.

Durch alle Konflikte zogen sich die erstarrten Schützengräben des Kalten Kriegs. Die äußerste Bedrohung war jederzeit gegenwärtig – dass das Gleichgewicht zugunsten einer Seite kippen und die andere den roten Knopf drücken könnte.

Kambodscha jedoch war die Insel des Friedens. An den warmen Abenden am Mekong war der nukleare Winter weit weg.

Jenseits des Horizonts fielen die Bomben wie ein entferntes Donnergrollen, während der göttliche Prinz über seine Kinder wachte. Das war das Bild, das er vermittelte, sowohl seinen Untertanen als auch Ausländern.

Prinz Sihanouk wurde 1941 von der französischen Kolonialmacht auf den kambodschanischen Thron gesetzt. Damit war er ein weiterer Nachkomme der sagenumwobenen Könige von Angkor. Zu dem Zeitpunkt war er ein verträumter und filminteressierter 19-Jähriger. In seinen Memoiren erwähnt er das erste Zusammentreffen mit der Frau des französischen Gouverneurs. Sie rief aus: »Qu'il est mignon, ce petit!«

Und so war es wohl gedacht. Er sollte der kleine bezaubernde König sein, dessen vorrangigstes Verdienst es war, dass er als leicht zu täuschen galt.

Sehr viel stärker hätten sich die Franzosen nicht irren können. Der französische General de Langlade durfte später feststellen, dass Sihanouk zwar ein Verrückter sei, aber ein brillanter Verrückter.

Nach einigen Anfangsjahren als weltabgewandter Libertin beschloss der König, der kambodschanischen Geschichte seinen Stempel aufzudrücken.

Der französische Griff um die Kolonien hatte sich nach dem Zweiten Weltkrieg gelockert, und in Französisch-Indochina floss alle Kraft in die Kämpfe in Vietnam. Die kambodschanische Freiheitsbewegung war zersplittert, nahm aber an Stärke zu. Am besten organisiert waren die Kommunisten.

Die Bühne betritt ein nicht mehr so bezaubernder König.

Man kann es einen Diebstahl nennen. Als es endlich danach aussah, dass die Freiheitsbewegung den Sieg davontragen würde, begann Sihanouk unerwartet seinen »königlichen Kreuzzug«. Er reiste durchs Land und versprach, dass er und kein anderer Kambodscha unabhängig machen würde. Und das innerhalb eines Jahres.

Im November 1953 waren die Franzosen gezwungen, Kambodscha aufzugeben. Das Land gehörte wieder sich selbst. Und Sihanouk beanspruchte die ganze Ehre für sich.

Das war der erste politische Geniestreich des Verrückten. Der Unabhängigkeitskampf hatte die Unterstützung des Volks und war auch der Grund für die wachsende Popularität der Kommunisten gewesen. Mit seinem verspäteten Kreuzzug gelang es Sihanouk, sowohl die Bewunderung der Bevölkerung zu erringen, als auch den Kommunisten den Wind aus den Segeln zu nehmen. Es sollte fast zwanzig Jahre dauern, bevor sie erneut zu einer Kraft wurden, mit der zu rechnen war.

Die Verfassung schränkte jedoch den Raum für die politischen Manöver des Königs ein. Zu Sihanouks Ambitionen passte das schlecht. Der nächste Geniestreich war folglich seine Abdankung.

Sorti: ein König.

Entré: ein Prinz.

Mit dem wieder angenommenen Prinzentitel hatte er freie Hand. Auf den Thron setzte er seinen politisch uninteressierten Vater. Sihanouk achtete aber darauf, sich als »Prinz, der König gewesen ist« zu titulieren, damit niemand an seinem eigentlichen Status zweifelte. Das tat auch keiner. Er bewohnte weiterhin den Palast und behielt die Macht über Militär und Polizei. Er blieb der Halbgott, dem sich die Untertanen nur kriechend zu nähern wagten.

Sihanouk erwies sich bald als Meister des Teilens und Herrschens. Die politische Opposition wurde ein ums andere Mal von dem energischen und charismatischen Prinzen ins Off manövriert.

Er wandte dieselbe Taktik in der Außenpolitik an. Kambodscha sollte ihm zufolge kompromisslos neutral sein. Das entsprach der von Frankreich für die Gewährung der Unabhängigkeit gestellten Bedingung, war aber eine heikle Position in der polarisierten Welt des Kalten Kriegs. Es gab ihm allerdings die Möglichkeit, die Großmächte gegeneinander auszuspielen. Was er, mit erstaunlichem Erfolg, auch tat.

Es war ein schwindelerregender Balanceakt auf einem in großer Höhe gespannten Seil. Die Umwelt jedoch war bezaubert von der Eleganz, mit der Sihanouk die Windböen parierte. Man vergaß, wie weit es bis zum Boden war. Der kleine einfallsreiche Prinz mit der schrillen Stimme wurde ein Symbol für die Alternative. Es waren die Sechzigerjahre, der Kolonialismus stürzte zusammen und die Dritte Welt schien endlich auf dem Weg, sich zu erheben.

Seit Mitte der Fünfzigerjahre setzte Sihanouk große Anstrengungen in den Bau von Schulen und Straßen. 1955 gab es 5000 Oberstufenschüler in Kambodscha. 1968 waren es mehr als eine Million. 1955 waren gerade einmal 1000 Straßenkilometer mit dem Auto befahrbar. 1968 waren es zehnmal so viel. Man legte Eisenbahnstrecken an, baute große Sportanlagen und entwarf die Provinzstädte neu.

Das Ziel war ein Wohlfahrtsstaat, in dem jeder Reisbauer lesen kann und zweisprachig ist. Er gründete, wie er es nannte, *Sangkum reastr niyum*, die »Volkssozialistische Gemeinschaft«. Unter deren weitem Schirm sollten sich Vertreter aller politischen Anschauungen treffen und miteinander diskutieren. Der

Zweck war, die nationale Zersplitterung zu verhindern. Aber gleichzeitig war es verboten, den Schirm selbst zu kritisieren. Somit war politische Opposition im eigentlichen Sinn unmöglich.

1955 war Sihanouk dreiunddreißig Jahre alt, aufgeklärt und alleinherrschend – ein Renaissancefürst im 20. Jahrhundert. Mit manischer Energie regierte er das Land bis ins Detail. Er ließ keine Gelegenheit aus, in die Regionen zu reisen und sich vom Volk huldigen zu lassen. Er zögerte auch nicht, einen Spaten zu ergreifen und bei einer Baustelle, an der er vorbeikam, symbolisch mitzuhelfen – was er auch von Staatsbediensteten und ausländischen Botschaftern erwartete.

Aber mit der Zeit wurde es immer schwieriger für den Prinzen, Kambodscha von seiner eigenen Person zu trennen. Sihanouk nahm alle Kritik an Kambodscha persönlich. Das machte vor allem seine Außenpolitik unberechenbar.

Von Sihanouk heißt es, dass er, im Unterschied zu den Männern, die das Land davor und danach regierten, die Kambodschaner wirklich liebte. Das einzige Problem war, dass er sich selbst noch etwas mehr liebte.

Insel des Friedens. In gutem Zustand, unabhängig und kultiviert. Die Perle Südostasiens mit Phnom Penh als Südostasiens Antwort auf Paris. Boulevards und Vann Molyvanns elegante und lichte Architektur in Oscar Niemeyers Geist des Funktionalismus. Der kulturell interessierte Sihanouk verwendete seine enorme überschüssige Energie, um Symphonien zu komponieren, Filme zu drehen mit Statisten aus der Armee und luxuriöse Feste auszurichten, die nicht vor Sonnenaufgang endeten. Die Grenze zu Vietnam, das vom Krieg erschüttert wurde, lag nicht einmal hundert Kilometer von seinem stets glitzernden königlichen Palast entfernt.

30.

Ich stehe am Ufer des Mekongs, einige Kilometer südlich der laotischen Grenze, wo er seinen Schwesternfluss Tonlé San trifft. Hinter mir liegt der kleine gottverlassene Handelsposten Stung Treng. Die Stadt hat eine Handvoll Straßen und ein paar tausend Einwohner. Alles ist staubig, hat Charme und liegt von der modernen Welt sehr weit entfernt. Die Zeit scheint vor fünfzig Jahren stehen geblieben zu sein.

Vom Kai her verlaufen zwei Boulevards mit einer breiten Rasenfläche dazwischen. Eine Art vernachlässigter Park. Das Ganze ist monströs, angelegt für eine hundert Mal größere Stadt. Aber es sagt etwas über den Zeitgeist. Über die Hoffnungen, die Sihanouk und seine Stadtplaner hegten. Die Überzeugung.

Das ist jener Geist, an den sich die Menschen heute erinnern. Die sechzehn Jahre, die Sihanouk beinahe uneingeschränkt an der Macht war, haben genau den mythischen Schimmer bekommen, den er sich wünschte.

Eine Insel des Friedens und Wohlstands im Dunkel der Geschichte.

Ein Licht, das in scharfem Kontrast zu jener Zeit steht, die dann folgt.

31.
[Wie ein Flimmer weiß]

Vielleicht treffen sie einander an der Tür.

Saloth Sar, der startklar ist, um noch einmal an Bord der ss Jamaique zu gehen und nach Phnom Penh zurückzukehren. Son Sen, der Politikwissenschaft studiert und nun Saloth Sars muffige Absteige über der Weinhandlung auf der Rue Letellier übernehmen soll. Einige wenige Quadratmeter mit einem alten Bett und einem Stuhl.

Später sollten sie bedeutend schlimmere Entbehrungen teilen. Guerillakrieg, Malaria, ein Leben auf der ständigen Flucht durch den Dschungel. Aber auch die Jahre an der Macht. Son Sen als Pol Pots Verteidigungsminister. Son Sen, der dann zu seinem Nachfolger bestimmt wurde.

Saloth Sar ist mit seinem Studium der Nachrichtentechnik gescheitert. Oder dessen einfach überdrüssig geworden. Das Stipendium ist eingestellt und in Frankreich hat er kaum eine Zukunft.

Knapp vierundfünfzig Jahre nach dem Treffen an der Tür wird Pol Pot anordnen, dass Son Sen mit seiner gesamten Familie als Verräter hingerichtet wird. Der Mord an einem seiner ältesten Alliierten wird auch zu seinem eigenen Fall.

Aber so weit ist es noch nicht.

Jetzt ist das Jahr 1953, die beiden sind einfach zwei junge und radikale Männer um die fünfundzwanzig, und Son Sen streckt die Hand aus und nimmt die Zimmerschlüssel entgegen. Wünscht eine gute Reise.

32.

Hedda Ekerwald serviert ein Glas warme Milch und frisch gebackenes Brot mit Honig. Wir sitzen in ihrer Küche in dem roten Haus hinter dem grünen Zauntor. Das Haus ist eine Kate, die irgendwann vor langer Zeit ausgebaut wurde. Lauter niedrige Decken, hohe Schwellen und schiefe Winkel. Draußen das Licht der Vorsommernacht.

Beim Küchentisch sitzen auch ihr Mann und die zwei Töchter. Die älteste ist eben vom Fußballtraining heimgekommen. Einige Tage zuvor hat sie das Abitur bestanden.

Kurz vor den Honigbroten waren wir im Demokratischen Kampuchea. Hedda Ekerwald besitzt die meisten Reisefotos. An die vierhundert Diabilder in Farbe. Ein einzigartiges Dokument aus einem Land, von dem es kaum Abbildungen gibt. Sie sind auffällig schön und gut komponiert. Keine Touristenfotografien.

Sie wollte, dass wir so anfangen. Die Bilder ansehen, uns ein wenig unterhalten. Dann vielleicht zu einem regelrechten Interview übergehen.

Der Projektor steht im Schlafzimmer. Vor den Fenstern hängen Decken und auf das Bett hat sie mehrere Ausgaben der Zeitung *Kampuchea* gelegt.

Ein Magazin Bilder nach dem anderen. Einmal mehr fallen mir die Ähnlichkeiten auf. Kampuchea sieht aus wie Kambodscha. Keine Spur jenes Abgrunds, den man ahnen müsste, dort irgendwo, gleich dahinter, nebenan.

Der Projektor rasselt. Das Bild fährt seitwärts heraus, ein Augenblick Dunkelheit, dann ein neues Bild. Lächelnde Menschen an einem Bewässerungsdamm.

33.

LASST UNS ALS EINE EINZIGE GROSSE FAMILIE LEBEN UND UNS DEN BEDÜRFNISSEN DES KOLLEKTIVS UNTERWERFEN!

34.
[Wie ein Flimmer weiß]

Es war ein anderer Saloth Sar, der 1953 nach Kambodscha zurückkehrte. Ein nun weltgewandter Mann und Mitglied der französischen Kommunistischen Partei.

Es war ein anderes Kambodscha, in das er zurückkehrte. Täglich töteten einander kambodschanische Freiheitskämpfer und französische Soldaten. Der Krieg hat zwar noch nicht das volle Ausmaß erreicht, war aber sehr gegenwärtig. Das nahm auf das Leben in großen Teilen des Landes Einfluss.

Saloth Sar reiste in seinen Heimatort außerhalb Kompong Thoms. Die Rückkehr war ein Schock. In einem Interview kurz vor seinem Tod erinnert er sich:

»An der Endstation rief jemand, ein Mann mit einer Fahrradrikscha: ›Du bist zurück!‹ Als ich genauer hinsah, erkannte ich meinen Onkel. Er fragte: ›Soll ich dich nach Hause bringen?‹ Ich war völlig überrumpelt. Früher hatte er Land besessen, Ochsen, alles. Ihn so sehen zu müssen ließ mich in Tränen ausbrechen. Ich fuhr mit ihm, und im kommenden Monat oder so sprach ich mit anderen Verwandten, die ebenfalls alles verloren hatten. Die kambodschanischen Landgebiete verarmten. Nach dem Leben in Europa schnitt es ins Herz, das zu sehen.«

35.
[Geschichte, wenn man so will]

Aber Sihanouks Kambodscha war natürlich kein Paradies. Nepotismus und Korruption nahmen zu. Die Geheimpolizei war brutal, und Sihanouk ertrug andere Ansichten als seine eigenen immer schlechter.

Sein Königreich sei eine Demokratie, wurde behauptet, es war hingegen eher Kulisse für eine politische Farce, die immer verrückter wurde. Sihanouk war enorm populär, ging aber keine Risiken ein. Die abgehaltenen Wahlen waren weder besonders frei noch gerecht. So hatte er es sich etwa zur Gewohnheit gemacht, dass er selbst jene bestimmte, zwischen denen das Volk wählen durfte. Personen immerhin mit unterschiedlichen politischen Heimaten, um die Balance beizubehalten, die Sihanouks Markenzeichen war, allerdings wurde die Nationalversammlung nie zu einem Gegengewicht für Sihanouk selbst.

Der Weg verzweigte sich bei der ersten Wahl, 1955. Während des Wahlkampfs hatten die polizeilichen Schikanen gegen Oppositionspolitiker zugenommen. Mehrere wurden eingesperrt, einige ermordet.

Am Wahltag standen Geheimpolizisten an den Urnen und kontrollierten, dass das Volk die »richtige« Stimme abgab.

Dass Sihanouk so gut wie alle Stimmen bekam, war somit keine Überraschung. In einigen Wahlkreisen, in denen Sihanouk trotz allem verloren hatte, verbrannte man die Urnen, und der siegreiche Kandidat wurde später tot aufgefunden.

Sihanouk jedoch feierte seinen Erdrutschsieg. Praktisch war er nun nur sich selbst gegenüber verantwortlich.

Er schreibt in seinen Memoiren, *Souvenir doux et amers*:

»Es ist wahr, dass ich ein autoritärer Staatschef gewesen bin oder, um genauer zu sein, eine Mischung zwischen Indonesiens Sukarno und Ägyptens Nasser. Aber ich war niemals auf einem Niveau mit Ugandas Idi Amin oder Macias N'Guema in Äquatorialguinea, geschweige denn zu vergleichen mit dem unbestrittenen Meister der Grausamkeit, Pol Pot, im sogenannten Demokratischen Kampuchea. Auf der anderen Seite bin ich aber auch nicht irgendein unbedeutender und schwacher kleiner König gewesen, als der ich in einigen französischen rechtsgerichteten Zeitungen beschrieben wurde, die mich als eine Art Negerkönig mit gelber Hautfarbe sehen.«

Mit einer Art scheuer Aufrichtigkeit, die so viele in seiner Umgebung bezaubert hat, setzt er fort:

»Ich bin ganz einfach ein Mensch, der gute und schlechte Seiten hat. Ich bin nicht mehr und nicht weniger ein Vorbild an Tugend, als meine Mitmenschen es sind; geschaffen, wie es im Ersten Buch Mose heißt, als Abbild Gottes, ein Abbild, dem die Erbsünde auferlegt wurde.«

Das Misstrauen, das alle Alleinherrscher zu entwickeln scheinen, bekam in Sihanouks Fall konkrete Nahrung. Es gelang ihm, mehrere von Südvietnam und Thailand orchestrierte Putschversuche abzuwenden. Er für seinen Teil war völlig überzeugt davon, dass letztlich die CIA die Fäden in der Hand hielt.

1959 trafen zwei Kisten mit Geschenken im Schloss ein. Der Absender war ein Geschäftsmann mit Kontakten in Südvietnam und den USA. Jene, die an Sihanouks Mutter adressiert war, wurde vom königlichen Hofmeister geöffnet. Sie enthielt eine starke Sprengladung, die den ganzen Raum leerfegte und drei Menschen tötete.

Das Attentat zerstörte das letzte Vertrauen, das Sihanouk in die USA, Südvietnam und Thailand noch hatte.

Einige Jahre später wurde John F. Kennedy ermordet. Kurz davor hatte man einen weiteren Antagonisten Sihanouks ermordet, Ngo Dinh Diem, den Präsidenten Südvietnams. Als auch der thailändische Führer Feldmarschall Sarit bald darauf starb, bemerkte Sihanouk in einer Radiorede zufrieden, dass »die drei einander nun in der Hölle treffen werden«.

36.
[Wie ein Flimmer weiß]

Das Jahr 1955 war eine Zeit der Möglichkeiten. Kambodscha war endlich unabhängig und der Krieg zu Ende. Freie und demokratische Wahlen sollten erstmals abgehalten werden. Es muss in der Luft gelegen haben. Eine neue Ära.

Saloth Sars Mentor Keng Vannsak, der seinem obdachlosen Freund in Paris eine Wohnung besorgt hatte, ist zurück in Phnom Penh. Trotz seines Radikalismus hat er Kontakt zu den Demokraten gesucht, der größten politischen Partei. Der Kampf soll innerhalb des parlamentarischen Systems erfolgen.

Keng Vannsak gilt als einer der jungen Wilden. Etwas zu radikal, aber dem Urteil der Parteiführung nach wird seine linke Profilierung Wähler anlocken.

An seiner Seite ist oft Saloth Sar zu sehen. Sie haben es sich zur Angewohnheit gemacht, in Keng Vannsaks noblem Haus am Boulevard Monivong gemeinsam das Frühstück einzunehmen.

Bougainvilleen in Rosa und Weiß, Schalen mit Nudelsuppe und Innereien. Frische Kräuter für die Suppe. Limettenspalten. Eiskalter Jasmintee in hohen Gläsern.

Oder waren sie von ihrer Zeit in Frankreich so beeinflusst, dass sie Kaffee mit Croissants bevorzugten?

Folgt man Keng Vannsak, so war er es, der sprach, und Saloth Sar, der zuhörte. Saloth Sar war gewiss ein angenehmer Umgang, aber er war ja nicht mehr als ein gescheiterter Nachrichtentechniker. Ein Durchschnittsmensch. Intellektuell leichtgewichtig. Aber angenehm.

Wovon Keng Vannsak nichts wusste, war der Auftrag, den Saloth Sar hatte. Die kleine geheime kambodschanische Kommunistische Partei hatte ihn ausgewählt, um die Demokraten zu infiltrieren. Keng Vannsak war das unwissende Werkzeug. Die Tür.

Vielleicht lag Keng Vannsak mit dem Leichtgewicht richtig. Vielleicht lag er falsch. Saloth Sar hatte sich nie durch intellektuelle Brillanz ausgezeichnet. Wie stand es aber mit seiner Überzeugungskraft? Jener, von der später so viele berichteten? Dieses ansteckende Lächeln und sein Charisma in kleinen Gesellschaften? Wer hat eigentlich wen am Frühstückstisch in die Irre geführt?

Saloth Sar führte seit einiger Zeit ein Doppelleben. Auf der einen Seite als kommunistischer Verschwörer, in einer unansehnlichen Bruchbude in einem der ärmsten Viertel der Stadt zu Hause. Auf der anderen Seite ein gut gekleideter und mondäner junger Mann mit einem schmucken schwarzen Citroën und guten Kontakten zu Königshaus und politischem Establishment gleichermaßen.

Er und Freundin Soeung Son Maly waren immer noch ein Paar. Sie hatten jetzt sechs Jahre darauf gewartet, heiraten zu dürfen, und die kommende Parlamentswahl war entscheidend. Falls die Demokraten den Sieg davontrugen, den alle erwarteten, könnte sich Saloth Sar eine respektable Stellung nahe dem Machtzentrum sichern. Für die Billigung der Eheschließung durch Soeung Son Malys Familie war das eine Voraussetzung.

Die Frage drängt sich auf: Was wäre geschehen, wenn Prinz Sihanouk die Wahl nicht nach Strich und Faden gefälscht hätte? Wenn er nicht Gewalt und sein ganzes politisches Geschick eingesetzt hätte, um die Demokraten zunichtezumachen?

Vielleicht hätte der Parlamentarismus in Kambodscha Fuß gefasst und die Kommunisten hätten den politischen Kampf statt des bewaffneten gewählt? Vielleicht hätte Soeung Son Maly Saloth Sar geheiratet? Stattdessen wurde sie die Geliebte des stellvertretenden Ministerpräsidenten Sam Sary. Ein rechtskonservativer Schuft, der mit großer Brutalität die Linksopposition verfolgte.

In eins fallen der Zusammenbruch von Demokratie und Liebe. Die Freundin, die sich dem Feind in die Arme wirft. Man kann lediglich mutmaßen, was das für Saloth Sar persönlich bedeutete.

Es war eine Zeit der Möglichkeiten gewesen. Jetzt blieben bloß zwei übrig: sich die Politik aus dem Sinn zu schlagen oder mit anderen Mitteln fortzusetzen.

37.

GIB ALL DEIN HAB UND GUT AUF UND SAGE DICH LOS VON DEINEM VATER, DEINER MUTTER, DEINER GESAMTEN FAMILIE!

38.

[Geschichte, wenn man so will]

Sihanouk hat sich selbst als einen Linken bezeichnet. International kam er am besten mit sozialistisch orientierten Nationen aus. Die einheimische Linksopposition zu ertragen fiel ihm jedoch schwerer.

Mehrere führende Linksintellektuelle wurden zu Perioden langer Zwangsarbeit verurteilt. Einige wurden getötet. Anfang der Sechzigerjahre gingen sie zunehmend in den Untergrund. Von den Führern der Roten Khmer verschwand einer nach dem anderen aus der offenen Gesellschaft.

Sihanouk hat in einem Interview gesagt, dass er während seiner Zeit an der Macht insgesamt 1500 Kommunisten ermorden ließ.

In der zweiten Hälfte der Sechzigerjahre begann er seinen politischen Instinkt zu verlieren. Der verheerende Krieg in Vietnam machte den Balanceakt immer schwieriger. Stattdessen setzte er seine Energie daran, Filmregie zu führen, in den Hauptrollen er selbst und seine nächsten Angehörigen.

1965 brach Kambodscha zur Gänze mit den USA, deren Antwort darin bestand, ihre umfassende Militärhilfe einzustellen. Im Staatshaushalt tat sich somit ein gähnendes Loch auf.

Im Jahr darauf gab Sihanouk Nordvietnam sein schweigendes Einverständnis, Waffen durch Kambodscha zu transportieren, vom Hafen in Sihanoukville zum Ho-Chi-Minh-Pfad.

War der erste Beschluss ein Resultat seiner lange empfundenen Abscheu für die USA, so handelte es sich bei letzterem um Realpolitik. Sihanouk glaubte ganz einfach, dass die Vietnamesen den Krieg gewinnen würden, und wollte es sich mit ihnen nicht verderben.

Die kambodschanische Wirtschaft hatte unter den Kriegsturbulenzen jenseits der Grenze sehr zu leiden und lief zunehmend schlechter. Das Militär kompensierte die einbehaltene amerikanische Hilfe mit Waffen- und Reisschmuggel nach Nordvietnam. Vor allem die Einbußen beim Reis hatten Auswirkungen auf den kambodschanischen Staat. Ein Großteil der Steuereinnahmen kam aus dem Reisexport, der aufgrund des Schmuggels beträchtlich zurückging.

In einem letzten Reformversuch verstaatlichte Sihanouk den

Reishandel. Der gesamte Ertrag sollte zu einem festen Preis über staatliche Einkäufer veräußert werden. Das führte zu Unzufriedenheit in der Bevölkerung, weil man den Fixpreis für zu gering hielt. 1968 brachen in Westkambodscha Krawalle aus. Sihanouk beauftragte General Lon Nol mit der Unterdrückung des Aufstands. Er führte den Befehl mit großer Grausamkeit aus. Lastwagen mit abgeschlagenen Köpfen wurden nach Phnom Penh gebracht, als abschreckendes Beispiel.

Wie geschickt Sihanouk politisch auch sein mochte, es hatte sich als zu schwierig erwiesen, die Situation in den Griff zu bekommen. Der innenpolitische Balanceakt war unmöglich geworden, seit die Linksopposition in den Untergrund gezwungen worden war. Träge ließ er immer mehr Macht auf die rechtskonservative Regierung übergehen. 1968 wurde General Lon Nol zum Ministerpräsidenten ernannt. Damit hatten sich sowohl die zivile als auch die militärische Macht außerhalb der Kontrolle Sihanouks zusammengeschlossen.

39.
[Geschichte, wenn man so will]

Lon Nol wurde von Sihanouk »der Schwarze« genannt. Er kam ursprünglich vom Land und seine Haut war von der Sonne dunkel gebräunt. Die Stadtbewohner achteten sorgfältig auf ihren blassen Teint.

Lon Nol war ein zutiefst religiöser Reaktionär, der Volksfrömmigkeit und Magie ergeben. Darüber hinaus war er ein glühender Nationalist.

Allerdings war er kein erfolgreicher Militärstratege und offenkundig ein unbegabter Politiker.

Mit anderen Worten eine Figur, die in den mondänen Kreisen um Sihanouk niemand besonders ernst nahm. Er war dem Prinzen gegenüber unverbrüchlich loyal, und das genügte. Langsam, aber sicher stieg sein Stern höher.

Politische Definitionen lassen sich nur sehr mangelhaft exportieren und die Verwirrung ist oft größer als die Erklärung. Bedenkt man aber Lon Nols Mantra der »Reinigung von Rasse, Kultur und Religion«, so ist es wohl nicht von ungefähr, wenn man ihn einen klassischen Faschisten nennt.

Im März 1970 teilte Sihanouk mit, dass er nach Frankreich gehe, um sich in einem Gesundheitszentrum einer Schlankheitskur zu unterziehen. Es sollten fünf Jahre vergehen, bevor er seine Hauptstadt wiedersehen durfte.

In Sihanouks Abwesenheit führten Nationalversammlung und Senat eine geheime Vertrauensabstimmung durch. Wichtigster Grund dafür war die indirekte Unterstützung Nordvietnams durch den Prinzen. Sihanouk wurde überstimmt und all seiner Macht beraubt.

Der Staatsstreich war unumgänglich. Einige Monate später verurteilte man ihn, in absentia, zum Tod und rief die Republik aus.

Neue Führer des Landes wurden der international unbekannte Lon Nol und Sihanouks Cousin, Prinz Sirik Matak. Die USA erkannten die neue Regierung unverzüglich an. Für Sihanouk war das der Beweis dafür, dass hinter dem Staatsstreich die CIA stand.

Eine direkte amerikanische Einmischung konnte nie festgestellt werden. Aber die CIA wusste von den Putschplänen und sah keinen Anlass, Sihanouk zu warnen. Man dachte, dass es hoch an der Zeit war, den widerspenstigen Prinzen in Pension zu schicken.

Lon Nol und Sirik Matak fanden anfangs die Unterstützung der Stadtbevölkerung. Sie war der Selbstgefälligkeit Sihanouks, des ekelhaften Personenkults und seiner Unberechenbarkeit überdrüssig. Sirik Matak war außerdem als Freund Amerikas bekannt und stand deshalb für eine demokratische Entwicklung.

Auf dem Land war die Reaktion eine andere. Dort war Sihanouk Gottkönig. Und die Frage lautete: »Wie soll Regen fallen können, jetzt, wo unser König nicht im Land ist?«

An vielen Orten kam es zu spontanen Demonstrationen. Lon Nols Antwort bestand darin, die Demonstranten von der Armee mit Maschinengewehren niedermetzeln zu lassen.

40.

[Amerikanische Comic-Zeichnung, veröffentlicht im März 1970]

Kissinger (zu Nixon): »Alles, was wir über Lon Nol wissen, ist, dass sein Name rückwärts geschrieben Lon Nol ergibt.«

41.

»Chop!«

Hedda Ekerwald dreht sich im blassen Licht des Diaprojektors zu mir. Zwischen den kantigen Schatten auf dem Gesicht ein erwartungsvolles Lächeln.

»So heißt es doch, oder?«

Ich nicke zustimmend. Ja, auf Khmer bedeutet das »Stopp!«. Stopp oder Halt.

»Das sagten wir zum Chauffeur, wenn wir mit jemandem sprechen wollten, den wir am Wegrand sahen.«

Sie hat ein einzigartiges Gedächtnis. Sie erinnert sich immer noch an die Namen von Menschen und Orten während jener Reise von vor beinahe drei Jahrzehnten. Und an Vokabeln.

Auf der Leinwand vor uns: Menschen in schwarzer Kleidung. Neugierige Blicke. Reisfelder, deren neongrüne Farbe mit den Jahren etwas ausgebleicht ist.

42.
[Geschichte, wenn man so will]

Nach dem Putsch gab Lon Nol dem Militär umgehend Befehl zur Vertreibung der vietnamesischen Kommunisten aus Kambodscha. Die Planung leitete er selbst. Das sollte sich bald als verheerend herausstellen.

Innerhalb weniger Monate wurde aus dem Angriff Verteidigung. Halb Kambodscha war binnen kurzem von vietnamesischen Kommunisten besetzt. In ihren Reihen fanden sich auch die Roten Khmer wieder.

Die Regierungsarmee litt Mangel an allem außer an jungen Männern. Tag für Tag wurden sie in konfiszierten zivilen Lastfahrzeugen an die Front gebracht. Fröhlich von der Ladefläche winkend, bei der man sich nicht einmal die Mühe gemacht hatte, Warenzeichen wie Pepsi oder Coca-Cola zu übermalen. Die Regierungssoldaten trugen Flipflops und sonderbare Uniformen, zusammengestellt aus Secondhand-Kleidung, die auf den Märkten der Stadt verkauft wurde. Ihre Waffen stammten aus den Anfängen des 20. Jahrhunderts, und man ließ sie gegen Südostasiens kriegserfahrenste Truppen Stellung beziehen.

Es war wie eine Wiederholung des Kriegstaumels in Europa zu Beginn des Ersten Weltkriegs. Eine ganze Generation von Männern rollte singend ihrer Vernichtung entgegen.

Im April 1970, dem Monat nach der Machtübernahme, marschierten amerikanische und südvietnamesische Truppen unerwartet im südöstlichen Kambodscha ein. Das militärische Motiv war die Bekämpfung nordvietnamesischer Stützpunkte.

Beide Länder hatten es verabsäumt, ihre Verbündeten in Phnom Penh davon zu unterrichten. Lon Nol wurde ebenso überrascht wie alle anderen.

Der Angriff wurde nicht nur vor Lon Nol geheim gehalten. Gemäß der amerikanischen Verfassung ist es Sache des Kongresses, Kriege zu erklären. Präsident Nixon war sich darüber im Klaren, dass er von den Abgeordneten keine Zustimmung für die Invasion Kambodschas erhalten würde. Stattdessen setzte er sich darüber hinweg. Der Präsident betonte, es handle sich nicht um eine Invasion. Eher um eine »Blitzaktion« oder einen »Einfall«.

»Der Zweck war nicht, den Krieg auf Kambodscha auszuweiten, sondern jenen in Vietnam zu beenden«, sagte er in der darauffolgenden Fernsehrede.

Unter Kambodschanern erinnert man sich an die Invasion als ausgesprochen grausame und gewalttätige. Vor allem die südvietnamesischen Soldaten zeigten keinerlei Zurückhaltung gegenüber der Zivilbevölkerung.

Der Angriff wurde vom amerikanischen Militär als großer Erfolg beschrieben. Kommunistische Stützpunkte und Infrastruktur wurden zerstört. In der Praxis trafen die Angreifer auf sehr wenig Widerstand. Die Guerilla zog sich stattdessen rasch weiter ins Landesinnere Kambodschas zurück.

Obwohl die Invasion ohne seine Genehmigung erfolgte, blieb Lon Nols Vertrauen in die USA unverändert stark. Er schenkte den amerikanischen Beteuerungen, die Okkupation sei zeitlich begrenzt, keinen Glauben. Seiner Auffassung nach waren die Amerikaner gekommen, um zu bleiben. Das würde seinen Machterhalt garantieren.

Aus amerikanischer Perspektive sah die Welt aber entschieden anders aus. Ihr Interesse an Kambodscha galt nichts anderem als der Möglichkeit eines geordneten Rückzugs aus Vietnam. Der Zweck einer Ausweitung des Kriegs bestand darin, den vietnamesischen Vormarsch zu verzögern.

43.
[Wie ein Flimmer weiß]

Was dachte er, Saloth Sar, als er sie bat, vor die Füße seines Vaters zu kriechen? Es war immerhin eine Eheschließung zwischen Revolutionären, in großer Symbolik auf den 14. Juli 1956 gelegt. Jahrestag des Sturms auf die Bastille und der Beginn der Französischen Revolution.

Sie, Khieu Ponnary, war fünf Jahre älter als er. Eine der ersten kambodschanischen Frauen, die das Abitur abgelegt hatten. Auch sie war zum Studium in Paris gewesen und unterrichtete nun am angesehenen Lycée Sisowath, etwas wovon er mit dem mittelmäßigen Ergebnis seiner Ausbildung nur träumen konnte. Zudem war sie ein wichtiges Bindeglied im Kontaktnetz zwischen den Kommunisten Vietnams und der aufkeimenden revolutionären Bewegung Kambodschas. Eine in höchstem Maß selbständige und moderne Frau.

Und nun würde sie sich auf dem Boden vor seinem Vater lächerlich machen. Ein überaus konservativer Einschlag in einer traditionellen kambodschanischen Hochzeit.

Sie waren ein ungleiches Paar. Zum einen wegen des Altersunterschieds, zum anderen wegen der Art, wie sie wahrgenommen wurden. Saloth Sar in seinem schicken schwarzen Auto. Der lächelnde und entzückende Charmeur und Scherzbold. Sie stramm und zugeknöpft und pockennarbig. »Die alte Schachtel« wurde sie heimlich von den Schülern genannt.

Aber sie war intelligent und dem Kampf treu ergeben.

Außerdem: Ihre Schwester Khieu Thirith war bereits mit Ieng Sary verheiratet, dem inoffiziellen Anführer der radikalen Pariser Studenten.

Diese vier waren nun miteinander verbunden, ein mehrköpfiger Machtfaktor, mit dem gerechnet werden musste.

Khieu Ponnary sollte später in das Zentralkomitee der Kommunistischen Partei gewählt werden, ihre jüngere Schwester wurde Sozialministerin im Demokratischen Kampuchea.

44.

IHR JUNGEN, IHR SEID DIE SÖHNE UND TÖCHTER DER ORGANISATION! MELDET ALLES AN UNS, WIR SIND EURE ELTERN!

45.

[Montag, 14. August 1978]

Hedda Ekerwald schreibt ins Reisetagebuch:

»In Kompong Cham gingen wir allein herum. Auch diese Stadt wurde evakuiert wie die übrigen Städte, die im April 1975 befreit wurden. 5000 Menschen sind wieder hierhergezogen.

In den alten Geschäftslokalen um den Marktplatz saßen Frauen und nähten. Das lässt sich in der Stadt genauso gut wie auf dem Land machen, und so hat man die Stadt dafür gewählt, um dort Arbeitsplätze zu schaffen. Je mehr Arbeit es gibt, desto mehr Menschen ziehen in die Städte um.

Einige junge Mädchen, die in der alten Markthalle mit dem Verpacken von Mais beschäftigt waren, kamen heraus und sprachen mit uns darüber, wie alt wir waren, wie wir hießen, dass wir aus Schweden von der anderen Seite der Erde kamen, über die Kommunistische Partei (Pak Kommunist Kampuchea) und den Imperialismus der USA. Man kann eine Menge mit Gesten und einzelnen Worten ausdrücken.«

Die Bilder dieses Tages. Junge Frauen in schwarzer Kleidung, karierte Tücher um den Kopf oder um die Schultern gelegt. Sie sitzen inmitten von Maiskörnern, die an der alten Busstation zum Trocknen ausliegen, unter dem Dach, das als Schatten für die wartenden Fahrgäste gebaut worden ist. Die Frauen ändern ihre Position zwischen den Bildern, wenden sich einander zu. Ein Gespräch? Auf einer der Fotografien hat eine von ihnen kurz zuvor etwas Lustiges gesagt. Jene, die ihr am nächsten sitzen, lachen, die anderen schmunzeln. Im Hintergrund sind chinesische Geschäfte zu sehen und französische Kolonialgebäude. Die Fensterläden sind geschlossen, die Eisenjalousien vor die Türen gezogen. Beinahe entvölkert.

Ich komme in Kompong Cham bei Beginn der Trockenzeit an, nicht wie die Schweden mitten in der Regenperiode. Die Stadt ist eine der schönsten Kambodschas. Früher einmal Metropole, heute langsam, mit heruntergekommenen Häusern aus der ersten Hälfte des 19. Jahrhunderts. Der Mekong fließt groß und mächtig zwischen den Kaimauern. Mit dem Licht hat es an diesem Tag etwas Besonderes auf sich. Etwas, das das Wasser von schmutzig braun bis tieflila changieren und dann für einige Augenblicke gold glitzern lässt. Ich bleibe eine Weile stehen, vom Zauber gefangen. Aber die Sonne wird rasch zu stark. Ich gehe weiter hinauf in Richtung der alten Busstation.

Die Station lässt sich kaum mehr erkennen. Wo die Frauen 1978 Mais getrocknet haben, sind jetzt Marktstände, die aus ungleichen Brettern und Planen zusammengebaut sind. Ich zwänge mich zwischen einem Uhrenverkäufer und einem Stand mit getrockneten gepressten Tintenfischen hindurch. Weiter im Inneren befindet sich das, was einmal der Fahrkartenschalter gewesen ist. In einem Stuhl davor schläft ein Polizist. Das große Marktgebäude ist gefüllt mit dem Üblichen. Lebenden Enten, Mückennetzen, Reserveteilen für Mopeds, Obst, Küchengeräten, Kleidung, Bergen von Fleisch, die von Fliegen bevölkert sind, chinesischem Konfekt, Bestattungskonfetti, Welsen, die in ausgebeulten Wannen nach Wasser schnappen.

Der Geruch, dieser aus vielem zusammengesetzte Geruch. Immer derselbe. Trocken, aber gleichzeitig schwül von verfaulendem Gemüse, rohem Fleisch und sterbenden Fischen.

Ich gehe hinaus und setze mich auf einen der hellblauen Plastikstühle vor dem Kaffeestand. Bestelle einen Eiskaffee mit süßer Milch. Außerhalb des Schattens brennt die Sonne und die Menschen halten Siesta. Eine aufgesprungene Verkehrsinsel deutet darauf hin, dass hier einmal Busse gefahren sind. Zu Prinz Sihanouks Zeiten. Als Infrastruktur Vorrang hatte, die Wege asphaltiert wurden und sich in nummerierte Fernstraßen verwandelten.

Der Kaffee, süß und eiskalt durch den Trinkhalm. Auf der anderen Seite des kleinen Marktes stehen dieselben Häuser wie auf den Bildern der Schweden. Damals wie heute gleichermaßen heruntergekommen und von Feuchtigkeit angegriffen. Aber die Fensterläden sind offen, die Jalousien hochgezogen.

46.
[Geschichte, wenn man so will]

Lon Nol war alles in allem kein gewöhnlicher Ministerpräsident. Am liebsten blieb er ganze Tage in seiner Villa. Zum Telefon griff er selten, Nachrichten in Radio, Fernsehen und Zeitungen kümmerten ihn nicht. Die Einzigen, die uneingeschränkten Zugang zu ihm hatten, waren Mönche, von denen es hieß, sie könnten die Zukunft vorhersagen. Sein Weltbild basierte zu großen Teilen auf ihren Visionen.

Das Land regierte er mittels »übernatürlicher Eingebung«. Hexerei und kambodschanischer Buddhismus waren die Siegeswaffen gegen die vietnamesischen Atheisten.

Aus den Kämpfen wurde mit den Jahren ein ausgewachsener Bürgerkrieg. Anfänglich waren die Roten Khmer zur Gänze den Nordvietnamesen unterstellt. Aber ihre Zahl stieg und sie übernahmen immer mehr Verantwortung.

Für die Regierungsseite kamen die Niederlagen Schlag auf Schlag. Langsam, aber sicher wurde sie an allen Fronten zurückgedrängt.

Lon Nol erwies sich als ebenso unfähig, Krieg zu führen, wie den Staatsapparat zu reformieren. Die Inflation galoppierte außer Sichtweite, und die Korruption war bald um ein Vielfaches schlimmer als unter Sihanouk. Die Generäle schreckten nicht einmal davor zurück, Waffen an die Roten Khmer zu verkaufen.

Weil sich die amerikanische Militärhilfe nach der Anzahl der Personen richtete, die die Regierung in den Wehrdienst berufen konnte, wurde die Armee mit erfundenen Soldaten aufgestockt. Je mehr Namen, desto höhere Beiträge. Berechnungen zufolge machten diese 1973 zwanzig bis vierzig Prozent der Truppe aus. Das führte zu absurden Konsequenzen. Generäle, die den Befehl erhielten, eine Guerillaoffensive aufzuhalten, mussten zugeben, dass ihre beeindruckende Stärke nur auf dem Papier existierte.

Gleichzeitig nahm die Stadtbevölkerung bedingt durch die Flucht der Menschen aus den verheerten Kriegsgebieten zu. Phnom Penh, das im Unterschied zu anderen südostasiatischen Hauptstädten früher keine Slums hatte, verkam zusehends.

Der Staat schien einem völligen Kollaps nahe, sowohl moralisch als auch ideologisch und ökonomisch.

Allmählich wurde der gebildeten Elite in Phnom Penh klar, dass die USA keinesfalls beabsichtigten, Kambodscha um jeden Preis zu schützen. Im Gegenteil, die bittere Wahrheit lautete, dass das kleine Land allein dastand, im Krieg mit dem übermächtigen Erzfeind Vietnam. Viele der besser qualifizierten Kambodschaner entschlossen sich daher zu emigrieren. Lon Nol wurde in seiner Villa immer einsamer. Nach einem Schlaganfall 1971 konnte er außerdem nur mehr kurze Perioden hindurch arbeiten.

Das ist der Hintergrund, vor dem die Roten Khmer gesehen werden müssen. Eine Kulisse von Korruption und Zerfall.

Sie standen für etwas radikal anderes. Sie galten als anständig und repräsentierten etwas Modernes und Zukunftsorientiertes. Dogmatisch zwar, aber der Raum für Andersdenkende war auch in der kambodschanischen Republik Lon Nols nicht besonders groß.

Hand in Hand mit den roten Soldaten stand Prinz Sihanouk. Der Gottkönig, der Kambodscha aus dem Krieg herausgehalten hatte. Der zwar unerträglich selbstgefällig sein konnte, aber das Land von den Franzosen befreit und den Lebensstandard für die Mehrheit gehoben hatte.

1970 hatte Kambodscha an einer Wegscheide gestanden und Lon Nol gewählt. Einige Jahre später war das offensichtlich eine falsche Wahl gewesen.

Die Roten Khmer waren für viele das Versprechen einer zweiten Chance.

47.

Ein paar Fotografien jenes Raums, von dem Lon Nol aus Krieg gegen die Roten Khmer führte. Eine Karte von Zentralkambodscha bedeckt eine ganze Wand. Nadeln, die feindliche Verbände anzeigen, ziehen einen engen Kreis um Phnom Penh. Neben der Karte, über den Lichtschaltern, befindet sich ein Schild auf Französisch. Es richtet sich an die Generäle Lon Nols:

> WENN IHR MÜDE SEID, DENKT AN DIE,
> DIE MÜDER SIND ALS IHR
> (AN DER FRONT)

48.
[Wie ein Flimmer weiß]

Der Französischlehrer Saloth Sar und seine geliebte Poesie. Einfach gekleidet, stets mit weißem und frisch gebügeltem, kurzärmligem Hemd, dunkelblauer Hose. Nachdenklich in seiner Art zu unterrichten und um seine Studenten bemüht. Bei allen beliebt. Wie er mit halb geschlossenen Augen nach den Wörtern sucht.

Ein Student erinnert sich später an sein erstes Treffen mit Saloth Sar: »Es war, als könnte er mein Freund fürs Leben sein.«

49.
[Wie ein Flimmer weiß]

Sie treffen einzeln oder in kleinen Gruppen ein. Wachposten achten auf die Umgebung. Diskret nähern sie sich dem Haus an der Eisenbahnstation, jenem Haus, das sie zwei Tage und Nächte lang nicht verlassen werden. Es gehört Ok Sakun, ehemals Student in Paris und jetzt Eisenbahnbediensteter. Es soll den ersten ganz und gar eigenen Kongress der kambodschanischen Kommunistischen Partei beherbergen, ohne vietnamesische Repräsentanten.

Es ist das Jahr 1960 und für die kambodschanischen Revolutionäre bedeutet es einen entscheidenden Schritt.

Auch für die Parteiführung ist es eine Richtungsänderung. Die Macht wird sich verschieben, von den Veteranen, die gemeinsam mit den Vietnamesen gegen die Franzosen kämpften, hin zu den jungen und intellektueller ausgerichteten Pariser Studenten.

Die einundzwanzig Teilnehmer sind aus dem ganzen Land gekommen. Alles Männer, die bereits eine Art Schattendasein führen. Sie gehen zwar mehrheitlich respektablen Beschäftigungen nach, ihre dunklen Abende widmen sie jedoch geheimen Treffen. Die Partei ist klein, die Organisation schwach, die Arbeit aber geht unverdrossen ihren Gang.

Beinahe die gesamte künftige Führungsschicht der Roten

Khmer ist versammelt. Die meisten haben die Altersgrenze von dreißig Jahren überschritten. Nicht mehr jung. Aber die Energie ist unverbraucht, die Ambition dieselbe und die Erfahrung größer. Sie sind die Männer der Zukunft.

Die Diskussionen wollen kein Ende nehmen. Die Sonne geht hinter den tiefliegenden Wolken auf und wieder unter. Die Regenfälle erreichen zwischenzeitlich eine Stärke, die das Gespräch unmöglich macht. Es ist sehr warm, und mit beinahe zwei Dutzend zunehmend verschwitzten, in einen kleinen Raum gesperrten Männern wird die Luft stickig.

Der Kongress fasst zwei Beschlüsse von entscheidender Bedeutung.

Von nun an bestimmt die Partei selbst, welcher Strategie sie folgt.

Die Partei wählt auch ihren Anführer selbst.

Das sind deutliche Signale an die vietnamesischen Kommunisten. Die vietnamesische Unterstützung ging bisher zu Lasten der Selbstbestimmung. Ab sofort sollen die Kambodschaner eigenständig sein.

Zum Generalsekretär wird Tou Samouth gewählt, ein 45-jähriger ehemaliger Mönch und einer der Gründer der Bewegung. Zu ihm haben sowohl die Veteranen als auch die Studenten Vertrauen.

Zum stellvertretenden Generalsekretär wird Nuon Chea gewählt, der fünfzehn Jahre später stellvertretender Ministerpräsident im Demokratischen Kampuchea wird.

Zwei Jahre nach dem Treffen an der Eisenbahnstation wird Tou Samouth von der Geheimpolizei verhaftet werden. Man foltert ihn und richtet ihn heimlich hin. Der Körper wird auf dem Müllplatz von Phnom Penh bestattet.

Sein Tod ist ein überaus harter Schlag gegen die Kommunistische Partei. Die geheimen Strukturen und Netzwerke, über viele Jahre mühevoll aufgebaut, werden zerstört. Es dauert lange, die Schäden zu reparieren.

Sein Nachfolger wird nicht wie vorgesehen Nuon Chea. Man verdächtigt ihn finanzieller Unregelmäßigkeiten. Die Beschuldigungen haben ihn deprimiert und arbeitsunfähig gemacht. Der Auftrag ergeht stattdessen an den dritten Mann auf der Liste: Saloth Sar.

Einige Wochen später veröffentlicht die Geheimpolizei ein Verzeichnis mit vierunddreißig Linkssympathisanten. Mehrere davon, wie Khieu Samphan, sind der Allgemeinheit bekannt. Andere wiederum sind Namen, die kaum einer gehört hat, Saloth Sar etwa, Ieng Sary und Ok Sakun. Man kann es als eine Art Todesliste ansehen.

Prinz Sihanouk befiehlt den vierunddreißig, im Büro des Ministerpräsidenten zu erscheinen. Was stand ihnen bevor? Misshandlung? Gefängnis? Hinrichtung? Aber dem Befehl nicht zu folgen hieße, sich selbst für vogelfrei zu erklären.

Zweiunddreißig von ihnen kommen. Ihnen wird eine Standpauke gehalten und sie müssen eine Loyalitätserklärung unterschreiben. Darin steht, dass nur Prinz Sihanouk und kein anderer fähig ist, das Land zu führen.

Dann dürfen sie gehen.

Einer von den beiden, die nicht auftauchen, ist Saloth Sar. Damit nimmt sein Leben außerhalb der Gesellschaft seinen Anfang.

Er hält sich drei Wochen lang versteckt. Als sich alles beruhigt hat, macht er sich auf den Weg Richtung Osten. Dort wird er von vietnamesischen Kommunisten empfangen und an einem ihrer Stützpunkte eingesetzt, nahe der Grenze.

50.
[Wie ein Flimmer weiß]

März 1963.

Warm. Über dreißig Grad im Schatten.

Ein Ort. Ein Raum? Ein Restaurant? Eine Straßenecke? Nein, vermutlich ein Raum, in einem sogenannten sicheren Haus. Wahrscheinlich eine Privatwohnung am Stadtrand von Phnom Penh. Es ist nicht wichtig.

Zwei Personen. Vielleicht mehr. Wie viele? Auch nicht wichtig. Zwei Personen.

Also: IENG SARY (Codename VAN), 39 Jahre alt und Führer der Pariser Studentengruppe innerhalb der Kommunistischen Partei. Einer der Intellektuellen also. Dominant und ein versierter Redner.

Und: NUON CHEA (alias LONG RITH), 40 Jahre, stellvertretender Generalsekretär der Partei, in Bangkok ausgebildeter Jurist. Einer der Veteranen. Dogmatisch und ohne Charme.

IENG SARY Phnom Penh jetzt zu verlassen ist zu früh. Es gibt weiterhin Möglichkeiten, den Kampf politisch zu führen, auf gesetzlichem Weg.

NUON CHEA Jene, die auf der Liste der Geheimpolizei stehen, müssen in den Untergrund gehen. Da gibt es nichts zu diskutieren. Du riskierst, dass wir anderen aufgedeckt werden.

IENG SARY Ich halte es für zu früh.

NUON CHEA Ein wenig Zeit im Wald wird dir guttun, Genosse. Es könnte dir zumindest helfen, deine kleinbürgerlichen Pariser

Manieren loszuwerden. Es würde deinen proletarischen Geist stärken.

51.

Die Freundschaftsgesellschaft Schweden-Kampuchea wurde am 17. April 1977 gegründet, am zweiten Jahrestag der Revolution der Roten Khmer. Die Kampuchea-Arbeitsgruppe, die ein halbes Jahr früher gebildet wurde, hatte somit ihr Ziel erreicht. Davor war die Unterstützung des kambodschanischen Kampfes innerhalb der FNL-Bewegung angesiedelt.

Die konstituierende Versammlung wurde am Åsö-Gymnasium in Stockholm abgehalten. Hedda Ekerwald stand dem Treffen vor, und von den rund fünfzig Anwesenden wählte man zweiundzwanzig in den Vorstand. Vorsitzender der Vereinigung wurde Gunnar Bergström.

Am Nachmittag hielt man dann ein größeres Treffen ab, mit einer Rede von Jan Myrdal. Vor etwa zweihundert Personen spielten und sangen Vertreter der freien Theatergruppe *Fria Proteatern* und ein Blasorchester der Uppsala-Sektion des Kulturvereins *Folket i Bild* die Nationalhymne des Demokratischen Kampuchea:

O Vaterland, o leuchtend rotes Kampuchea, blutgetränkt sind deine Ebenen und deine Städte, / das Blut unseres revolutionären Volks wurde zu flammendem Hass, zu entschlossenem Kampf, / verwandelt in das rote Banner des 17. April, das uns von der Sklaverei befreite. / Lang, lang lebe der glorreiche 17. April.

Die erste Ausgabe der Vereinszeitung *Kampuchea* erschien kurz nach der Gründung. Im Leitartikel war zu lesen:

»In einigen wenigen Jahren hat sich eine gesamte Landschaft verändert. Von Rattanikiri im Norden nach Svay Rieng im Süden legt man Gräben und Kanäle an. Kontrolle über das Wasser ist die Grundlage für eine große Reisproduktion, und wo zuvor Büsche wuchsen, werden nun Mais und Bananen gezogen. Kampuchea soll bei den Lebensmitteln autark bleiben. Weder Regen noch Unwetter oder ausländische Mächte sollen Kampuchea regieren können.

Von der Entwicklung Kampucheas haben wir in der westlichen Welt jedoch ein ganz anderes Bild bekommen. In den Massenmedien sind wir in Form von verbreiteten Gerüchten, Spekulationen und gefälschten Fotografien auf zahlreiche Beispiele schiefer Berichterstattung gestoßen. Deshalb und weil ein deutlicher Mangel an Information besteht, ist die Zeitung, die Du gerade in Händen hältst, notwendig.

Die Völker in Schweden und Kampuchea haben gemeinsame Interessen. Während Kampuchea unserer Unterstützung bedarf, können wir gleichzeitig von diesem Land viel über den Kampf für Unabhängigkeit lernen. Die Tatsache, dass ein kleines Land, indem es den eigenen Kräften vertraut, seine Zukunft selbst aufbauen kann, ist eine Bedrohung des Imperialismus und eine Inspirationsquelle für die Völker der Welt.«

Auf der nächsten Doppelseite gibt es ein Bild arbeitender Bauern. Der Bildtext lautet: »Auf einer Kautschukplantage in Kampuchea.«

Es stellt einen Papaya-Anbau dar.

52.

Die Stadt, die es nicht gab, gibt es. Sie befindet sich an der Stelle, an der sie früher lag, an der Kreuzung, an der man entweder nach links Richtung Kompong Thom abbiegt oder geradeaus nach Kompong Cham fährt.

Hedda Ekerwald schreibt am 14. August 1978 ins Reisetagebuch: »Fahrt mit dem Auto hinauf nach Kompong Cham. Auf dem Weg halten wir an einer Baustelle, einem Fähranleger am Fluss Ton le Sap und in Skuon, einer Stadt, die von den Bomben in Schutt gelegt wurde.«

In jener *Kampuchea*-Ausgabe, Zeitung der Freundschaftsgesellschaft, die der Reise der Delegation gewidmet ist, finde ich ein Bild von Skuon. Es zeigt Berge von Betonbrocken, einige Bäume im Hintergrund. Verbogene Armierungseisen ragen aus dem Schutt.

Als ich mich aber auf die Weggabelung zubewege, ist die Stadt da. Auf dem Weg hinein solide Holzhäuser auf Pfählen, die sich in Teichen mit eben ausgeschlagenen Lotusblüten spiegeln. Auf den Dachfirsten ist das Baujahr dekorativ herausgearbeitet. Die meisten sind in den Neunzigerjahren entstanden. Später dann folgen Betongebäude mit zwei oder drei Geschossen.

Skuon ist eine Raststelle vor der Weiterfahrt. Als mein Taxi hält, strecken Verkäufer ihre Waren durch das Seitenfenster herein. Tüten mit kleinen gefleckten Vogeleiern, Bambusrohr mit gesüßtem Reis, Flussschnecken, Bündel aus Rambutanfrüchten. Und geflochtene Teller mit großen frittierten Spinnen – Skuons Spezialität. Eine der Verkäuferinnen, ein junges Mädchen, lockt mit einer lebenden Spinne auf der Schulter. Das Tier ist doppelt so groß wie ihre Hand und sie setzt es zurück, wenn es hin und wieder den Ärmel hinunterkriecht.

Ich begebe mich hinaus in die Hitze, drehe eine mühsame Runde zwischen den Häusern. Aber von der Verwüstung dreißig Jahre zuvor sind keine Spuren mehr vorhanden. Skuon sieht aus wie die meisten kambodschanischen Kleinstädte, mit der Ausnahme jedoch, dass das Zentrum von einer Straße gebildet wird, die sich verzweigt. Eine alte verfallene Verkehrsinsel zeugt von einer klügeren Infrastruktur als der späterer Jahre.

An einem Ende der Verkehrsinsel steht das schlichte Standbild eines Mädchens und eines Jungens. Sie halten eine Erdkugel und eine Friedenstaube in ihren Händen. Am anderen Ende eine Skulptur mit demselben Motiv, aber hier sind das Mädchen und der Junge in traditionelle Bauerngewänder gekleidet und halten landwirtschaftliche Geräte. Die Farben sind ausgebleicht. Zwischen den verwitternden Standbildern ragt eine grellrote Reklamesäule für Sokimex auf, Kambodschas führendem Erdölunternehmen.

53.
[Wie ein Flimmer weiß]

Saloth Sar braucht zweieinhalb Monate, um vom Geheimlager im Dschungel nach Hanoi zu gehen. Durch Wälder mit Malariamücken, über Flüsse und Bergketten.

In Hanoi wird er unter anderem von Ho Chi Minh empfangen. Saloth Sar hat ein Anliegen: die Nordvietnamesen dazu zu bringen, einen bewaffneten kambodschanischen Kampf gegen Prinz Sihanouk zu unterstützen. Sie werden sich weigern. Es ist das Jahr 1965 und in Vietnam wurden erstmals amerikanische

Bodentruppen eingesetzt. Der eigene Krieg ist wichtiger als die Kambodschaner, die nicht warten können.

Um Saloth Sar zu zeigen, wie viel man bereits für das Brudervolk im Westen getan habe, erhält er Zugang zum Parteiarchiv. Dort soll er sich mit den vietnamesischen Opfern vertraut machen, die über die Jahre geleistet wurden. Auf eine bescheidenere Tonart gestimmt werden.

Später sagte er selbst:

»Ich entdeckte, dass von 1930 […] bis 1965 die vietnamesische Kommunistische Partei die revolutionären Parteien der kambodschanischen […] und laotischen Völker als Zweige der vietnamesischen Partei behandelte […]. Beide folgten den Richtlinien, dem politischen Kurs und der Strategie der vietnamesischen Partei. Bis zum Zeitpunkt, an dem ich die Dokumente selbst las, hatte ich an die Vietnamesen geglaubt und ihnen vertraut. Aber nachdem ich sie gelesen hatte, traute ich ihnen nicht mehr. Ich begriff, dass sie die Parteien in unseren Ländern nur organisiert hatten, um an ihr Ziel einer indochinesischen Föderation zu gelangen. Sie schufen eine vereinte Partei, um ein einziges integriertes Territorium zu vertreten.«

54.
[Geschichte, wenn man so will]

Prinz Sihanouk befand sich in Moskau, als er 1970 abgesetzt wurde. Einem König in einer klassischen Tragödie ähnlich hatte er im letzten Jahr seinen Fall mehr oder weniger inszeniert. Die Wirtschaft war festgefahren, die politische Initiative in den Händen der Rechtsopposition, und der Prinz selbst wurde zwischen Manie und Depression hin und her getrieben.

Dennoch war der Putsch ein schwerer Schlag. Sihanouk betrachtete das kleine Königreich als Teil seiner selbst. Nun hatten sich seine geliebten Untertanen, seine »Kinder« gegen ihn gerichtet. Ihn, der so viel für sie getan hatte.

Die ersten vierundzwanzig Stunden erwog er, um Asyl in Frankreich anzusuchen. Die Franzosen antworteten, dass das möglich sei, allerdings müsse er die Politik aufgeben. In Frankreich wäre er Privatperson, ohne öffentliche Stellungnahmen zu Kambodscha. Seine sowjetischen Gastgeber waren ebenfalls nicht besonders entgegenkommend.

Stattdessen nahm Sihanouk ohne besondere Lust eine Einladung nach Peking an. Es wurde ihm ein unerwartet stattlicher Empfang bereitet, ein greller Kontrast zur lauen Antwort aus Frankreich und der Sowjetunion. Ministerpräsident Zhou Enlai forderte ihn auf, den Kampf gegen die Putschisten sofort aufzunehmen. Mao Zedong versicherte, dass China nicht den Wunsch nach einem kommunistischen Kambodscha habe, sondern lediglich dessen Rückkehr zur früheren Neutralität wolle.

Sihanouks Lethargie wich einer brennenden Rachsucht. Er erklärte seine Bereitschaft.

Auch Saloth Sar war in Peking. China hatte den Beschluss gefasst, sich vor der nächsten Runde so viele kambodschanische Karten wie möglich zu sichern. Unter Druck brachte man Sihanouk dazu, eine Führungsrolle in einer Widerstandsbewegung voller Kommunisten zu akzeptieren. Saloth Sar seinerseits wurde gezwungen, sich seinem alten Todfeind zu unterwerfen. Aber, so seine Einschätzung, der Prinz konnte mit seinem guten Namen dem Kampf den notwendigen internationalen Respekt sichern.

Sihanouk stellte lakonisch fest, die Kommunisten »werden mich essen wie eine Kirsche. Wenn sie fertig sind, spucken sie den Kern aus.« Was sonst konnte er von jenen erwarten, die seine Geheimpolizei jahrzehntelang schikaniert hatte? Die ihn zudem als Klassenfeind und feudales Überbleibsel ansahen?

Gleichzeitig hegte er die Hoffnung, die Kommunisten, sobald er wieder in Phnom Penh sei, überlisten zu können. Beinahe zwanzig Jahre lang war er ja trotz allem der schlaueste Fuchs in der kambodschanischen Politik gewesen. Die offiziellen Führer der Roten Khmer waren Khieu Samphan und andere ihm bekannte Sozialisten. Mit ihnen hatte er auch früher umzugehen gewusst.

Fünf Tage nach dem Putsch präsentierte Sihanouk Kampucheas nationale Einheitsfront, FUNK, eine französische Abkürzung. Gut einen Monat später wurde FUNK durch eine Exilregierung komplettiert, GRUNK. Beide unter der Leitung Sihanouks.

In einer Radioansprache forderte er seine Landsleute auf, sich dem bewaffneten Kampf gegen die Regierung Lon Nols anzuschließen. Praktisch kam das einer Aufforderung gleich, sich den Roten Khmer anzuschließen, welche nicht zögerten, das im Zuge ihrer Rekrutierung zu nutzen. Viele Guerillasoldaten glaubten deshalb, für die Monarchie, nicht für den Kommunismus zu kämpfen.

Der Entschluss, die äußerst unheilige Allianz mit den Roten Khmer einzugehen, hat Sihanouk seither verfolgt. Er gab ihnen die ersehnte Legitimität und stand als Garant für eine maßvolle Revolution.

Seine Kritiker sehen den Entschluss entweder als bewussten Verrat oder als kriminelle Naivität. Oder möglicherweise eine geschmacklose Kombination von beidem.

Sihanouk sollte bald erfahren, dass Peking nicht Phnom Penh war. Die Spielregeln sahen anders aus. Die drei Großmächte waren näher an sein Königreich herangerückt, und ihre Schwerkraft riss die Welt, wie Sihanouk sie kannte, entzwei. Er musste sich damit begnügen, die Proklamationen der Roten Khmer zu verlesen, und hatte weder auf Krieg noch Politik direkten Einfluss.

Nach erheblichem Hin und Her durfte Sihanouk 1973 Angkor Wat besuchen, das unter der Kontrolle der Roten Khmer stand. Der Prinz beim Nationalheiligtum. Es wurde zu einem gewaltigen Propagandasieg.

Ich gehe die alten Bilder durch. In faltenfreier Bauernkleidung posiert Sihanouk mit jenen Männern, die er einige Jahre zuvor mit dem Tod bedroht und in den Dschungel getrieben hat. Vor Tempel und Wasserfall nehmen sie Aufstellung. Alle lächeln, leicht angestrengt, in die Kamera.

Mehrere der Personen um Sihanouk werden später von einem Mann ermordet werden, der darauf zu achten scheint, sich an den Rändern der Fotografien aufzuhalten. Saloth Sar. Er wartet lächelnd im Hintergrund ab. Der heimliche Führer, der seinen Namen noch nicht zu Pol Pot geändert hat und noch nicht ins öffentliche Rampenlicht getreten ist.

55.

FRIEDEN IST KAPITULATION!

56.

Ich schaffe es nicht einmal, mich vorzustellen.

»Was willst du?«

Seit mehreren Tagen versuche ich, Jan Myrdal zu erreichen. Jedes Mal war es seine Lebensgefährtin Gun Kessle, die abgenommen und höflich mitgeteilt hat, dass er verreist sei oder im Garten oder beschäftigt.

Aber das jetzt ist Jan Myrdal, der mich barsch unterbricht.

Anfangs, als ich ihn per E-Mail kontaktierte, reagierte er noch positiv. Er sah eine Art gemeinsames Arbeitsprojekt vor sich, in das er seine alten Kontakte einbringen wollte. Im Brief nennt er vor allem den Außenminister der Roten Khmer, Ieng Sary, und Ieng Sarys Frau, Ieng Thirith, die im Demokratischen Kampuchea Sozialministerin war. Aber auch die »japanischen Freunde«, die oft in Phnom Penh seien. (Genaueres darüber, wer das ist, sagt er nicht. Aber ein schwedischer Journalist wird später von einem surrealistischen Treffen in der alten Dschungelfestung der Roten Khmer berichten. Ein japanischer Mann mit schwerem Motorrad und zwei jungen Frauen, die aussahen, als hätte man sie direkt aus dem Tokioter Modeviertel geholt. Der schwedische Journalist hatte einen Tag lang vergeblich darauf gewartet, mit Nuon Chea sprechen zu dürfen, dem ehemaligen stellvertretenden Ministerpräsidenten der Roten Khmer. Die Japaner hingegen erhielten sofort Zutritt.)

Im nächsten Brief Jan Myrdals hat sich die Lage geändert. Ieng Sary hält es nicht mehr für möglich, die geplanten Interviews durchzuführen. UN und kambodschanische Regierung haben wieder begonnen, über einen Prozess gegen die früheren Anführer zu diskutieren.

Wenn es um Jan Myrdals eigene Reiseerfahrungen im Demokratischen Kampuchea geht, weist er auf das hin, was er früher geschrieben hat.

Das macht er auch am Telefon.

»Ich sah, was ich sah, und darüber habe ich geschrieben.«

Sich für ein neues Interview zur Verfügung zu stellen sei aus dem Grund falsch, meint er, weil er nicht im Land gewesen sei, seitdem die Roten Khmer ihre Waffen niedergelegt hätten. Es gebe nichts Neues zu sagen.

Mehr als das wird es nicht. Ich muss lesen, was bereits veröffentlicht ist.

Jan Myrdal hat selbst eine Tugend daraus gemacht, sich den Quellen zu widmen. Sich nicht zufriedenzugeben. Deshalb war er in den Fünfzigern ein Jahr auf den fast nicht befahrbaren Straßen Afghanistans unterwegs. Deshalb interviewte er Menschen in Liu Ling, woraus der international bahnbrechende *Bericht aus einem chinesischen Dorf* wurde. Und deshalb kehrte er in das Kriegsgebiet zurück, in das man das nordwestliche Kambodscha 1979 verwandelt hatte.

Aber ich sage das nicht in den Hörer. Denn wir wissen es ja beide.

Wenn alles geschrieben ist, dann ist das so.

Wir legen auf und ich begebe mich in die Bibliothek. Dort lasse ich vom Bibliothekar alles Auffindbare ausheben, das Jan Myrdal über das Demokratische Kampuchea geschrieben hat. Es sind mehrere hundert Seiten.

57.
[Geschichte, wenn man so will]

Dem Außenminister der USA, Henry Kissinger, war Terror nichts Unbekanntes. Als 15-Jähriger wurde er gezwungen, aus seinem Heimatland Deutschland zu fliehen. Was Adolf Hitler für die Juden plante, war seit langem nur allzu offensichtlich.

In den USA schlug er eine akademische Laufbahn ein. Ambitioniert und ehrgeizig, stieg er auf, mit Blickrichtung auf das

Zentrum der politischen Macht. Heimlich unterstützte er Nixons Wahlkampagne 1968. Das machte sich bezahlt. Nachdem Nixon zum Präsidenten gewählt worden war, berief er Henry Kissinger zu seinem nationalen Sicherheitsberater.

Richard Nixon und Henry Kissinger wurden zum unzertrennlichen amerikanischen Gespann an der Wende von den Sechziger- zu den Siebzigerjahren. Für viele der personifizierte US-Imperialismus.

Nixinger.

58.
[Richard Nixon im privaten Gespräch mit seinem Stabschef »Bob« Haldeman]

»Die Bedrohung ist der Schlüssel. Ich nenne es die Madman-Theorie, Bob. Ich will die Nordvietnamesen glauben machen, dass ich den Punkt erreicht habe, wo ich alles tun werde, um den Krieg zu beenden. Wir werden Folgendes durchsickern lassen: ›Mein Gott, Sie wissen ja, wie sehr Nixon vom Kommunismus besessen ist. Wenn er in Wut gerät, können wir ihn nicht zurückhalten – und er hat seine Hand am nuklearen Drücker.‹ Und in zwei Tagen wird Ho Chi Minh persönlich in Paris sein und um Frieden betteln.«

59.
[Geschichte, wenn man so will]

Während der vier Jahre, die auf das Gespräch zwischen Nixon und Haldeman folgten, ließen amerikanische Flugzeuge

4500000 Tonnen Bomben über Vietnam, Kambodscha und Laos fallen. Weder davor noch danach in der Menschheitsgeschichte wurden derart viele Bomben innerhalb eines Krieges abgeworfen.

60.

Auf dem Foto bin ich vielleicht ein Jahr alt. Der Tisch ist vollgestellt mit halbleeren Gläsern und Bierdosen. Ich sitze auf dem Schoß meiner Mutter. Aus meinem beinahe zahnlosen Mund kommt offenbar ein gellender Schrei, denn sie schneidet eine gequälte Grimasse. Weißes Tageslicht von links. Ein Fenster?

Von der Zigarette in ihrer Hand zieht Rauch nach oben, die andere hält sie um meinen Bauch. Hinter uns an der Pinnwand hängen Bilder und Plakate. Eines fordert die USA auf, den Bombenterror zu beenden. Auf einem anderen sind vier identische Frauenzeichen mit einer geballten Faust im Kreis. Eine Fahne, die ich nicht kenne, eine Taschenuhr und eine Art geflochtene Handarbeit, die an Südamerika erinnert. Eine Kulisse aus dem Jahr 1973.

Wessen Küche – es handelt sich doch um eine Küche – ist das? Wessen Wohnung? Und was hängt dort heute, an der Stelle der Pinnwand?

61.
[Geschichte, wenn man so will]

Die Bombenangriffe auf Kambodscha begannen im März 1969. Sie waren ungesetzlich, denn Kambodscha war neutral und nahm am Krieg in Vietnam nicht teil. Jedoch schlängelte sich der sogenannte Ho-Chi-Minh-Pfad zum Teil durch kambodschanisches Gebiet. Es gab zudem nordvietnamesische Stützpunkte auf der kambodschanischen Seite der Grenze.

Die nordvietnamesischen Übertretungen waren Prinz Sihanouk, damals noch Staatschef, bekannt. Es war ein stilles Zugeständnis an jene Seite, die seiner Überzeugung nach als Sieger hervorgehen würde.

Es blieb ihm auch kaum eine andere Wahl. Die kambodschanische Armee war klein und rückständig. In Mondolokiri beispielsweise, einer der fünf Provinzen, durch die sich der Ho-Chi-Minh-Pfad zog, gab es alles in allem 320 Soldaten.

Mit dem ersten Bombenangriff sollte jene Stellung ausgeschaltet werden, die die USA für das südliche Hauptquartier der vietnamesischen Guerilla hielten.

Nixon und Kissinger sahen ein, dass sie die Zustimmung des Kongresses für Bombardements auf Kambodscha nicht bekommen würden. Gezwungenermaßen geschah es also im Verborgenen.

In einer demokratischen und offenen Gesellschaft einen geheimen Krieg zu führen ist nicht einfach. Die Kontroll- und Sicherheitsmechanismen sind zahlreich. Es bedurfte daher umfassender Fälschungen von Flugberichten und Befehlen.

Vereinfacht sah der Plan so aus: Die ursprünglichen Ziele lagen in Südvietnam, aber unmittelbar vor dem Öffnen der Bombenklappen würden die Piloten neue Koordinaten erhalten. Dass diese zu Zielen jenseits der kambodschanischen Grenze gehörten, ging nicht daraus hervor. In den Berichten würde es daher so aussehen, als seien die Bomben, mit etwas fehlerhafter Justierung, über Südvietnam abgeworfen worden. Nicht einmal die höchsten Chefs der Luftwaffe kannten die Wahrheit.

Am 18. März 1969 begann die Operation »Frühstück«. Bevor die Sonne aufgegangen war, bombardierten B-52-Flugzeuge eine Stunde lang ein mehrere Quadratkilometer großes Gebiet im Südosten Kambodschas. Man hat es als »dünn besiedelt« eingeschätzt, aber niemand weiß, wie viele Zivilisten getötet wurden.

Die Menschen am Boden waren völlig unvorbereitet. Plötzlich war ihr morgendliches Dunkel in ein Inferno aus Tod und Feuer verwandelt. In ihren Flugzeugen sahen die Piloten, durch Staub und Qualm getrübt, die Blitze der Explosionen.

Die Heimlichtuerei gelang. Die Massenmedien kamen den Bombardements nicht auf die Spur. Kambodscha war somit zu einer strategischen Alternative geworden. Während der kommenden vierzehn Monate wurden weitere 3630 geheime Angriffe durchgeführt. Auf die Operation »Frühstück« folgte die Operation »Mittagessen«, auf die ihrerseits die Operation »Imbiss« folgte. Und so weiter. Die militärisch-zynische Sammelbezeichnung war Operation »Menü«.

62.

[Aus der Zeitung Kampuchea *2/1977,*
Gedicht bei der Befreiung Kampucheas
von Thomas Nydahl]

Das Bild
der Bäuerin
bei der Umarmung eines Soldaten
aus dem Guerillaverband
der eben ihr Dorf befreit hat

Spendet dieselbe Freude
wie die Befreiung meines eigenen Sohns
aus Birgittas engem Schoß
dieselbe Freude
als er sich nach Stunden des Kampfes
durch eine allzu enge Passage
ins Leben gewunden hat
auf das grüne Baumwolltuch
Heute
wird nicht nur ein Mensch
entbunden
Heute
ein ganzes Volk
Die Mutter dieser Befreiung
O stolze ROTE KHMER!
soll auf ewig Symbol in meinen Träumen sein
für alles, das entbunden wurde
zu etwas Neuem, etwas Besserem

das Land KAMPUCHEA
der Säugling
mit kleinen Ansprüchen
er baut eine blühende
Zukunft

63.
[Wie ein Flimmer weiß]

Auf dem letzten Stück der Reise müssen sie ihn tragen. Ein schmaler Pfad durch den Dschungel und Saloth Sar liegt in einer Hängematte, die an einen langen Bambusstock geknüpft ist. Vielleicht merkt er nicht einmal, dass sie Büro 100 erreichen, das erste eigene Hauptquartier der kambodschanischen Kommunisten. In seinem Inneren wütet das Fieber der Malaria und das Jahr 1967 nähert sich seinem Ende.

Büro 100 liegt in der nordöstlichen Ecke des Landes, nahe der Grenze zu Vietnam. Eine weitläufige Berggegend, die von beinahe unpassierbarem Regenwald überzogen ist. Keine Verkehrswege, mit Ausnahme der befahrbaren Nebengewässer der großen Flüsse und einiger Dschungelpfade. In den Wäldern wohnen Bergmenschen, die mit Pfeil und Bogen jagen und eine Sprache sprechen, die die revolutionären Neuankömmlinge nicht verstehen.

Das Hauptquartier. Eine Anhäufung einfacher Häuser und Hütten. Einige Dutzend Männer und Frauen. Viele leiden an ernsten Tropenkrankheiten und schweren Entzündungen der Haut. Hu Nim, der künftige Informationsminister, ist nach einem Malariaanfall kahlköpfig geworden. Die knappen Essensrationen müssen mit dem gestreckt werden, was sich im Dschungel finden lässt – Warane, Affen, Insekten.

Von der Außenwelt beinahe vollständig isoliert sitzen sie, abgemagert und kränklich, und entwerfen die Pläne für den gesellschaftlichen Umsturz. Aus Mangel an Minen haben sie Fallgruben ausgehoben. Bewacht wird die Umgebung von örtlichen, mit Giftpfeilen bewaffneten Bogenschützen.

Die Jahre vergehen und über ihre Köpfe hinweg fliegen amerikanische und südvietnamesische Bombenflugzeuge.

64.
[Geschichte, wenn man so will]

Nachdem Lon Nol im März 1970 Prinz Sihanouk abgesetzt hatte, schickte er ein Gesuch an Richard Nixon. Er wollte umgehende amerikanische Hilfe, um zu verhindern, dass Nordvietnam Kambodscha als Gebiet für seine Stützpunkte nutzte.

Die amerikanischen Bombardements konnten nun offen weitergeführt werden, als Unterstützung für eine alliierte Nation.

Die Guerillakrieger mit Bombenteppichen wirksam zu bekämpfen war Wunschdenken. Das zeigten die Erfahrungen aus Nordvietnam und Laos. Trotz der ungeheuren Bombenmengen konnten die Kommunisten genügend Material aufbieten, um den Krieg mit anscheinend unverminderter Stärke fortzusetzen.

Offiziell gab Nixon an, dass man die Intensität des Bombenkriegs drosseln würde. Es starteten auch immer weniger Flugzeuge Richtung Indochina. Was er nicht dazusagte, war, dass die Zahl der Bomben, die sie in ihrem Rumpf trugen, anstieg. Zwischen 1968 und 1970 verdoppelte sich die Bombenlast.

Nach der amerikanischen und südvietnamesischen Invasion des Südostens Kambodschas im März 1970 trat der Kongress in Aktion, um Präsident Nixons Macht zu beschränken. Die gesamten Sechzigerjahre hindurch waren die Befugnisse des Präsidenten schrittweise immer weitreichender geworden, aber jetzt war Schluss. Dem Präsidenten wurde verboten, Soldaten und Berater nach Kambodscha zu schicken.

Die Rüge durch den Kongress hielt Nixon und Kissinger jedoch nicht auf. Die Bombardements wurden ausgedehnt. Nach dem Einmarsch hatten die Nordvietnamesen weiter im Landesinneren Kambodschas Stellung bezogen. Die amerikanischen Bomber folgten ihnen.

Im Dezember 1970 brachten Nixon und Kissinger den Kongress erfolgreich dazu, militärische Unterstützung für Kambodscha zu bewilligen. Keine Soldaten, Geld und Waffen aber schon. Das war Teil der Nixondoktrin – andere Nationen dafür zu bezahlen, die Kriege der USA zu führen. Es mussten bedeutend weniger Kreuze auf amerikanischen Soldatenfriedhöfen errichtet werden, und der innenpolitische Umgang damit war folglich einfacher.

1973 unterzeichneten Nordvietnam auf der einen Seite und die USA und Südvietnam auf der anderen einen Friedensvertrag. Ende März hatten alle amerikanischen Soldaten Vietnam verlassen.

Henry Kissinger wurde mit dem Friedensnobelpreis belohnt.

65.

WER NICHT SCHNELL GENUG VORANKOMMT, DEN ZERMALMT DAS RAD DER GESCHICHTE.

66.

[Wie ein Flimmer weiß]

Es ist der Abend vor der Abreise. Die Wolkenbrüche werden häufiger und der Himmel über dem Regenwald ist grau in grau.

Alles ist in Bewegung. Prinz Sihanouk ist seit einigen Monaten abgesetzt, und Lon Nols Soldaten versuchen, den schnell wachsenden Aufstand auf dem Land zu zerschlagen. Die kommunistische Guerilla steht vielerorts in vollem Krieg mit der Staatsmacht.

Das ist der Moment, auf den sie gewartet haben.

Das ist der Moment, in dem es beginnt.

Es ist der Abend vor der Abreise aus Büro 100, dem Hauptquartier im Randgebiet des Dschungels, und Saloth Sar hat jene zusammengerufen, die mit ihm losziehen sollen. Sie bestehen hauptsächlich aus etwa siebzig Leibwächtern, rekrutiert aus den örtlichen Minderheiten. Jenen, die als loyal bis in den Tod gelten und als von der modernen Gesellschaft unverdorben.

Sie machen sich auf den Weg, ohne die Absicht, zurückzukommen.

Der Aufbruch erfordert eine Zeremonie. Saloth Sar erklärt, dass alle neue Namen erhalten würden, als Kennzeichen der neuen Ära, in die sie jetzt eintreten sollten. Er selbst hat sie ausgesucht.

Was ihn betrifft, so werde er von nun an Pol heißen. Begründung gibt er dafür keine. Weder jetzt noch später.

Seinen Adjutanten tauft er Cheam, »Blut«.

67.

Dienstag, 15. August 1978, Hedda Ekerwald schreibt in das Reisetagebuch:

»Wir reisten nach Kompong Thom weiter, wo wir außerhalb der Stadt in einem neu errichteten Gästehaus übernachteten. Studienbesuche bei zwei großen Staudämmen und einer Fabrik für Kautschukverarbeitung durchgeführt.«

An einem anderen Dienstag lange danach stehe ich auf einer der Schleusen beim Staudamm und schaue über die Wasseroberfläche, die in der Sonne glitzert. Wasserhyazinthen bilden kleine grüne Inseln.

Es war leicht, hierherzufinden. Im nahe gelegenen Dorf spricht man über den Staudamm als den Stolz der Gegend. Ob es dieselbe Schleuse ist, die ich auf Hedda Ekerwalds Dias gesehen habe, lässt sich nicht feststellen. Rund um den Damm gibt es mehrere Abflüsse, die sich in Bauart und dem Grad der Verrostung gleichen.

In einen der Balken hat jemand eine Liebesnachricht eingeritzt. Auf einen anderen ist ein weißer Totenkopf gemalt. Ich frage einige spielende Kinder, was mit dem Bild gemeint ist. Sie ziehen einen neugierigen Kreis um mich. Nein, wissen sie nicht. »Gespenst«, sagt ein Mädchen so vor sich hin. Ich frage, was sie meint. Sie sieht verlegen zur Seite.

68.
[Geschichte, wenn man so will]

Auch trotz des Friedens in Vietnam – die amerikanische Luftwaffe musste nicht befürchten, am Boden festzusitzen. Ihre ganze Stärke wurde jetzt auf Kambodscha konzentriert.

Im März, April und Mai regnete es auf Kambodscha in jedem Monat so viele Bomben wie im gesamten vorangegangenen Jahr. Schon 1971, mit den damals noch vergleichsweise eingeschränkten Bombenangriffen, schätzte man, dass zwanzig Prozent des bebauten Gebiets und der landwirtschaftlichen Flächen zerstört worden waren.

Die Frage stellt sich, was es denn zwei Jahre später noch zu bombardieren gab? Diesem Problem begegnete man, indem es einfach ignoriert wurde. Die Bomben fielen weiter.

Das Ausmaß der Bombenangriffe nach dem Friedensabkommen im Frühjahr 1973 rief auch unter den US-Abgeordneten Staunen hervor. Im Mai 1973 beschloss das Repräsentantenhaus, die Finanzierung der Bombardements auszusetzen. Der Senat stimmte zu. Mit spätestens Ende Juni sollten die Bombenabwürfe enden.

Nixon legte sein Veto ein, mit der Begründung, in Kambodscha würde man »für den Frieden bomben«.

Der Kongress blieb jedoch hart, und schließlich fand man zu einem Kompromiss. Ab dem 15. August 1973 galt Bombenstopp.

Das Übereinkommen sah auch vor, dass bis zu diesem Zeitpunkt die Bombardierungen an Intensität nicht zunehmen dürften. Nixon und Kissinger ließ das kalt. Vom Tag des Übereinkommens bis zum letzten Tag der Bombardements stiegen die bereits massiven Angriffe neuerlich um einundzwanzig Prozent. Im Luftraum über Kambodscha wurde es eng. Die Luftwaffe befürchtete Kollisionen, was zum Teil den Ausschlag dafür gab, welche Ziele bombardiert wurden.

Eine Woche nachdem das Bombenverbot in Kraft getreten war, beförderte Nixon Kissinger zum Außenminister.

69.

[9. Dezember 1970, Telefongespräch zwischen Richard Nixon und Henry Kissinger]

Nixon hat sich eingangs darüber beklagt, dass die Luftwaffe »phantasielos« sei. Kambodscha müsse mit mehr Nachdruck bombardiert werden.

NIXON Sie müssen rein, und ich meine das wirklich so. Ich

will, dass alles, was fliegen kann, dort reingeht und die Scheiße aus ihnen herausbombt. Es gilt keine Begrenzung der Flugmeilen und keine Begrenzung des Budgets. Ist das klar?

KISSINGER [zögernd] Das Problem, Mister President, ist, dass die Luftwaffe für einen Luftkampf mit der Sowjetunion ausgelegt ist. Für diesen Krieg ist sie nicht gemacht … Tatsache ist, dass sie für keinen der Kriege, die wir voraussichtlich zu führen haben, gemacht ist.

[Fünf Minuten später, Telefongespräch zwischen Henry Kissinger und General Alexander Haig]

KISSINGER Er möchte einen massiven Bombenangriff auf Kambodscha. Er toleriert keine Einwände. Das ist ein Befehl, er muss ausgeführt werden. *Anything that flies on anything that moves.* Verstanden?

HAIG [lacht unterdrückt]

70.

Ich habe eine Karte von Kambodscha, auf der jeder Bombenangriff durch einen kleinen Punkt markiert ist. Sie hilft dabei, die Ausmaße zu erahnen. Große Teile des Landes lassen sich nicht einmal erkennen – sie sind zur Gänze von schwarzen Punkten bedeckt.

Zusammengerechnet wurden über Kambodscha 2756941 Tonnen Bomben abgeworfen. Das ist das Anderthalbfache dessen, was die Alliierten während des gesamten Zweiten Weltkriegs fallen ließen, die Atombomben über Hiroshima und Nagasaki eingerechnet.

Es ist eine schwindelerregende Zerstörung, schwer in ein Verhältnis zu setzen. Die Sprengkraft entspricht beispielsweise einhundertdreiundachtzig Hiroshima-Bomben. Die Schätzungen der Kambodschaner, die dabei gestorben sind, gehen in die Hunderttausende.

Einhundertdreiundachtzig Hiroshima-Bomben in vier Jahren auf ein Land, das nicht einmal halb so groß ist wie Schweden. Zu Beginn im Geheimen.

71.
[Henry Kissinger, Pressekonferenz Frühjahr 1973]

»Wir bombardieren nicht Kambodscha. Wir bombardieren die Nordvietnamesen in Kambodscha.«

72.
[Geschichte, wenn man so will]

Die meisten prophezeiten einen raschen Sieg für die Roten Khmer, ab dem Zeitpunkt, ab dem die USA sie nicht länger bombardieren durften. Es sollten weitere eineinhalb Jahre vergehen. Wesentlich deshalb, weil Nordvietnam keine Waffen und Munition aus China zu den Kampfgefährten durchlassen wollte.

Für Nordvietnam waren die Roten Khmer von Nutzen, so lange sie die USA gezwungen hatten, ihre Bombenflugzeuge auch über Kambodscha auszuschicken. Das reduzierte das Bombardement in Vietnam. Aber nach dem Friedensvertrag von 1973 war es wichtiger zu versuchen, den Sieg der Roten Khmer hinauszuschieben. Nordvietnam wollte erst Südvietnam erobern, um dann aktiv daran mitzuwirken, ein kommunistisches Kambodscha zu errichten.

Für die Roten Khmer war es jedoch ein neuer unverzeihlicher Treuebruch der Vietnamesen. Ihr Sieg war in Reichweite, aber der Munitionsmangel hielt sie auf.

Das war für die Regierungsseite anders. Die amerikanische Wirtschaftshilfe an Lon Nol lief weiter. Zwischen 1970 und 1974 erhielt Kambodscha 516 Millionen Dollar an militärischer und weitere 216 Millionen Dollar an wirtschaftlicher Hilfe. Die humanitäre Unterstützung beschränkte sich im selben Zeitraum auf 2,5 Millionen Dollar.

1974 war auch das Jahr, in dem Nixon von der Verfassung eingeholt wurde. Bedroht von einer Amtsenthebungsklage, unter anderem wegen der Geheimhaltung zu Beginn des kambodschanischen Bombenkriegs, entschloss er sich zurückzutreten. Vizepräsident Gerald Ford übernahm. Henry Kissinger blieb an seinem Platz.

73.

In seinem Buch *Die Akte Kissinger* breitet Christopher Hitchens mögliche Gründe für eine Anklage gegen Henry Kissinger aus. Neben dem Geheimbombardement Kambodschas erwähnt er die Verwicklung in den blutigen Staatsstreich in Chile 1973. Kissinger unterstützte danach Diktator Augusto Pinochet, obwohl der tausende politische Gegner hinrichten ließ. Christopher Hitchens erwähnt die Hilfe für General Yahya Khan, der zum Massenmord im heutigen Bangladesch anstiftete. Er ist auch der Meinung, dass Kissinger grünes Licht für den indonesischen Einmarsch in Osttimor 1975 gab, bei dem schätzungsweise ein Sechstel der Bevölkerung Osttimors getötet wurde. Hinzu kommt später, unter anderem, die Unterstützung der Apartheidregimes in Rhodesien und Südafrika.

Eine Anklage ist jedoch nicht zu erwarten. Henry Kissinger verbringt sein Leben als respektierter ehemaliger Staatsmann, auf dessen Rat viele hören.

74.

Die Szene: Mai 1970. Lon Nols Villa in Chamkar Mon, im Süden Phnom Penhs

Am großen Fenster, mit dem Rücken zum Raum: Oberbefehlshaber / Marschall / Ministerpräsident Lon Nol. Tränen rinnen seine Wangen entlang, werden zu dunklen Flecken, sobald sie auf das grüne Militärhemd fallen.

Auf dem dunklen Plüschsofa: Alexander Haig, Henry Kissingers Gesandter in Phnom Penh. Mit khakifarbenem Hemd und Hose bekleidet, schwarzer Gürtel und farbige Abzeichen über der linken Brusttasche.

Resümee: Alexander Haig hat eben erläutert, dass die amerikanische Invasion binnen zweier Monate abgebrochen wird. Präsident Nixon hofft, Kambodscha stattdessen gewisse wirtschaftliche und militärische Hilfe anbieten zu können.

Lon Nol hat erst sprachlos dagesessen, dann lahm Einspruch erhoben. Ohne amerikanische Soldaten hat Kambodscha keine Möglichkeit, sich gegen vietnamesische Kommunisten und Rote Khmer zu verteidigen. Diese haben ja nach der amerikanischen

Invasion die vietnamesische Grenze hinter sich gelassen und sich über ganz Kambodscha ausgebreitet.

Im darauffolgenden Schweigen Alexander Haigs ist Lon Nol aufgestanden und hat sich ans Fenster gestellt.

Suite: Alexander Haig sitzt voller Unbehagen da und sieht auf die schluchzende Silhouette. Dann erhebt er sich und geht zu dem 57-jährigen Diktator. Legt den Arm um seine Schultern.

ALEXANDER HAIG: Herr Ministerpräsident, Präsident Nixon ist Ihr Freund. Er wird alles tun, was er kann, um Ihnen zu helfen. [Kurze Pause] Der Präsident ist Ihr Freund.

DOLMETSCHER [übersetzt]

75.

In der dritten Ausgabe von *Folket i Bild/Kulturfront* 1999 schreibt Jan Myrdal:

»Ich sah keinen Massenmord, als ich 1978 im Demokratischen Kampuchea war. An und für sich bedeutet das nichts. Aber was ich sah, kann ich bezeugen. Die Vereinigten Staaten hatten ein komplett ruiniertes Land hinterlassen. Sie hatten alle Vorräte geleert. Sie hatten eine Hungersnot geplant, die die Guerilla zur Aufgabe hätte zwingen sollen, wenn sie gewahr geworden wäre, dass sie eine Hauptstadt eingenommen hatte, die von Flüchtlingsströmen zugequollen, aber gänzlich ohne Nahrung war. Die Guerilla hatte diese geplante Hungerkatastrophe mit Hilfe einer schwierigen und furchtbar teuren Evakuierung vermieden. Kein

Reis wuchs auf dem Asphalt. Darüber wurde im Westen laut geschrien. Aber für Kampuchea war dieser Sieg genauso heroisch wie für die Sowjetunion, dass Leningrad dem Okkupationsversuch der deutschen Eroberer widerstand. Wohl auch beinahe so teuer. Das erste Jahr nach dem Sieg muss gleich schlimm gewesen sein wie die 900 Tage Leningrads! Aber schon als wir dort waren, hatte die Reisproduktion – wie mir auch Kaj Björk [Schwedens Botschafter in China] in Beijing erzählte – dramatisch zugenommen. Der ärgste Hunger war vorüber. Was ich also nun drei Jahre nach der Evakuierung von 1975 sah, war die planmäßige Rückkehr der Bevölkerung. Das war eine augenfällig hoffnungsvolle Entwicklung, heraus aus einer katastrophalen Lage. Den Vereinigten Staaten ist es nicht gelungen, Kampuchea in einer totalen Hungersnot zu brechen.«

76.

Seine Haut sieht aus wie schmelzendes Plastik. Die Kleidung ist nicht mehr vorhanden, und große Teile des Körpers sind schwarz vom Ruß. Andere Hautpartien reichen von einem Orangerosa ins beinahe Gelbe.

Über uns breitet ein riesiger Baum seine Äste aus. Der, der sich eben selbst in Brand gesteckt hat, liegt auf dem Gehsteig, in einer Art geöffneter Embryonalstellung. Die Menschen, die sich ansammeln, halten respektvoll Abstand.

Schwarz, orange, grau, gelb. Der eine Arm bewegt sich langsam, nicht zielgerichtet.

Er unternimmt einen Versuch, sich aufzusetzen, wieder seine Lotusstellung einzunehmen. Dicht neben mir erbricht sich eine junge Frau. Als er sich umdreht, sehe ich das Gesicht im Profil. Es ist ganz schwarz. Die Nase ist weggebrannt, Blut rinnt aus dem Mund. Es scheint unwirklich rot gegen das rußschwarze Kinn.

Ein Mann kommt mit einem Eimer Wasser gelaufen, bleibt aber einen Meter von dem Sterbenden entfernt stehen. Dann gießt er resolut alles über ihn aus. Der Mann fällt wieder nach hinten. Embryonalstellung. Ganz langsam hebt er den Kopf und hämmert ihn mit Kraft gegen den Gehsteig. So hart, dass man glaubt, der Schädel würde springen. Ein ums andere Mal. Das Geräusch ist entsetzlich.

Krankenwagensirenen irgendwo in der Stadt. Sie nähern sich. Als eine Art Erlösung aus dieser Szene. Aus dieser Wirklichkeit. Es ist offensichtlich, dass es für den Mann keine Rettung gibt. Es gibt nichts, was wir Umstehende machen können. Der Schmerz muss unerträglich sein, jegliche Berührung undenkbar.

Der Fahrer des Krankenwagens öffnet die Tür und hält mitten im Schritt inne. Dann scheint der Automatismus einzusetzen. Der Blick wird gleichsam leer. Er und sein Kollege ziehen Gummihandschuhe über und heben den Mann nachlässig auf eine Tragbahre. Als wäre er bereits tot.

Die Menschen bleiben noch vor Ort. Das entsetzte Schweigen weicht hunderten leisen Gesprächen. Ich gehe zu einer Parkbank. Ein Gefühl, als wäre ich mit Baumwolle gefüllt, als wären meine Beine um einige Meter länger geworden. Ich denke baumwollgleich, dass ich mich hinsetzen müsse, bevor ich ohnmächtig werde.

Die Parkbank steht nur zum Teil im Schatten, aber die Beine sind zu lang und zu schwer unter Kontrolle zu bringen, um mich zu einer anderen zu tragen.

Die Menschenmenge löst sich langsam auf. Die Selbstverbrennung trug sich bei einem kleinen Altar zu, der dem Geist des Platzes oder Baums zugeeignet ist. Gegenüber liegt die Residenz des Ministerpräsidenten. Wer war der Mann? Warum tat er das? Religion oder Ideologie?

Die Gedanken finden keinen Halt. Flüchtige Fragmente und Wiederholungen. Ein Straßenjunge kommt mit breitem Lächeln auf mich zu. Wahrscheinlich hat er den Mann nicht in Flammen aufgehen sehen. Er fragt, ob er mein Mobiltelefon haben darf. Dann meine Tasche? Er bettelt und ich schüttle meinen viel zu leichten Kopf.

77.

LASST UNS DAS LAND IN EINE STADT VERWANDELN!

78.

[Die zwölf Gebote der revolutionären Kräfte; jeden Morgen aufzusagen]

1. Du sollst die Arbeiterklasse und die Bauern lieben, ehren und ihnen dienen.
2. Du sollst dem Volk dienen, wohin du auch gehst, mit Herz und Seele.
3. Du sollst das Volk respektieren und den Interessen der Menschen nicht schaden, nicht Hand an ihre Güter und Anbauflächen legen, dir selbst darfst du nicht einmal eine Pfefferfrucht zu stehlen erlauben, und du sollst dich bemühen, niemals auch nur ein anstößiges Wort in ihrer Gesellschaft zu äußern.

4. Du sollst das Volk um Verzeihung bitten, wenn du einen Fehler begehst oder es an Respekt mangeln lässt. Vor ihm sollst du deine Entschuldigungen vorbringen.
5. Du sollst den Bräuchen des Volkes folgen, wenn du sprichst, schläfst, gehst, stehst oder sitzt, wenn du dich vergnügst oder lachst.
6. Frauen gegenüber sollst du nichts Unstatthaftes tun.
7. Was Essen und Trinken betrifft, so sollst du nichts anderes konsumieren, als die Revolution produziert.
8. Du sollst dich niemals dem Glücksspiel widmen.
9. Du sollst niemals nach dem Vermögen des Volkes greifen. Du sollst niemals die Hand nach einer Schale Reis oder Arzneien ausstrecken und diese auch nur berühren oder das, was kollektiv dem Staat oder den Ministerien gehört.
10. Du sollst mit großer Bescheidenheit gegenüber Arbeitern und Bauern, gegenüber der ganzen Bevölkerung auftreten. Dem Feind gegenüber, den amerikanischen Imperialisten und ihren Lakaien, sollst du unentwegt vor Hass überschäumen.
11. Du sollst dem Volk laufend bei seiner Arbeit helfen und gerne daran teilnehmen.
12. Jeden Gegner und jedes Hindernis sollst du mit Mut und Überzeugung bekämpfen, gewillt sein, alles, inklusive deines Lebens, für das Volk zu opfern, für die Arbeiter und die Bauern, für die Revolution und die Organisation, ohne Zweifel und ohne Zögern.

79.

Wir ahnen das Licht. In der Ferne ahnen wir das Licht und freuen uns, dass unser Kurs richtig ist. Wir sind viele und wir bewegen uns auf das Licht in der Ferne zu. Es geht langsam, aber wir ahnen eine Veränderung im Dunkel.

Es ist ein schwieriger Weg. Die Hürden sind groß und sie zu durchbrechen ist beschwerlich. Manchmal müssen wir zurückgehen, um sie zu umrunden. Es geht langsam, aber in der Ferne ist das Licht.

Wir sind lange gegangen, haben unverdrossen gekämpft. Unser Kurs ist richtig. Hürden gibt es viele, aber wir bewegen uns in die richtige Richtung.

Diejenigen von uns, die am besten sehen, müssen im Dunkel vorangehen. Die Mehrheit ist langsam und die Hürden sind schwer zu durchbrechen. Wir, die vorangehen, können den Weg bahnen und unsere gemeinsame Reise einfacher gestalten. Wir sind ungeduldig, weil wir so lange im Dunkel gewandert sind und wir das Licht ahnen. Unser Kurs ist richtig. Wir, die am besten sehen, können unser aller Wanderung einfacher machen.

Wir sind alle gleich, aber manche sehen ein wenig besser im Dunkel. Lasst uns, die im Dunkel ein wenig besser sehen, die Führung übernehmen. Uns, die die Veränderung ein wenig deutlicher ahnen. Folgt uns nach, Genossen. Wir werden den schnellsten Weg finden.

80.

Die Reise der Schweden. Ein zwei Wochen langer Korridor aus Lächeln und wohlgenährten Menschen.

Aus entspannten, furchtlosen Menschen.

Wie war das möglich, ohne dass es ein einziges Mal klick machte? Nach ein paar Jahren im heutigen Kambodscha habe ich viel guten Willen, viel Enthusiasmus gesehen, aber selten etwas, das einwandfrei funktioniert. Es ist zu arm dafür, die Organisationsmöglichkeiten reichen nicht aus.

Und damals nach dem Bürgerkrieg, mitten im Zusammenbruch der alten Gesellschaft und dem Versuch, eine neue aufzubauen. Unpassierbare Straßen und kaum eine funktionierende Telefonleitung im ganzen Land. Wie konnte man eine solche Kulisse hinstellen? Wie konnte man die Menschen entlang der Straßen dazu bringen, ruhig und lächelnd die ausländischen Freunde zu empfangen?

Hunderte Kilometer Idylle, geradewegs durch »die Hölle auf Erden«.

Die Schweden wissen nicht, was da vor sich ging.

Sie sahen nur, was sie sahen.

Die, die es wissen, sind die Organisatoren. Die Roten Khmer, die die Rundreise arrangierten. Wo immer sie sich heute befinden. Falls sie sich heute wo befinden.

Als das Flugzeug der Schweden mit der fröhlichen rumänischen Tanztruppe in Phnom Penh landete, wurden sie von ein paar vertrauenswürdigen Funktionären empfangen. Ich finde einige Namen: Suong Sikoeun, Ok Sakun und Sok Rim.

Suong Sikoeun war einer der engsten Mitarbeiter von Außenminister Ieng Sary. Er war für viele der ausländischen Besuche verantwortlich.

Ok Sakun und Sok Rim waren die Reiseleiter der Schweden.

Ich habe ein paar Fotografien und einige Namen.

Das ist wahrlich nicht viel, mehr als fünfundzwanzig Jahre danach.

Aber es ist zumindest etwas.

81.

Er sieht ungewöhnlich groß aus, Ok Sakun. Ich sehe die alten Reisefotografien der Schweden durch. Er steht da, schlank, mit leicht gebückter Haltung. Arbeitermütze und ein ziemlich alltägliches Aussehen. Ein Anflug von Grau im schwarzen Haar. Durch die Brusttasche scheint ein Kugelschreiber – der Hinweis auf seine Position als Staatsbediensteter. Und groß, wie gesagt – er hebt sich von seinen kleineren Landsleuten ab.

Ok Sakun war eine Schlüsselperson beim Besuch der schwedischen Delegation. Er begleitete die Schweden auf ihrer Reise durch das Land und war ihr Dolmetscher.

Die Informationen, die ich über ihn habe, sind jedoch spärlich. In den Fünfzigern studierte er Mathematik in Paris und leitete dort eine der ersten kommunistischen Zellen. Gewöhnlich betrieb er einen kambodschanischen Büchertisch auf den Festen der kommunistischen Zeitung *L'Humanité*. Danach wurde er Eisenbahnbediensteter in Phnom Penh. Anfang der Siebzigerjahre war er Leiter des Pariser Büros von Prinz Sihanouks Exilregierung. Und dann zuständig für den schwedischen Besuch.

Mit anderen Worten ein wahrhaft zuverlässiger Genosse.

Aber wo ist er heute?

Hedda Ekerwald erzählt, dass sie mit ihm viele Jahre lang Weihnachtsgrüße ausgetauscht hat. Sie haben eine besondere Freundschaft entwickelt. Er ist ein sehr feiner Mann, sagt sie. Aber in den letzten Jahren blieben ihre Karten unbeantwortet, was sie beunruhigt. Die früheren waren jedoch in Frankreich abgestempelt.

Ich schreibe an Kambodschaner, die ich in Paris kenne. Die Antworten sind allerdings nicht sehr befriedigend. Einer hat nie von einem Ok Sakun gehört. Ein anderer weiß nicht, wo er ist.

Ein Dritter ist ziemlich sicher, dass er nach Kambodscha zurückgekehrt ist. Auf jeden Fall hat er sich lange nicht sehen lassen.

Zwei Länder. Ein Mensch. Keine Anhaltspunkte außer einigen alten Bildern. Wo beginnen?

82.

EINIGKEIT! GLEICHHEIT! BRÜDERLICHKEIT! KOLLEKTIVISMUS! SOLIDARITÄT!

83.

Ein endloser Wald aus hohen Gummibäumen. Sogar das Reserverad ist platt. Ich trete hinaus in die laue Nacht.

Das Silberlicht des Vollmonds wird vom Laub gefiltert, an den hellen Stämmen reflektiert. Dazwischen nur Schatten. Der Chauffeur und die anderen Fahrgäste diskutieren leise, was man machen kann. Sie zünden sich Zigaretten an. Ich gehe ein paar Meter in die Richtung, aus der wir kamen. Stolpere in den tiefen Reifenspuren der Forstmaschinen und Lastwagen.

Einige hundert Meter entfernt lodert ein kleines Lagerfeuer. Irgendetwas bewegt sich zwischen den Bäumen, Bruchstücke eines entfernten Gesprächs.

Leuchtkäfer fliegen wie langsame Magnesiumfackeln, sonst ist es völlig still. Keine Dschungellaute.

Ein Gesicht ist für einen Augenblick zu sehen, vom Mondschein erhellt, dann ist es verschwunden.

84.

Die neuen Machthaber in Phnom Penh waren fast alle unbekannt. In der ersten Reihe gab es einige international geläufige Namen. Prinz Sihanouk stand offiziell der Exilregierung vor, die den Sieg davongetragen hat, auch wenn immer deutlicher wurde, dass die Macht bei den Roten Khmer lag. Angeblich standen diese unter der Führung des früheren linksoppositionellen Parlamentsabgeordneten Khieu Samphan.

Hinter Sihanouk und Samphan werden die Schatten allerdings dunkler.

Die Roten Khmer behaupteten, dass das Land von Angkar Padevat geführt werde. Der »Revolutionären Organisation«. Meistens nur die Organisation genannt.

Aber was war diese mythische Organisation? Eine Massenbewegung? Eine Art Behörde? Eine Regierung? Ein loser Zusammenschluss Linksintellektueller?

Im Frühjahr 1976 reichte Prinz Sihanouk seinen Rücktritt als Staatschef ein. Er hatte in der Praxis keinen Einfluss darauf gehabt, wie das Land regiert wurde. Nun reichte es.

Khieu Samphan wurde an seiner Stelle Staatsoberhaupt. Man präsentierte eine neue Regierung, ganz ohne die Anhänger Prinz Sihanouks. Sie bestand ausschließlich aus Roten Khmer und hatte einen vormals völlig unbekannten Chef: Pol Pot.

Vom neuen Ministerpräsidenten behauptete man, er sei Arbeiter auf einer Kautschukplantage, davor in der Widerstandsbewegung gegen die französische Kolonialmacht gewesen. Fotos von ihm gab es keine.

Erst ein Jahr später sollte er seine wahre Identität enthüllen. Er gestand dann auch ein, dass die Organisation ein Synonym der kambodschanischen Kommunistischen Partei war.

Pol Pot selbst hätte es lieber vermieden, ins Rampenlicht zu treten. Sowohl er als auch die Partei hatten ihre Erfolge erreicht, weil sie im Verborgenen geblieben waren. In einem Interview sagte er: »Wenn man etwas geheim halten kann, so ist der halbe Sieg bereits errungen.«

Der Schritt vor die Kulissen hatte makropolitische Gründe. China, der wichtigste Verbündete, von dem auch Hilfe für den bewaffneten Kampf der Roten Khmer kam, hatte lange Druck ausgeübt. Die chinesische Führung verlangte eine offizielle Anerkennung ihrer Unterstützung und einen klaren Alliierten in Südostasien. Zur gleichen Zeit wurden die Beziehungen des Demokratischen Kampuchea zu Vietnam immer angespannter. Pol Pot musste in der Außenwelt Sympathien gewinnen. Da war es nicht möglich, mysteriös zu bleiben und sich zu verweigern.

85.

Eine Schwarzweißfotografie in einer alten Kiste zusammen mit anderen. Ein Mann und eine Frau und eine Hausmauer. Sie scheinen um die fünfzig zu sein. Im Fenster hinter ihnen ist ein Blumentopf zu erkennen.

Auf der Rückseite des Fotos steht handgeschrieben »Ok Sakun und Ieng Thirith«.

Neben ihren Namen steht »Högdalen 1979«.

Högdalen? Ok Sakun in Stockholm?

Ich komme zu spät. Kann man sagen.

86.

Für die Mehrheit der Bevölkerung des Demokratischen Kampuchea blieb Pol Pot namenlos. Für sie gab es nur Angkar, die Organisation. Überall präsent, beobachtend. Es hieß, sie habe »gleich viele Augen wie eine Ananas«.

Die Organisation schaffte die Religion, die Familie und die über tausendjährige Monarchie nicht nur ab. Sie nahm deren Platz ein. Alles war Eigentum der Organisation. Reis und Werkzeug, Vieh, Häuser und Menschen.

Die Stadtbevölkerung traf auf die Organisation erstmals im Zuge der Evakuierung. Man forderte sie auf, ihr Hab und Gut und alles für den täglichen Bedarf zu Hause zu lassen. Sie würden es nicht länger brauchen, sagten die Soldaten. Die Organisation werde ihnen neue Sachen geben.

Aber wohin sollen wir gehen, Genosse Soldat?

Geh einfach, Genosse. Die Organisation wird dich führen.

Ein wichtiger Teil in den wiederkehrenden Vollversammlungen der Kollektive war die Selbstkritik. Das gab es nicht nur im Demokratischen Kampuchea. Öffentlich seine Schwächen einzugestehen und Besserung zu geloben war Teil der marxistisch-leninistischen Methode. Die Revolution galt nicht nur der Gesellschaft, sondern auch der Gesinnung. Das Ziel war, aus seinen Fehlern zu lernen und mit Hilfe des Kollektivs noch vorhandene Hindernisse zu überwinden. Selbstkritik praktizierten auch schwedische Organisationen.

Im Demokratischen Kampuchea bekam die Selbstkritik eine andere Bedeutung. Die Organisation, so hieß es, wisse bereits alles über jeden Einzelnen. Etwas zu verschweigen sei deshalb sinnlos, betonten die anwesenden Parteifunktionäre.

Die Organisation kennt deine Fehler und Unzulänglichkeiten bereits. Sie will nur bestätigt haben, dass du ehrlich bist und sie eingestehst.

87.

HINGABE IST NOTWENDIG, UM DIE STRENGE DISZIPLIN DER ORGANISATION EINHALTEN ZU KÖNNEN: KEINE FREIHEIT, KEINE SELBSTSUCHT, KEIN INDIVIDUALISMUS!

88.

Für die Parteifunktionäre jedoch stellte sich »die Organisation« etwa plastischer dar. Es gab eine obere Schicht. Eine »Angkar Leu« – »die Oberorganisation«. Eine Verdichtung der Macht, eine Handvoll namenlose Schattenfiguren. Sie wurden ganz einfach *Bong ti muy*, *Bong ti pii* genannt – Bruder Nummer eins, Bruder Nummer zwei und so weiter.

Bruder Nummer eins war Pol Pot. Nummer zwei Vizeministerpräsident Nuon Chea. Aber nicht immer. Die Nummernfolge wurde in der »Oberorganisation« mitunter geändert. Nicht um die tatsächlichen Machtverhältnisse widerzuspiegeln, sondern um einen imaginären Verfolger zu täuschen.

Es war ein Unpersönlichkeitskult. Wie sehr Pol Pot auch von Josef Stalin, Mao Zedong und Kim Il Sung inspiriert war, das Symbol der Revolution wollte er nicht sein. Er wollte weiterhin im Verborgenen handeln. Über ihn wurden keine Lieder geschrieben, es gab keine Anekdoten aus seinem langen revolutionären Kampf. Mit wenigen Ausnahmen wurden von ihm keine Fotos veröffentlicht. Und es gibt auch keine wesentlichen politischen Texte, die mit seinem Namen unterzeichnet sind.

Der stellvertretende Ministerpräsident Nuon Chea war, falls das möglich ist, noch schwerer zu fassen. Über zwanzig Jahre lang, noch bis in die Siebzigerjahre, hielt man ihn für einen angesehenen Geschäftsmann. Hinter der Fassade verbarg sich eine der Schlüsselfiguren der Revolution, die ihre Kontakte für die Verbreitung von Waffen und anderer Ausrüstung nutzte.

Schicht um Schicht Verkleidungen. Kalte Fährten und Codenamen. Das Resultat vieler Jahrzehnte mit der Geheimpolizei auf den Fersen. Zuerst der heimliche Wechsel zwischen »sicheren Häusern« in Phnom Penh. Dann die Jahre in Büro 100, im entlegenen Dschungel nördlich von Voi Sat, an der äußeren Grenze der Kautschukplantagen. Und auch als Führer des Demokratischen Kampuchea lebten Pol Pot und Nuon Chea wie Geheimagenten.

89.

DU MUSST LERNEN, DICH ZU STÄHLEN!

90.

USAID, die staatliche Hilfsorganisation der USA, analysierte die Situation in Kambodscha im Zusammenhang mit der Machtübernahme der Roten Khmer im April 1975:

»Die Aussichten, dass Kambodscha in diesem Jahr eine Reisernte einbringen kann, die das Land ernsthaft zur Selbstversorgung zurückführt, sind nicht gut, nicht einmal unter den denkbar besten Umständen. Wenn je ein Land Schwerter zu Pflugscharen schmieden musste, um eine Chance zu haben, sich vor dem Hunger zu retten, so ist das Kambodscha. Ohne ausländische Hilfe an Lebensmitteln und Ausstattung in großem Stil wird der Hunger beträchtlich ausfallen, von jetzt an bis inklusive Februar, aber vermutlich auch den Rest des nächsten Jahres. Sklavenarbeit und Hunger für die Hälfte der Bevölkerung des Landes wird die grausame, aber unvermeidliche Realität dieses Jahres sein. Allgemeiner Mangel und Leid werden sich in den kommenden zwei oder drei Jahren fortsetzen, ehe Kambodscha wieder genügend Reis produzieren kann.«

91.

Ich fahre mit meinem Moped Richtung Lumpat, der alten Provinzhauptstadt Ratanakiris, in der nordöstlichen Ecke Kambodschas. Die Straße ist aus rotem Lateritkies. Die Sturzbäche der Regenperiode haben sich als tiefe Kanäle in jeden Anstieg und jede Abfahrt eingegraben. Ein Motocrossrad wäre geeigneter gewesen.

Die Sonne ist unbarmherzig. Hin und wieder treffe ich einen notdürftig reparierten chinesischen Lastwagen, beladen mit illegal abgeholztem Regenwald. Die Lastwagen wirbeln enorme Staubwolken auf. Ich fahre in einem erstickenden roten Nebel und werde von rostfarbenem Staub eingehüllt.

Was einmal Provinzhauptstadt war, gibt es nicht mehr. Das große Rondell ist zugewachsen. Der Wasserturm ist von Einschusslöchern perforiert. Auf beiden Seiten der Straße gibt es große mit Wasser gefüllte Bombenkrater.

Es mag merkwürdig erscheinen, dass eine ganze Stadt verschwinden kann. Aber so seltsam ist es nicht. Die Bombenladung eines B-52-Flugzeugs reicht aus. Die Bomben fallen aus großer Höhe und führen zu einem Korridor totaler Zerstörung. Ein sogenannter Bombenteppich. Alles wird dem Erdboden gleichgemacht.

Eine Bombenladung deckt eine Fläche ab, die beinahe einen Kilometer breit und drei Kilometer lang ist.

Das hier sind keine Zahlen. Das verschwundene Lumpat ist die Wirklichkeit. Das war es, wogegen wir demonstrierten.

Kissingers Bomben. Die geheimen Bomben.

92.

GENOSSEN, IHR HABT ALLE DIESELBEN RECHTE! GENOSSEN, IHR TRAGT SCHWARZE KLEIDUNG UND SCHWARZE SCHUHE! DIE ORGANISATION KLEIDET SICH AUCH SCHWARZ!

93.

Sie kamen zu Fuß aus allen Richtungen. Phnom Penh war schließlich umstellt worden, und während die letzten Amerikaner der Stadt mit Hubschraubern evakuiert wurden, formierten sich die Roten Khmer vor dem entscheidenden Angriff.

Die Stadtbewohner versuchten, so gut es ging, das kambodschanische Neujahr zu feiern, das auf die Zeit zwischen den 15. und 17. April fällt. Am Abend des 16. April krachten Feuerwerkskörper und Knallerbsen vor dem dämmernden Himmel, gemeinsam mit den Handfeuerwaffen der Stadt. Einige warteten mit Furcht auf die Eroberer, aber die meisten freuten sich darauf, dass der Krieg endlich vorbei sein würde.

Das Radio der Roten Khmer forderte die Einwohner der Stadt auf: »Geliebte Brüder, Schwestern, Arbeiter, Jugend, Studenten, Lehrer und Funktionäre! Es ist an der Zeit! Die Befreiungsarmee des kambodschanischen Volkes ist hier, Brüder! Steht auf! Es ist an der Zeit, euch zu erheben und Phnom Penh zu befreien!«

Die Aufforderung wurde nicht befolgt. Die Menschen feierten ihr Neujahr und warteten.

94.

ARBEITE NICHT HALBHERZIG ODER UNVERANTWORTLICH, JETZT, WO DU ES BIST, DER ENTSCHEIDET!

95.

Die amerikanische Journalistin Elizabeth Becker war Teilnehmerin der vorletzten Delegation, die das Demokratische Kampuchea besuchen durfte. Sie schrieb später:

»Wir reisten den Mekong aufwärts, mit Prasith und dem unvermeidlichen Stab aus Stewards, Hilfskräften und Leibwächtern sowie einem neuen Begleiter: Ok Sakun, ein in Europa bekannter Intellektueller, von dem seine französischen Freunde annahmen, dass er getötet worden sei. Prasith präsentierte ihn uns stolz und sagte, dass Ok Sakun ein Geist sein müsse, weil französische Medien ihn für tot erklärt hätten. Das, so Prasith, sei der Beweis für die offenkundige Propaganda, mit dem das Regime zu leben gezwungen sei.

Unglücklicherweise glich Ok Sakun, wenn auch nicht einem Geist, so einem Skelett. Seine Augen waren eingefallen und der Körper war so dünn, dass er unterernährt schien. Ihm wurde nicht erlaubt, mit uns zu sprechen, ohne dass ein Dolmetscher zugegen war, üblicherweise Prasith. Er schien mehr interessiert an unseren Kameras als an uns. Eher lächelte er, als dass er redete. Das einzige Mal, wo ich mit ihm allein war, später während der Reise, sprach er nur über Blumen, darüber, wie schön sie seien und wie sehr man sie vermissen könne. Damals hat mich das Gespräch verwirrt. Heute glaube ich, dass er vorsichtig andeutete, dass man ihn aus einem Arbeitslager freigelassen habe.«

Dass Ok Sakun hingerichtet worden sei, war ein altes Gerücht. Es wurde bereits widerlegt, als er einige Monate zuvor die schwedische Delegation in Empfang nahm. Gunnar Bergström zufolge, der ihn vor der Revolution mehrmals getroffen hatte, sprachen sie ohne Dolmetscher.

»Er sah ungefähr aus wie früher, etwas dünner vielleicht. Es war nicht so, dass er nur über Blumen und so sprach, er diskutierte über Politik und vor allem ›die Propaganda‹ gegen Kampuchea.«

Propaganda Version 1: »Ok Sakun ist hingerichtet.«

Propaganda Version 2: »Ok Sakun lebt.«

Propaganda Version 3: »Ok Sakun ist ein Skelett, das von Blumen spricht.«

96.

Sie kamen zu Fuß aus allen Richtungen. Junge, verbissene Soldaten. Die aus dem Osten in grüne Uniformen gekleidet, die aus anderen Richtungen in Schwarz. Weiße Fahnen wehten von den Gebäuden.

Wie üblich in der kambodschanischen Politik war das Surreale nicht weit entfernt. Ein früherer Funktionär des Staates, Hem Keth Dara, klopfte gemeinsam mit vierzig Soldaten an die Tür des Informationsministeriums. Er behauptete, General und Eroberer Phnom Penhs zu sein. Mit selbstverständlicher Autorität schickte er die Roten Khmer weg, die das Ministerium bereits besetzt hatten. Er rief die führenden Mönche der Stadt zusammen und teilte über das Radio des Ministeriums mit, dass eine Allparteienregierung gebildet worden war.

Die Radiohörer konnten dann Lärm im Studio vernehmen. Danach wurde es ganz still, und eine neue und bedrohliche Stimme ergriff das Wort.

Sie sagte: »Ich möchte hiermit die widerwärtige und verräterische Lon-Nol-Mafia und ihre Befehlshaber darüber in Kenntnis setzen, dass wir nicht gekommen sind, um zu verhandeln. Wir nehmen die Stadt mit der Waffe in der Hand ein. Ich fordere Sie auf, Ihre Waffen niederzulegen und zu kapitulieren.«

Dann wird die Radiosendung unterbrochen.

Die Farce war zu Ende, die Tragödie konnte sich fortsetzen.

Die Bücher einer der Universitätsbibliotheken wurden auf den Boulevard hinausgetragen und verbrannt. Ausländer forderte man auf, sich bei der französischen Botschaft zu melden, darunter vier schwedische Journalisten und ein schwedischer Repräsentant des Roten Kreuzes.

Die Guerillasoldaten waren weder mit dem Roten Kreuz

vertraut noch mit dem Begriff der diplomatischen Immunität. Das Personal der französischen Botschaft musste schweigend zusehen, wie ihre Niederlassung durchsucht wurde. Das Rote Kreuz, welches das traditionsreiche Hotel Phnom, früher Le Royal, übernommen hatte, wurde unter Androhung von Gewalt hinausgeworfen.

Das sowjetische Botschaftspersonal jedoch weigerte sich, den Befehlen der Soldaten zu gehorchen. Sie bereiteten sich darauf vor, höhere Funktionäre zu empfangen, denen sie zur Revolution gratulieren konnten. Aber das hier war eine andere Revolution als jene, die sie kannten. Die Guerillasoldaten zerschossen die Tore der Botschaft mit Panzerabwehrraketen und luden die Diplomaten bei den Franzosen ab.

Phnom Penh versank rasch in partielles Chaos. Die Verwirrung war groß, sowohl unter der Stadtbevölkerung als auch bei ihren Eroberern. Apotheken und Märkte wurden geplündert. Regierungssoldaten leisteten sporadisch Widerstand und das Rattern von Maschinengewehren war aus mehreren Richtungen zu hören. Mitunter gerieten die Roten Khmer verschiedener Zonen miteinander ins Gefecht.

In jenen Stadtteilen, die von Truppen der Südwest- beziehungsweise der Nordzone kontrolliert wurden, forderte man die Bevölkerung auf, die Stadt zu räumen und »in ihre Heimatdörfer zurückzukehren«. Im Teil, der von der Ostzone okkupiert worden war, befahl man den Einwohnern, in den Häusern zu bleiben.

Der Beschluss, die Stadt zu räumen, war an zentraler Stelle gefasst worden. Aber er kam nicht ohne Proteste zustande. Innenminister Hou Youn setzte sich stark gegen die Evakuierung ein. Pol Pot wies irritiert darauf hin, dass einer der führenden Intellektuellen offenbar die Parteilinie nicht verstand.

Hou Youn wurde unter Hausarrest gestellt und später ermordet.

Die Räumung hielt man vor allen geheim, die nicht notgedrungen Bescheid wissen mussten. Folglich erfuhr auch Informationsminister Hu Nim davon erst drei Tage, nachdem die Evakuierung eingeleitet worden war.

Für den radikalen Beschluss sind mehrere Erklärungen gegeben worden. Offiziell hieß es, man fürchte amerikanische Rache. Dass die USA die Stadt bombardieren werden, die sie verloren hatten. Nachträglich erscheint das als sehr unwahrscheinlich. Für die Million Menschen hingegen, die vor dem früheren amerikanischen Bombardement geflohen waren, schien das denkbar.

Eine andere Erklärung, die die Parteiführung später abgegeben hat, lautet, dass man die Stadtbevölkerung für unkontrollierbar hielt. Eigenen Angaben zufolge hatte die CIA zahlreiche Agenten postiert, die sich nun daranmachten, Demonstrationen und Krawalle in die Wege zu leiten. Mit der Evakuierung war also beabsichtigt, das Netz von Spionen und Konterrevolutionären zu zerreißen. Die CIA hat später bestätigt, dass ihr kambodschanisches Geheimdienstsystem im Zuge der Räumung Phnom Penhs zusammenbrach.

Eine weitere Erklärung war die Versorgungslage. Die Bevölkerung der Stadt war bis zum letzten Tag von der amerikanischen Luftbrücke abhängig gewesen, die große Mengen Reis eingeflogen hatte. Die war nun beendet. Man rechnete damit, dass der Vorrat für höchstens eine Woche reichte. Wenn sich das Essen nicht zu den Menschen transportieren ließ, so mussten die Menschen aufs Land ziehen, wo es Essen gab.

Das war jene Erklärung, an die sich viele Anhänger der Roten Khmer im Westen hielten.

Sie erklärt jedoch nicht, warum Städte, in denen sich die Versorgungsfrage anders darstellte, ebenfalls geräumt wurden.

War der Beschluss vielleicht eher ideologisch motiviert? Die Städte standen im Widerspruch zum Ideal – urbane Dekadenz statt ländlicher Anständigkeit, Korruption statt Ehrlichkeit, Kommerz statt Solidarität. Von den Städten ausgehend war der Bürgerkrieg geführt worden, von dort hatte man die leitenden Köpfe der Roten Khmer vertrieben.

Ungeachtet der Motive war die Evakuierung Phnom Penhs schlecht organisiert. Die Koordination funktionierte nicht und die Ausfallstraßen waren völlig blockiert. In manchen Fällen hatten sich die Einwohner nach drei Tagen nur einige hundert Meter von ihrem Haus entfernt.

Gewisse Krankenhäuser wurden unter Androhung von Waffengewalt geräumt. Die Patienten mussten versuchen, den anderen zu folgen, sofern sie konnten. Wer sich weigerte oder nicht in der Lage dazu war, wurde erschossen.

Phnom Penhs Krankenhäuser waren grotesk überbelegt. In den von Fliegen bevölkerten und stickigen Krankenhaussälen drängten sich zehn Mal mehr Patienten, als dafür vorgesehen waren. Häufig mit schwer zu behandelnden Kriegsverletzungen. An allem herrschte Mangel und viele Ärzte hatten das Land verlassen.

Auf dem Land jedoch, so hieß es, stünden die Krankenhäuser beinahe leer. Dort sollten die Patienten der Stadt hin.

Ein schwedischer Arzt besuchte das Krankenhaus des Roten Kreuzes in Phnom Penh kurz vor der Evakuierung. Bei unserem Treffen bestätigt er, dass die Situation in der Stadt unhaltbar war. Dass es allerdings anderswo besser gewesen sein soll, war seiner Einschätzung nach ein Mythos.

Entlang der meisten Straßen war nichts vorbereitet, weder

Essen noch Wasser oder Schlafplätze. Am anderen Ende, in den »Heimatdörfern«, in die zu gehen die Bevölkerung aufgefordert wurde, war man ebenfalls nicht darauf vorbereitet, große Mengen an Flüchtlingen aufzunehmen. Hunderttausende Menschen waren seit Generationen in Phnom Penh zu Hause und hatten keinen Heimatort, in den sie gehen konnten.

Die Stadtbewohner wurden »neue Menschen« oder, nach dem Revolutionsdatum, »17.-April-Menschen« genannt. Man stellte sie der Landbevölkerung gegenüber, die als unverdorbene, genuinere Khmer angesehen wurde. Und das, obwohl ein großer Teil der Evakuierten erst ein oder ein paar Jahre zuvor vom Land weggezogen war. Im Allgemeinen wurde die Stadtbevölkerung anfänglich schlechter behandelt und erhielt weniger Essen.

Es dauerte mehrere Wochen, die Hauptstadt ganz zu räumen. Unter den Letzten, die Phnom Penh verließen, waren die Ausländer, die in der französischen Botschaft interniert waren. Sie wurden auf zwei Lastwagenkolonnen verteilt und zur thailändischen Grenze gefahren.

Der letzte Konvoi mit Ausländern erreichte die Grenze am 7. Mai. Damit war das Land für den unabhängigen Blick geschlossen. Nun blieben lediglich die Zeugenberichte einzelner Flüchtlinge und Spekulationen.

97.
[Wie ein Flimmer weiß]

Es ist alles andere als der Einzug eines Eroberers. Zwölf Jahre sind vergangen, seit Saloth Sar im Schutz der Dunkelheit aus Phnom Penh floh. Genauso heimlich ist nun Pol Pots Rückkehr.

Die Hauptstadt ist seit drei Tagen in den Händen der Roten Khmer. Die Evakuierung dauert an und die großen Nationalstraßen sind mit Menschen verstopft.

Will man sich mit der kleinen Karawane an Jeeps und gepanzerten Fahrzeugen nicht exponieren und kommt deshalb via Nebenstraßen in die Stadt? Oder geschieht das aus rein praktischen Gründen, weil die Hauptstraßen aufgrund der Menschenmassen nicht befahrbar sind?

Im Zug der Menschen befinden sich vier von Pol Pots Geschwistern. Sie wandern nun in Richtung des Heimatdorfs der Familie, 150 Kilometer nach Norden. Sein großer Bruder Saloth Chhay ist einer von ihnen.

Chhay. Drei Jahre älter. Der Lieblingsbruder, das Vorbild.

Aber Pol Pot bewegt sich in entgegengesetzter Richtung.

In der Karawane fahren der Großteil der Zonenchefs und die militärischen Befehlshaber. Es haben darin auch Khieu Samphan, Nuon Chea und Son Sen Platz genommen. Sie biegen beim Flughafen bergauf, in eine Straße, die nun Russischer Boulevard genannt wird, der kürzeste Weg zum Bahnhof. Dort, in unmittelbarer Nähe des Ortes, an dem fünfzehn Jahre zuvor der erste Parteikongress abgehalten wurde, wird das Hauptquartier aufgeschlagen.

Das Bahnhofsgebäude, hoch und schlicht und ockerfarben, stammt aus französischer Zeit. Davor ein langgezogener Park und ein kleines Monument, das eine Buddha-Reliquie beinhaltet.

Die Ankunft erfolgt ganz ohne Zeremonien. Kein Fahnenschwenken, keine Siegesreden. Der Kampf von über zwanzig Jahren hat seine Vollendung gefunden.

Und nur wenige Kilometer entfernt kämpft sich der große Bruder Chhay weiter nordwärts, zunehmend erschöpft. Es bleiben ihm jetzt nur mehr Stunden. Dann sinkt er zu Boden und stirbt, unter der brennenden, sengenden Sonne.

98.

GENOSSE, DU WARST AN EIN BEHAGLICHES UND EINFACHES LEBEN GEWÖHNT!

99.

Die Schweden sahen ein Land, das auf dem Weg war, sich wieder aufzurichten. Menschen, die körperlich hart arbeiteten, wie in allen anderen Ländern in der Dritten Welt. Sie sahen neu errichtete Gebäude und Reis, abgepackt für den Export.

Man zeigte ihnen natürlich das, was sie nach dem Willen des Regimes sehen sollten. Und sorgfältig arrangierte Reisen in undemokratische Länder sind gang und gäbe. Einigermaßen unabhängige Reiseberichte stellen gute Propaganda dar. Daran ist nichts ungewöhnlich.

Was hingegen verwundert, ist, dass es den Roten Khmer gelang, die Fassade zwei Wochen lang aufrechtzuerhalten.

Die Infrastruktur des Landes war vor 1970 vergleichsweise gut entwickelt. Dann fielen die amerikanischen Bomben, und die Panzer des Bürgerkriegs zerstörten einen Kilometer Asphalt nach dem anderen. Brücken wurden gesprengt. Noch heute dauert es viele holpernde Stunden, früher leicht zugängliche Gebiete zu erreichen.

Danach die Revolution, mit enormen und schlecht organisierten Bevölkerungsumsiedlungen. Mit Hunger, umfassenden

Tötungen und unzureichenden Verbindungen. 1978, einige Monate vor dem Besuch der Schweden, nahm das Tempo der Säuberungen zu. Die Zentralgewalt fiel über die Ostzone her. Hunderttausende Menschen wurden in die übrigen Landesteile deportiert und viele Tausende ermordet.

Das Demokratische Kampuchea war nicht die Sowjetunion. Es war nicht China. Es war nicht einmal Albanien. Wie konnte man in all diesem Chaos eine Illusion von Erfolg und Wohlstand schaffen? Wo doch sogar hochgestellte Parteimitglieder täglich um ihr Leben fürchteten?

Zu Hause waren die Schweden zudem mit einer sehr kritischen Öffentlichkeit konfrontiert, zu der sie sich verhalten mussten. Flüchtlingsberichte hatten in den Massenmedien große Aufmerksamkeit erfahren. Das Demokratische Kampuchea wurde als ein kommunistisches Sklavenlager beschrieben. Die Reise der Freundschaftsgesellschaft hat man schon im Vorhinein als Propagandashow für bereits Bekehrte abgetan.

In ihr Tagebuch schreibt Hedda Ekerwald vor der Abreise:

»Kampuchea wird in der Presse als ein Land vorgestellt, in dem die Regierung Völkermord am eigenen Volk begeht, ein Land, in dem die Menschenrechte keinen Platz haben. Ein fremdes Land der Grausamkeit. Kann es gut sein, in ein solches Land zu fahren? Ist das nicht so wie damals, als Fredrik Böök im Mercedes umherfuhr, als Nazideutschlands Gast? Oder als Sven Stolpe oder Sven Hedin es bereisten und die Ordnung, die Reinlichkeit und den Fortschritt bewunderten? [...] Ich habe Angst, dass es vielleicht dasselbe ist und ich es später verstehen und meine Mitschuld verdammen werde.«

Und im Reisebericht danach:

»Sahen die Menschen vor Schreck gelähmt aus, ängstlich oder feindselig, als wir im Regierungsauto eintrafen? Nein, die Kinder riefen uns freimütig ›Langnasen‹ hinterher, und wir wurden überall gut aufgenommen. Aufseiten unserer Gastgeber keine Kommandomethoden gegen die Menschen, sondern feines, gleichberechtigtes Auftreten. Kein Militarismus, steife Rücken oder Honneurs, sondern Gelöstheit. Wir konnten während der Reise das Auto, mit dem wir fuhren, anhalten, wo wir wollten, frei fotografieren und filmen und selbst wählen, wen wir interviewen wollten.«

100.
[Im Traum]

Ich befinde mich im Obergeschoss des alten Hauses meiner Eltern. Eine schmale Treppe führt ins Geschoss darunter. Durch ein kleines Fenster sehe ich den gepflasterten Gehweg zum Parkplatz. Dort steht mein rotes Auto, und den Schotterweg herauf, unter den sommergrünen Birken, nähert sich eine Gruppe Rote Khmer. Sie sind schwarz gekleidet und von kleinem Wuchs, und die Schnellfeuerwaffen, die sie tragen, scheinen zu groß. Sie halten beim Auto an, beschatten die Augen mit den Händen, während sie auf die leeren Sitze schauen. Die Münder bewegen sich, doch ich höre nichts. Gesten, Befehlsausgabe. In wenigen Minuten werden sie beginnen, das Haus zu durchsuchen. Es gibt nur einen Weg hier hinaus. Dieser führt die Treppe hinunter, durch die Tür hinaus und direkt in die Gruppe junger Männer hinein.

101.

Chen Yonggui, Chinas stellvertretender Ministerpräsident, besuchte das Demokratische Kampuchea Ende 1977. Ideologisch stand er Pol Pot sehr nahe. Nach einer Rundreise versicherte er seinem Gastgeber, dass die Strategie der Roten Khmer »vollständig korrekt« sei.

Die Tour war gut vorbereitet und auch sogenannte spontane Besuche arrangierte man an geeigneten Orten. Der Parteisekretär der Westzone, Chou Chet, war für die Besichtigung einer Reisplantage in Kompong Chhnang zuständig.

Chou Chet war ein echter Veteran, der sich bereits in den Fünfzigerjahren der indochinesischen Kommunistischen Partei angeschlossen hatte. Er kam für seine Ansichten ins Gefängnis, ging danach in den Untergrund und nahm am bewaffneten Kampf teil. Als Prinz Sihanouk seine Liste mit linksradikalen Feinden veröffentlichte, wählten er und Saloth Sar den Dschungel, statt sich den Behörden zu stellen.

1976 waren jedoch mehrere seiner engsten Kollegen und alten Genossen verhaftet und hingerichtet worden. Mit steigender Angst hatte er darauf gewartet, dass er an die Reihe käme. Aber nichts war geschehen. Der illustre Besuch war jedoch zu viel für seine bereits schwachen Nerven.

Als Chen Yonggui und Pol Pots Ehrengeleit eintrafen, waren wohlgenährte Bauern in Stellung gebracht worden, bereit, das Reisfeld »in Angriff zu nehmen«. Aber anstatt das Schauspiel in Bewegung zu setzen, drängte sich Chou Chet bis zu Chen Yonggui vor, ohne Rücksicht auf Pol Pot und die anderen Parteifunktionäre. Nervös richtete er vor den bestürzten Delegierten unterwürfige Fragen zu Methoden des Landbaus direkt an den Ehrengast.

Ein beinahe unvorstellbarer Fehltritt. Pol Pot soll beschwichtigend gelacht haben.

Einige Monate nach dem Besuch wurde Chou Chet verhaftet und nach S-21, ins Gefängnis der Geheimpolizei, gebracht, wo man ihn folterte und hinrichtete.

Ein ausländischer Besuch, arrangiert bis ins kleinste Detail. Und ein Beispiel dafür, wie schwierig es ist, eine Gesellschaft aufzubauen, in der es vom unberechenbaren Faktor Mensch mit schwachen Nerven wimmelt.

102.

SÄT! SÄT! LASST KEIN EINZIGES STÜCK BODEN UNGENUTZT, NICHT EINMAL EINE HANDBREIT!

103.

Zwei Monate nach den Schweden, im Oktober 1978, besuchte eine Delegation der norwegischen Kommunistischen Partei das Demokratische Kampuchea. Pål Steigan schreibt knapp fünfundzwanzig Jahre später:

»Einige hätten gerne, dass wir durch eine potemkinsche Kulisse von tausend Kilometern reisten. Das ist ihre Sache. Was in unserem Fall nicht arrangiert werden konnte, das ist der kameradschaftliche und ungezwungene Umgang zwischen allen Menschen, mit denen wir in Kontakt kamen, und den Repräsentanten von Staat und Partei. Menschen, die sich unterdrückt gefühlt hätten, hätten es nicht gewagt, sich in dieser Weise zu verhalten. Keine Macht der Welt hätte sie dazu zwingen können.«

104.

»30 Regierungssoldaten tot im Hinterhalt.« Ich lese unter der Überschrift weiter. Die kommunistische Guerilla überfiel am Samstag einen Truppentransport außerhalb der Hauptstadt. Dreißig Tote und noch mehr Verletzte. Wie viele Guerillasoldaten getötet wurden, ist nicht bekannt.

Vor mir versinkt der Sihanouk-Boulevard in honiggelbem Nachmittagslicht. Langsam werden Verkehr und Abenddämmerung dichter. Ich setze die Lektüre meines *Cambodge Soir* fort.

Der König mahnt zu einer erneuerten Offensive gegen die Maoisten. Der Überfall darf nicht ungestraft bleiben.

Ein Experte stellt fest, dass die Situation in Nepal ernst ist.

Einen Augenblick lang schwindelt mir. Sitze ich in Katmandu und lese über Phnom Penh oder sitze ich in Phnom Penh und lese über Katmandu? Dasselbe flüchtige Überfliegen eines Artikels zu einem unbegreiflichen Konflikt in einem fernen Land.

Das goldgelbe Licht, das Knattern der Mopeds.

105.

DAS KOLLEKTIV BESTIMMT, DAS INDIVIDUUM TRÄGT DIE VERANTWORTUNG!

106.
[Wie ein Flimmer weiß]

Nachmittagslicht über Peking. Die glatte Oberfläche des Swimmingpools. Der alte und kränkliche Mao Zedong in einem bequemen Stuhl. Pol Pot, der an dessen Privatwohnsitz empfangen wurde, sitzt neben ihm. Die kambodschanische Revolution hat gesiegt, und Pol Pot ist ein willkommener Gast in Peking. Er ist heimlich dort, was sonst?

Er ist dort, um über Entwicklungshilfe zu diskutieren. Aus dem bevölkerungsreichsten kommunistischen Land der Welt an eines der kleinsten.

Ein kleines Land mit einer Revolution, die als groß gilt.

Ihr Gespräch wird aufgezeichnet. Mao Zedong ist kaum hörbar, aber die Kraft seiner Gedanken scheint ungebrochen. Er bezieht sich unter anderem auf Kant und Huxley und sagt:

»Ihr habt große Erfahrung. Sie ist besser als unsere. Wir haben nicht das Recht dazu, euch zu kritisieren.«

Er fährt fort:

»Ihr habt einfach recht. Habt ihr Fehler gemacht oder nicht? Ich weiß es nicht. Sicher habt ihr das gemacht. Also nehmt Korrekturen vor, ihr müsst sie korrigieren.«

Wie reagiert Pol Pot? Lächelt er angesichts des Lobs vom größten damals lebenden Revolutionär?

Mao Zedongs flüsternde Stimme:

»Der Weg ist voller Entbehrungen.«

Die Stille. Der warme Juninachmittag. Die leise Übersetzung des Dolmetschers.

»Die Situation hier ist genau jene, die Lenin vorhersagte – ein Kapitalistenland ohne Kapitalisten.«

Er sagt:

»Die Löhne sind nicht gleich. Wir haben das Schlagwort von der Gleichheit – aber wir führen sie nicht durch. Wie viele Jahre wird es dauern, das zu ändern? Wann erreichen wir eine kommunistische Gesellschaft? Selbst mit dem Kommunismus wird weiterhin ein Kampf zwischen den Entwickelten und den Unterentwickelten stattfinden. Es ist also nicht ganz klar.«

Chinas jahrelanger Kampf, der umfassende gesellschaftliche Wandel in einem der größten Länder der Welt, ohne Vorbilder. Der große Sprung nach vorn. Die Kulturrevolution. Und jetzt? Zweifel?

»Es ist also nicht ganz klar.«

Was dachte er sich dazu, Pol Pot?

107.

Es ist nicht ganz korrekt, die Roten Khmer als Rote Khmer zu bezeichnen.

Khmer Krahom oder Khmer Rouge war eine Namensgebung Prinz Sihanouks. Eine zusätzliche Farbe in seiner recht farbenfrohen Welt. Die Konservativen wurden Khmer Khieu genannt, Blaue Khmer. Und Khmer Sor, die Weißen Khmer, traten für eine Wiedervereinigung von Kampuchea Krom, dem vietnamesischen Teil des Mekongdeltas, mit Kambodscha ein.

Dann gab es einige weitere Arten von Khmer. Die Unabhängigen Khmer, Khmer Issarak, die in den Fünfzigerjahren gegen die Kolonialherrschaft der Franzosen kämpften. Die Khmer der Befreiung, Khmer Rumdo, die Seite an Seite mit den Roten Khmer gegen die Regierungsarmee Lon Nols Stellung bezogen. Khmer Serei, die Freien Khmer, kämpften zuerst gegen die Roten Khmer und machten dann mit ihnen gemeinsame Sache gegen die Vietnamesen.

Die Roten Khmer nannten sich selbst lieber Kampucheas Kommunistische Partei.

Prinz Sihanouks Bezeichnung ist jedoch hängengeblieben. Heute wird sie sogar von früheren Parteifunktionären verwendet.

Die Kommunistische Partei wurde zu Beginn der Fünfzigerjahre gegründet, aber 1976 teilte Pol Pot plötzlich mit, dass das Geburtsjahr der Partei falsch sei. Ihm zufolge lautete das korrekte Geburtsjahr 1960. Auf einen Schlag wurde die Partei neun Jahre jünger. Die laufenden Vorbereitungen für das 25-jährige Jubiläum mussten diskret abgebrochen werden.

Pol Pot hatte seine Gründe dafür, die Geschichte so brutal umzuschreiben. 1960 war jenes Jahr, in dem er in die höchste Ebene der Partei gewählt wurde. Es war auch der Anfang vom Ende des vietnamesischen Einflusses auf die kambodschanischen Kommunisten.

Anfänglich unterstanden die Kambodschaner der indochinesischen Kommunistischen Partei Ho Chi Minhs. Laut Pol Pot war der internationale Anstrich nur Fassade. Die geheime Zielsetzung Vietnams war die Errichtung einer Art indochinesischer Sowjetunion, von Hanoi aus gesteuert. Er sah die Befreiung von der vietnamesischen Bevormundung als eine Stufe zur Bewahrung der nationalen Selbstverwaltung an.

Mit dem neuen Datum hatte es den Anschein, als sei die Revolution der Roten Khmer ihr eigenes Werk. Die lange Abhängigkeit von Nordvietnam konnte nun geleugnet werden.

Mehrere ältere Kommunisten protestierten. In den Fünfzigerjahren hatten sie auf Leben und Tod für die kommunistische Revolution im Dschungel gekämpft, während Pol Pot und seine engsten Vertrauten in Pariser Cafés saßen. Die Existenz der Partei im ersten Jahrzehnt zu leugnen bedeutete, auch ihren Kampf zu leugnen.

Die protestierenden Veteranen wurden verhaftet und nach S-21 gebracht, dem Gefängnis der Geheimpolizei. Unter Folter »gestanden« sie, dass die Partei 1960 gebildet wurde. Danach hat man sie hingerichtet, sie wurden angeklagt, Maulwürfe der Vietnamesen zu sein.

Vieles an der Politik der Roten Khmer ist nur in ihrem kambodschanischen Zusammenhang zu verstehen. Pol Pot war zuallererst Kambodschaner, danach Kommunist. Das konfliktgeladene Verhältnis zu Vietnam ist ein deutliches Beispiel dafür. Der Internationalismus, um nicht zu sagen Antinationalismus, ist einer der traditionellen Grundsteine des Kommunismus. Das Proletariat ist international und die Klasseninteressen kennen daher keine nationalen Grenzen. Wie im *Kommunistischen Manifest* zu lesen ist: »Die Arbeiter haben kein Vaterland.«

Mao Zedong betonte jedoch die nationale Unabhängigkeit. Das gefiel den Roten Khmer. Jahrzehntelang hatten kambodschanische Anführer die Eigenart des Landes hervorgehoben. Ausländischer Einfluss war über Jahrhunderte als fundamentale Bedrohung von Kambodscha als Nation gewertet worden.

In Pol Pots eigener Übersetzung der Internationalen wurde aus dem Titel folglich *Die Zukunftsgesellschaft*.

Die Bedrohung aus dem Ausland war für die große Mehrheit der Kambodschaner ein angestammtes Gefühl. Als Pol Pot entschied, Vietnam als den großen Feind hinzustellen, setzte er auf eine uralte Angst. Seit dem Fall Angkors zu Beginn des 15. Jahrhunderts war das kambodschanische Territorium konstant kleiner geworden. Lediglich ein Drittel des früheren Reiches war noch übrig. Was ehemals zu Kambodscha gehörte, hieß nun Laos, Thailand und Vietnam. Nichts deutete darauf hin, dass die Entwicklung aufgehalten worden sei. Eher im Gegenteil. Die Nation zu bewahren und den verlorenen Gebieten nachzutrauern ist ein roter Faden in den politischen Programmen der kambodschanischen Führer seit Mitte des 19. Jahrhunderts.

Genährt wurde die Sorge vor allem in der Zeit, als Kambodscha ein Teil von Französisch-Indochina war. Die Franzosen waren Kinder ihrer Zeit. Sie sahen die Welt als einen ständigen Kampf, in dem die Evolution die weniger Geeigneten zurücklassen würde. Das galt für Tiere wie für Menschen und Nationen gleichermaßen. Die Khmer mögen einst ein glänzendes Kulturvolk gewesen sein, aber jetzt waren sie, den Franzosen nach, zu Untergang und Vernichtung verurteilt. Im Humus des Minderwertigkeitskomplexes keimte eine Kombination von Fatalismus und nationaler Lust an der Revanche.

Vietnam hatte zu Beginn des 19. Jahrhunderts Kambodscha besetzt. Die brutale Machtausübung lebte im kollektiven Gedächtnis weiter. Die große Gefahr lauerte also im Osten, und Eltern schüchterten unfolgsame Kinder mit »Yuon« ein, der abwertenden Bezeichnung für Vietnamesen.

Eine Anekdote aus jenen Tagen ist Allgemeingut. Ihr zufolge sollen einmal vietnamesische Soldaten drei kambodschanische Gefangene stehend eingegraben haben. Nur die Köpfe ragten aus dem Boden. Die Gefangenen standen sehr eng beieinander, sodass die Köpfe ein Dreieck bildeten. Die vietnamesischen Soldaten sollen dann in der Mitte ein Feuer entzündet und, gestützt auf die drei Schädel, einen Teekessel abgestellt haben. Als die Gefangenen vor Schmerzen zuckten, hätten die Soldaten sie angeschrien: »Verschüttet nicht den Tee eures Herrn!«

Während des revolutionären Kampfs der Fünfziger- und Sechzigerjahre, Seite an Seite mit den Vietnamesen, sah Pol Pot seinen Verdacht bestätigt. Die vietnamesischen Genossen taten sehr wenig für die Roten Khmer, sofern es nicht ihren eigenen Interessen diente.

1978 ließ Pol Pot seine Überlegungen zu Vietnam im *Schwarzbuch des vietnamesischen Angriffs* sammeln. Darin schreibt er, dass es keine Rolle spiele, ob Vietnam kommunistisch, kapitalistisch oder eine Kolonie sei. Das Land bleibe expansiv und gebietshungrig. »Der Vietnamese« sei ein Eroberer, der »die Territorien anderer Länder verschlingen« wolle.

Der Konflikt zwischen Vietnam und Kambodscha verläuft also mitten durch die Ideologien, tief in die Geschichte hinab. Für ausländische Kommunisten war das schwer zu verstehen. Sie sahen zwei ideologische Brudervölker, deren Kampf gegen die imperialistische Unterdrückung sie unterstützten. Nun wandten sich die Brüder gegeneinander.

Für die Vietnambewegung im Westen war das ein sehr desillusionierender Konflikt. Vietnam war das Symbol für die Unterdrückung kleinerer Nationen durch die Großmächte. Mit dem Einmarsch in Kambodscha 1978 verwandelte sich Vietnam in den Unterdrücker.

Maoisten in aller Welt jedoch glaubten, dass Vietnam sein wahres Gesicht gezeigt habe. Mit der Sowjetunion eng verbunden repräsentierte Vietnam einen »revisionistischen« Kommunismus, der eigentlich nur ein Deckmantel für »sozialistischen Imperialismus« war. Pol Pot weiterhin zu unterstützen war daher dasselbe, wie den Kampf eines unterdrückten Volkes für Unabhängigkeit zu unterstützen.

Für den vietnamesischen Einmarsch lassen sich historische wie auch weltpolitische Ursachen finden.

Geschichtlich betrachtet hatte China Südostasien dominiert. Vietnam kämpfte jahrhundertelang für seine Unabhängigkeit. Man machte sich also keine Illusionen über die tatsächlichen Absichten der Chinesen.

Die Beziehung zwischen Vietnam und Kambodscha kann

man als eine verkleinerte Kopie jener zwischen China und Vietnam sehen – dominante Großmacht und kleinerer und misstrauischer Nachbar.

Die kommunistischen Führer in Hanoi billigten die Entwicklung im Demokratischen Kampuchea nicht. Sie wollten unter keinen Umständen einen chinesischen Satellitenstaat im Westen haben. China wiederum sah ein Groß-Vietnam im Süden nicht gerne. Auf die vietnamesische Invasion 1978 folgte im Frühjahr 1979 ein groß angelegter chinesischer Angriff auf das nördliche Vietnam.

Mit den Worten des Volksmärchens: Die chinesische Katze frisst die vietnamesische Ratte, die am kambodschanischen Strick nagt.

Der vietnamesische Angriff war auch ein Versuch, die innenpolitische Unzufriedenheit in Vietnam zu mindern. Die Umstellung von Kriegszustand auf zivile Planwirtschaft war schlecht verlaufen. Die vormals so große internationale Hilfe wurde nicht in Investitionen und Hartwährung umgesetzt. Ein Krieg in der richtigen Dimension würde den Fokus verschieben. Darüber hinaus sah sich die vietnamesische Führung gezwungen, gegen die immer gewalttätigeren kambodschanischen Grenzüberfälle vorzugehen.

Im Nachhinein jedoch ist die Invasion gerne als eine Reaktion auf die Tötungen im Demokratischen Kampuchea dargestellt worden. Vietnam sei eingeschritten und habe den »Völkerselbstmord« beendet.

Für die meisten Kambodschaner spielten die Motive Vietnams im Dezember 1978 eine geringe Rolle. Sie nahmen sie mit Dankbarkeit in Empfang.

Anfänglich jedenfalls.

Danach folgte eine Zeit brutaler Besatzung, mit weitreichenden Plünderungen von Reislagern und Städten, die seit der Evakuierung unberührt standen. Lastwagen voller Essen, Möbel und Maschinen rollten Richtung Vietnam. Und das arrogante und überlegene Auftreten der Besatzer veranlasste die Kambodschaner dazu, sich der Erzählung vom »Tee ihres Herrn« zu erinnern.

108.

ABSOLUT ALLES GEHÖRT DER ORGANISATION!

109.

Die Wellen rollen schwer in der Dunkelheit. Der Schaum glitzert schwach vom Meeresleuchten. Am jetzt verschwundenen Horizont liegen die Fischerboote mit ihren Lampen. Wie glänzende Perlen an einer unsichtbaren Schnur.

Was kürzlich ein fast unberührter Sandstrand war, ist jetzt Touristenziel. Die vereinzelten Holzschuppen wurden durch Hotelbauten aus Beton ersetzt. Sonnenstühle stehen aufgereiht im Sand, Musik hämmert und Lichter blinken. Obdachlose und schmutzige Strandkinder verkaufen Obst und sich selbst an die Touristen.

Weiter weg leuchtet weiß das Independence Hotel. Eines der luxuriösesten kambodschanischen Hotels der Sechzigerjahre. Nach der Revolution stand es verlassen und verfiel im eigenen Rhythmus. Vor einigen Jahren ging ich durch die langen leeren Korridore. Es war beeindruckend, die schwindelerregende Aussicht von den geplünderten Räumen aus zu sehen, die hellblauen

Designbadewannen im Kontrast zu den schwarzen Fliesen, in den Schacht hinabzublicken, wo seit langem der Aufzug im Erdgeschoss feststeckte. Jetzt wird das Hotel renoviert. Einmal mehr wandelt Kambodscha seine Gestalt.

Ich liege auf dem Bett in meinem billigen Hotelzimmer, einen Katzensprung vom Strand entfernt. Das Meer rauscht leicht. Im Schein der Neonröhre lese ich Hedda Ekerwalds Reisetagebuch vom 20. August 1978:

»Ich saß am Strand und blickte aufs Meer hinaus, Wellen, die sich mit weißem Schaum brachen, an den Seiten wie ein Blitz verlaufend. Der Hafen hatte die Scheinwerfer angestellt und hinter den Wolken war der Mond. Aber die Gischt sollten wir dennoch zu sehen bekommen. Schön.

Lothar kam mit einer Krabbe zurück, und dann gingen wir mit Taschenlampen umherlaufend auf Jagd, bis das Handtuch mit Einsiedlerkrebsen und Krabben übervoll war. Herrlich. Wir lachten und gingen durch die Nacht nach Hause, Frösche, Grillen und andere aufregende Geräusche, ein feuchter guter Geruch.«

110.
[Wie ein Flimmer weiß]

Liest er den Bericht an seinem Schreibtisch? Maschinengeschriebene Bögen in einer schlichten Mappe. Oder trifft er seine Schwägerin persönlich, Ieng Thirith, die Sozialministerin? Lächelt er freundlich, aber nachdenklich, als sie mit einer gewissen Entrüstung davon spricht, was sie gesehen hat?

Es ist Herbst 1977, und sie ist eben von einer Reise in die nordwestlichen Landesteile zurückgekommen. Die fruchtbarsten Gegenden, die dennoch all den Reis, den man von dort erwartet, nicht produzieren. Obwohl hunderttausende Menschen als Arbeitskräfte hingeschickt worden waren. Was ist los?

Sie beschreibt die Umstände als »sehr eigenartig«.

Sie sagt, dass die Menschen keine Häuser zum Wohnen hätten.

Dass sie alle sehr krank seien.

Und trotzdem würden die örtlichen Parteifunktionäre diese obdachlosen Kranken zu harter Arbeit zwingen.

Sie sagt, dass das im Einklang mit den Richtlinien der Partei scheine, dass es aber in der Praxis zum gegenteiligen Ergebnis führe.

Er fragt nach ihren Schlussfolgerungen. Sie antwortet, dass das, diese Katastrophe, das Werk von Konterrevolutionären sein müsse.

Pol Pot an seinem Schreibtisch. Ausdruckslos. Nicht gefühllos, eher … erhaben. Wie ein alter, weiser buddhistischer Mönch. Einer, der aufmerksam zuhört, leise Fragen stellt, aber keine übereilten Entscheidungen trifft.

Wenige Monate später wird er eine der Sitzungen des Zentralkomitees leiten. Er wird sagen, dass unbekannte Feinde dem Volk die Nahrung verweigerten. Dass sie die ausgegebenen Direktiven missachteten und die Menschen zur Arbeit zwängen, unabhängig davon, ob sie gesund oder krank seien. Das wird der Beginn der Säuberungen in der Nordwestzone sein. Innerhalb eines Jahres wird man siebzig Prozent der regionalen Anführer hingerichtet haben.

Glaubt er selbst an das, was er sagt, dort vor dem Zentralkomitee?

111.

»Ok Sakun lebt in Paris.« Youk Chhang ist sich seiner Sache sicher.

Youk Chhang betreibt DC-CAM, eine Organisation, die alles Verfügbare über das Demokratische Kampuchea dokumentiert.

Paris. Ich suche also im falschen Land.

Und Sok Rim?

Youk Chhang sieht sich meine Bilder an und schüttelt den Kopf. Der Name sagt auch ihm nichts. Er führt ein paar Telefonate und bittet mich zu warten. Seine Kollegen sollen die Archive durchgehen.

Nach einer Weile kommt einer der Archivare mit einer Mappe herein. Youk Chhang überfliegt die ersten Seiten.

»Er ist tot. Er wurde 1978 verhaftet und nach S-21 gebracht.«

Er zeigt mir das Formular mit Sok Rims Namen und den Daten für Verhaftung und Tod. Die Sache scheint klar.

Aber das Datum der Verhaftung. Mai 1978. Das kann nicht stimmen. Das ist mehrere Monate, bevor er die Schweden führen sollte. Das Todesdatum ist zwar später, im September, aber es ist unrealistisch, dass er verhaftet, wieder freigelassen und ihm gleich die heikle Aufgabe der Leitung einer ausländischen Delegation übertragen worden sein soll.

Eine Spur, die am Abgrund endet, aber die falsche Spur.

112.

Noch einmal die Straße. Noch einmal das grüne Tor. Die Flieder sind seit langem verblüht. Die Natur ist spätsommerprall. Man kann den Herbst in der Luft ahnen.

Hedda Ekerwald bietet Saft in der Abendsonne an. Wir sitzen vor einem der alten undichten Gebäude, die zum Haus gehören. Wie lange sie hier wohl schon stehen? Hundert Jahre? Das Doppelte? Kleidung ist zum Trocknen aufgehängt.

Es soll kein Interview werden. Das hier ist einmal mehr ein Gespräch.

Wir sprechen über die frühen Jahre. Ein wenig über den Weg der Jugendorganisation der Linken zur FNL. Über den Besuch in Paris 1973, bei dem sie die kambodschanischen Kommunisten traf. Dass deren Freundlichkeit und selbstverständliche Gleichberechtigung für sie etwas Anziehendes hatte. Männer und Frauen schienen gleichgestellt. Und dass sie ihr aufrichtiger vorkamen als einige der vietnamesischen Revolutionäre. Wie dann ab 1977 das Demokratische Kampuchea zu ihrem Hauptinteresse wurde.

Wir sprechen über den Kampf. Davon, das Volk gegen den Imperialismus zu unterstützen. Dass es in erster Linie darum ging, den Krieg der USA zu stoppen. Erst danach sei es falsch gelaufen. In etwa so, sagt sie, als sei man ein Befürworter der Atomkraft und versuche sich zur Kernschmelze in Tschernobyl zu verhalten.

Wir sprechen über Gewalt. Über aktive und strukturelle Gewalt. Darüber, wie viele in der herrschenden Weltordnung in Revolutionen ums Leben kommen und wie viele verhungern. Sie fragt sich, warum über die ersten so genau Buch geführt wird, über die zweiten aber nicht. Und wie viele es eigentlich waren, die im Demokratischen Kampuchea getötet wurden? Sinnlos viele. Erschreckend viele. Aber tatsächlich so viele?

Die Spätsommersonne und das saftige Gelb des Fruchtsafts. Die eine Welt und eine andere.

113.

Vor der Nachbartür stehen zwei Mönche. Die Morgensonne hat sich noch nicht in Hitze verwandelt und ihre Schatten fallen in den Staub. Die Mönche sind in orangefarbenen Stoff gehüllt und barfuß. Ohne Schuhe zu sein ist das äußerste Zeichen von Armut. Wer in Kambodscha barfuß ist, so sagt man, müsse nicht mehr tun, als der ersten Person, der man begegnet, Mann oder Frau, in die Augen zu sehen. Von dieser wird dann erwartet, dass sie einem die Schuhe überlässt.

Jeder der Mönche hat einen Schirm gegen die Sonne. Der eine ist zitronengelb, der andere zu einem Beige ausgebleicht.

Vor ihnen, in der Hocke, sitzt die alte Nachbarsfrau. Sie betet zu Füßen der Mönche. Die Mönche, vielleicht zwanzig Jahre alt, machen einen uninteressierten Eindruck. Ihre Blicke wandern umher. Nachdem die Frau gesegnet worden ist, wird sie deren silberglänzende und zylinderförmige Proviantbüchsen mit Essen füllen.

»Parasiten«, wurden sie von den Roten Khmer genannt, »die herumgehen und den Bauern Essen abbetteln, ohne sich nützlich zu machen.«

Am 20. Mai 1975 wurde ich drei Jahre alt. Ich habe keine Erinnerung an diesen Tag. Es gibt keine Fotografien und keinen anderen, der sich daran erinnert. Aber man wird sich ein Geburtstagskind in einem Reihenhaus vorstellen können, eine einfache Torte mit drei Kerzen, meine Eltern und ein paar verpackte Geschenke. Zur gleichen Zeit, als ich ungeduldig das Geschenkpapier in Stücke riss, wurde in Phnom Penh eine Vollversammlung abgehalten. Die Revolution war einen Monat alt. Es war an der Zeit, Richtlinien vorzugeben.

Alle zivilen und militärischen Behördenvertreter wurden

einberufen. Sie kamen aus dem ganzen Land, um Pol Pot acht Punkte präsentieren zu hören:

Erstens: Städte evakuieren.

Zweitens: Alle Märkte schließen.

Drittens: Die alte Währung abschaffen, aber mit der Einführung der neuen, revolutionären noch warten.

Viertens: Pagoden schließen und die Mönche zur Arbeit einsetzen.

Fünftens: Alle Repräsentanten des früheren Regimes hinrichten, deren leitende Vertreter zuerst.

Sechstens: Kooperativen mit kollektiven Speisesälen einrichten.

Siebtens: Alle Vietnamesen ausweisen.

Letzter Punkt: Soldaten an die Grenzen schicken, insbesondere an die vietnamesische.

Ich mache beim Schreiben eine Pause. Die Mönche vor der Nachbartür haben jetzt Gesellschaft von einem Dritten bekommen. Rhythmisch leiern sie ihren Segen mehrere Minuten lang herunter. Die Nachbarsfrau nimmt ihn mit gesenktem Kopf entgegen.

Viele junge kambodschanische Männer rasieren sich den Kopf und schließen sich an irgendeinem Punkt ihres Lebens einer Pagode an. Die Pagoden sind eine Art Universität des armen Mannes. Das Mönchsein wird als Ausbildung und Initiationsritus gesehen, auch wenn die Männer manchmal nur ein paar Wochen in der Pagode verbringen.

Viele Rote Khmer waren folglich Mönche gewesen. Es war mitunter ihre einzige formale Ausbildung und sie waren mit der rigorosen Disziplin des Buddhismus wohl einverstanden. Mit der Askese. Dem Sichlossagen von allem privaten Eigentum und der Unterwerfung unter die älteren, stärker erleuchteten Mönche. Mit der Leugnung persönlichen Begehrens. Dem Aufgehen des Individuums in einem größeren Zusammenhang.

Es lassen sich offenkundige Parallelen zwischen dem kambodschanischen Buddhismus und dem kambodschanischen Kommunismus finden. Die Organisation trat in mehrfacher Hinsicht an Buddhas Platz.

Vier Monate nach Pol Pots Vollversammlung, in einem Dokument vom 22. September 1975, wird festgestellt, dass »90 bis 95 Prozent der Mönche verschwunden sind«. Die, die noch übrig seien, würden kein Problem darstellen, schreibt der Berichterstatter.

Die zirka dreitausend Pagoden des Landes waren in Lagerräume und Gefängnisse umgewandelt worden. Das Zentrum der örtlichen Gemeinschaft war nicht länger die Pagode, sondern der gemeinsame Speisesaal.

Es reichte aber noch weiter. In Kambodscha teilen die Menschen die Welt mit den Geistern. Häuser und Orte haben ihre Schutzgeister, die man zu respektieren und in manchen Fällen zu beschwören hat. Auch ist es absolut notwendig, mit den Ahnen gut auszukommen. An bestimmten Feiertagen müssen die Menschen all jenen Opfer darbringen, die ihnen vorausgegangen sind und die manchmal ihre Nachkommen in Tierform besuchen. Darüber hinaus wimmelt es von Gespenstern, Geistwesen und übel gesinnten Widergängern. Und über alldem wacht ein unergründlich lächelnder Buddha.

Die Religion, vielleicht die wichtigste Institution in Kambodscha, existierte nicht mehr. Das mehrere tausend Jahre alte Band mit den Ahnen und der Welt der Geister wurde abrupt durchtrennt. Weiterhin zu beten und Opfer zu bringen war Verstoß gegen geltendes Recht.

Artikel 20 des Grundgesetzes im Demokratischen Kampuchea schrieb vor:

»Jedem Mitbürger in Kampuchea wird das Recht zugesichert, sein Glaubensbekenntnis auszuüben, und ebenso das Recht, sich zu keiner Überzeugung des Glaubens zu bekennen.

Alle reaktionären Religionen, die im Widerspruch zum Demokratischen Kampuchea und dem kampucheanischen Volk stehen, sind streng verboten.«

Der Buddhismus fiel zweifellos unter die verbotenen reaktionären Religionen aus dem zweiten Absatz.

Der Anspruch der Roten Khmer war die Errichtung einer industrialisierten Gesellschaft. Letzten Endes der modernsten, die man bislang gesehen hatte. In dieser Vision gab es keinen Platz für die Vorstellung der Mönche, dass die Welt nur als Illusion existiere. Dass alles, was wir um uns sehen, Blendwerk und Zerstreuung sei.

Ist etwas Reaktionäreres denkbar als der Widerstand des Buddhismus gegen alle Formen von Gewalt? Das Rad der Geschichte rollte, und alle, die sich ihm in den Weg zu stellen versuchten, waren dazu verurteilt, von ihm zermalmt zu werden. Was war denn »revolutionäre Gewalt« anderes als eine historische Notwendigkeit?

114.

EIN GENOSSE, DER VIELE FEHLER BEGEHT, IST EIN FEIND!

115.

Dienstag, 22. August 1978. Hedda Ekerwald schreibt ins Reisetagebuch:

»Reise mit dem Auto entlang der Küste nach Kampot und dort Mittagessen, dann weiter hinauf nach Takeo. Dort übernachteten wir in einem neu errichteten Gästehaus außerhalb der Stadt. Am Abend waren wir in der Kooperative Baray und hörten den Volksmusikanten dort zu.«

Und nachher, im Reisebericht:

»Wir saßen dort gemeinsam in der Dunkelheit und hörten zu. Die Musikanten schienen die ganze Nacht weiterspielen zu können. Während wir vor Ort waren, strömten mehrere Leute herbei. Alle hatten sie die Dorfmusikanten viele Male zuvor gehört, aber als wir kamen, waren die Kinder nach Hause gelaufen und hatten erzählt, dass Europäer im Dorf säßen, und da kamen sie, um uns anzuschauen.

Von uns Schweden spielt einer ebenfalls Volksmusik. An jenem Abend im Dorf Baray schien es so, als sprächen wir dieselbe Sprache, obwohl wir kein Khmer konnten und die Musikanten nicht Französisch.«

116.
[Wie ein Flimmer weiß]

Sie wissen nicht, was sie davon halten sollen. Im Speisesaal des Kollektivs sind drei große Bilder aufgehängt worden. Drei große

Porträts. Sie stehen in ihren fadenscheinigen schwarzen Kleidern und abgenutzten Sandalen aus alten Autoreifen. Sie starren die Bilder an und wissen nicht, was sie davon halten sollen.

Eins der Porträts stellt Mao Zedong dar. Das andere wird wohl Kim Il Sung sein.

Es scheppert aus der Kantine. Noch mehr Frauen und Männer kommen zu Fuß aus dem Bambusgestrüpp. Ihre Kleidung ist voller Lehm von den Reisfeldern. Die Sonne brennt.

Sie stehen dort, und Suong sieht Nhep an, der Suong ansieht.

Das dritte Bild stellt Pol Pot dar. Den Führer des Landes. Den »hellsichtigen, rechtschaffenen, wundervollen Führer«.

Es ist fünfzehn Jahre her, seit sie ihn das letzte Mal sahen. Aber die Blicke, die sie tauschen, nein, hier liegt keine Verwechslung vor. Pol Pot ist Sar, ihr Bruder. Ihr schüchterner Sar, freundlich bis zur Selbstaufgabe. Sar mit seinem ansteckenden Lächeln.

117.

An die Ähnlichkeiten zwischen George Orwells *1984* und Pol Pots Demokratischem Kampuchea hatte ich nicht gedacht. Vielleicht war das doch etwas zu offensichtlich?

1984 las ich irgendwann in frühen Jugendjahren. Das Einzige, an das ich mich im Nachhinein erinnere, sind die letzten Seiten, die über Newspeak. Wie die Sprache mit jedem Jahr reduziert wurde, indem man »unnötige« Wörter aus den Wörterbüchern strich. Warum viele Wörter haben, wenn es mit wenigen einfacher war, die mit plus und doppelplus gesteigert wurden und mit »un-« verneint?

Weg mit dem unlogischen »gut, besser, am besten« und

»schlecht, schlechter, am schlechtesten«. Sagen wir stattdessen »plusgut, doppelplusgut« sowie »ungut, plusungut, doppelplusungut«.

Am Ende würde die Partei auch die Gedanken der Menschen kontrollieren. Wörter wie »Kritik«, »Aufruhr« und »privat« würden nicht existieren. »Frei« wäre nur in Zusammenhängen zu verwenden wie: »Der Acker ist frei von Unkraut.« Niemals in der Bedeutung »frei sein«, »Freiheit genießen«.

Je mehr Material aus dem Demokratischen Kampuchea ich durchgehe, desto mehr fühle ich mich an Orwells Winston Smith und dessen Leben in der Big-Brother-Diktatur erinnert.

Schließlich setze ich mich aufs Rad und fahre zum kleinen Antiquariat auf der Straße 240 hinunter. Es ist das Einzige seiner Art in Phnom Penh. Die Stadt hat nur eine Handvoll Buchgeschäfte. Die meisten bieten veraltete Managementtheorie aus den USA zum Verkauf, und anderes, das sich dort nicht absetzen lässt.

Das Antiquariat bildet eine Ausnahme. Es ist nicht besonders gut sortiert, aber voll mit Belletristik. Meistens solcher, die Touristen in ihren Hotelzimmern zurückgelassen haben. Urlaubsliteratur.

Bücher halten sich schlecht in der tropischen Feuchtigkeit. Viele sind aufgequollen, und der sonst angenehme, trockene Geruch eines alten Buches hat eine Spur von Schimmel.

Der Geschäftsführer des Antiquariats hat sich nicht die Mühe gemacht, die Bücher in alphabetischer Reihenfolge zu sortieren. Es braucht Zeit, einen bestimmten Titel zu finden. Schließlich bin ich jedoch stolzer Besitzer eines Exemplars – es ist die abscheuliche Ausgabe aus dem Jahr 1984, wo der Buchtitel als Verkaufsargument verwendet wurde: »1984 may not arrive on time, but there is always 1985.«

118.

»Du bist sehr frei, Genosse.«

Das ist kein Kompliment. Das ist ein Todesurteil.

119.

[Lied des Stockholmer Volkschors, aufgenommen 1978]

Schon in wenigen Tagen kommen die Genossen
in schwarzen Uniformen zur Stadt herein!
Junge Männer und Frauen mit Gewehren auf den Rücken
und das Volk, das ihren Weg säumt.
Kambodscha ist befreit und das Volk hat die Macht übernommen,
die Befreiungsarmee hält Einzug in Phnom Penh.

120.

»Ok Sakun lebt in Paris.« Philip Short ist sich seiner Sache sicher.

Philip Short ist englischer Journalist und hat sich in den letzten Jahren einer Biographie Pol Pots gewidmet. Das Material setzt sich aus Interviews mit zahlreichen Personen zusammen, die entweder Rote Khmer waren oder sie aus der Nähe kannten.

»Er hat jeden Kontakt mit mir abgelehnt, obwohl ich ihm von einem seiner alten Genossen vorgestellt wurde. Ich glaube, dass er die Vergangenheit einfach hinter sich lassen möchte.«

121.

Vanna kommt mit einem weiteren Kaffee. Er stellt ihn neben meinem Computer ab und sieht mir neugierig über die Schulter, auf die Zeilen aus unverständlichen Wörtern. Es ist sehr warm und die Palmenblätter hängen reglos. Hammerschläge dröhnen dumpf irgendwo im Viertel.

Er möchte wissen, was ich schreibe. Ein Buch, antworte ich, in vollem Bewusstsein, dass in Kambodscha kaum Bücher gedruckt werden. Was für mich sehr konkret ist, ist ziemlich abstrakt für Vanna.

Wovon handelt das Buch, fragt er. Von den Roten Khmer, sage ich. Unter anderem. Unter anderem von den Roten Khmer.

»Aaah … Khmer Krahom. Ja, ja. Ich war damals so klein, ich kann mich an nicht sehr viel erinnern. Mein Vater wurde von den Khmer Krahom getötet. Er war in Kompong Cham und sie kamen zu seinem Haus, um meinen Onkel zu verhaften. Sie irrten sich und nahmen ihn stattdessen. Dann töteten sie ihn.«

Was geschah mit dem Onkel, will ich wissen.

Vanna zuckt mit den Schultern.

»Nichts. Er versteckte sich. Jetzt geht es ihm gut.«

122.

Die Geisterstadt. Die leeren Straßen, Häuser. Jan Myrdals Kamera läuft und wir kommen an Ministerien und Wohnungen vorbei. Der Weg zwischen dem Flughafen und dem Zentrum Phnom Penhs. Die Gebäude sind mir bekannt. Alles scheint nett und sauber.

Aber.

Kein Mensch.

Nirgendwo ein Mensch.

Nicht einmal in einem Dokumentarfilm kann man das wirklich glauben. Eine Großstadt, jedes menschlichen Lebens entleert. Häuser und Büros, Geschäfte und Schulen. Es ist alles leer und still und verlassen.

Vor dem Krieg hatte Phnom Penh ungefähr 600 000 Einwohner. Während des Kriegs hatte sich die Bevölkerungszahl mehr als verdreifacht, als die Landbevölkerung Schutz vor den amerikanischen Bomben und dem Bürgerkrieg suchte. Manche sagen, dass die Hauptstadt 1975 zwei Millionen Menschen fasste. Andere sagen drei Millionen.

Im Film erklärt Jan Myrdal:

»Im April 1975, als der Sieg errungen worden war und das Volk Frieden erhielt, war die gesamte Gesellschaft zerrissen und kaputt. Hier, an diesem Tiefpunkt, musste der Aufbau ansetzen. Das hat ihn auch geprägt.

Das Bild, das sich die Außenwelt von Kampuchea machte, wurde von Dingen erzeugt wie den einsamen Straßen im verlassenen Phnom Penh. Jetzt hat man damit begonnen, die Städte wieder zu bevölkern. Aber im Großen und Ganzen sind sie noch immer leer.

Man sagt, dass das mehrere Gründe hat. Zum Teil war es notwendig, die stark überbevölkerten Städte zu räumen, sofern nicht eine Million Menschen einer unmittelbaren Hungerkatastrophe zum Opfer fallen sollten. Man wollte außerdem einen neuen Bürgerkrieg verhindern. Darüber hinaus hat man alle Kräfte zur Durchführung des großen Reisanbauplans benötigt, der den künftigen Wohlstand bringen sollte.«

Als die schwedische Delegation 1978 Phnom Penh besuchte, hatte die Stadt schätzungsweise 30 000 Einwohner. Das waren in erster Linie jene, die in der Führungsschicht der Partei arbeiteten, in den Ministerien und den Fabriken, die sich an den Stadträndern befanden.

Die Kamera läuft und wir mit ihr. Sauber und rein und leer.

Vielleicht entsprach das hier Pol Pots Vorstellung davon, wie eine Stadt auszusehen hatte? Vielleicht hatte niemand die Absicht, sie wieder zu bevölkern? Während der Jahre im Dschungel waren die Revolutionäre zunehmend spartanischer geworden. Sie standen unter dem Einfluss der örtlichen Minderheiten, die lebten, wie sie es seit tausenden Jahren getan hatten. Einfache Dorfkollektive, wo alle allen halfen. Sie hatten kein Geld und lebten als Selbstversorger. In den Augen der Roten Khmer kam das einer Form von primitivem Kommunismus gleich. Einer Art kambodschanischen Entsprechung zu Rousseau, der Teil ihrer französischen Grundschulausbildung war.

Gleichzeitig war für die Revolutionäre alles dem Kampf untergeordnet. Eine bescheidene und kontrollierte Lebensführung galt als Ideal und individuelle Freiheit als konterrevolutionär. Wörter wie »rein« und »echt« lassen sich überall in der Propaganda wiederfinden. Die Gedanken sollten von Egoismus und Schwäche gereinigt werden.

Es gibt keine offiziellen Dokumente, die einen ausschweifenden Lebensstil verbieten. Aber manche Geständnisse aus dem Geheimpolizeigefängnis S-21 können gewissermaßen gegenläufig gelesen werden – als eine Art Schattenseite des Ideals. 1977 gesteht beispielsweise ein Mann namens Suong, dass er ein Verräter sei, weil er an nichts anderes gedacht habe, als »Spaß zu haben, zu essen, Alkohol zu trinken und an die Körper von Frauen«.

Ein anderer, Thang Si, Mitglied des Zentralkomitees, gesteht, dass er die Parteiführung verachtete, da er selbst »sich gerne amüsierte, Partys, Alkohol und Frauen liebte«.

Ein weiterer, von dem es hieß, es würde ihm »an kommunistischer Moral mangeln«, war Sun. Er gestand, dass er sich mit dreihundert Frauen dem »moralischen Verfall« gewidmet habe. Sein Verbrechen bestand nicht nur in einem unkontrollierten sexuellen Appetit, sondern er gibt auch an, dass er die Frauen später erpresste. Ein sonnenklarer Fall wirtschaftlicher Sabotage.

Das Verhältnis zur Sexualität war nicht eindeutig. Erwartet wurde, dass Frauen und Männer getrennt lebten. Wenn sich trotz allem Liebe einstellte, konnte die Ehe von der Organisation genehmigt werden. Die Hochzeiten wurden kollektiv abgehalten und ohne großes Aufheben. Oft ging die Arbeit nach der Zeremonie wie gewohnt weiter. Gleichzeitig war die Bevölkerung aufgefordert, so viele Kinder wie möglich zu bekommen. Das Demokratische Kampuchea brauchte mehr Einwohner, um die Versprechen der Revolution einlösen zu können.

Die Kamera rollt und Phnom Penh zieht vorüber. Nun fahren wir den Norodom-Boulevard entlang. Leere Fenster über verschlossenen Türen.

Vielleicht ist alles, wie es sein soll. Eine Stadt mit minimaler Bevölkerung, die ihre Freizeit nicht in Bars, in Kinos oder mit unnützer Liebe vergeudete. Die von Sonnenaufgang bis Sonnenuntergang arbeitete und den Rest der Zeit Studien, politischen Seminaren, körperlichem Training und anderen erbaulichen Aktivitäten widmete.

123.
[Aus George Orwells 1984*]*

»Es war das zweite Mal innerhalb von drei Wochen, daß er einen Abend im Kommunalen Zentrum versäumte: eine Unbesonnenheit, denn man durfte sicher sein, daß die Anzahl der im Zentrum verbrachten Abende bei jedem einzelnen sorgfältig überprüft wurde. Im Prinzip hatte ein Parteimitglied keine Freizeit und war nur im Bett allein. Man erwartete von ihm, daß es sich, wenn es nicht gerade arbeitete, aß oder schlief, an irgendeiner Gemeinschaftsvergnügung beteiligte: irgend etwas zu tun, das auf einen Hang zur Einsamkeit schließen ließ, bereits alleine spazierenzugehen konnte schon gefährlich sein. In Neusprech gab es ein Wort dafür, es hieß: *Egosein* und bedeutete so viel wie Individualismus und Exzentrizität.«

124.

ES WAR DIE ORGANISATION, DIE EUER LEBEN RETTETE, NICHT GOTT UND NICHT DIE GEISTER!

125.

Im Oktober 1955 hielt der damals vierunddreißig Jahre alte König Sihanouk eine seiner seltsamsten Reden. Vielleicht war sie zu jener Zeit nicht so verwunderlich, im Nachhinein aber kann man darüber nur staunen.

Er warnte vor der kommunistischen Machtübernahme, die zwanzig Jahre später Wirklichkeit wurde:

»Keiner wird froh sein. Alle werden gezwungen werden, für die Regierung zu arbeiten. Keiner wird mit dem Auto fahren, eine Fahrradrikscha nehmen oder sich schön kleiden dürfen, alle werden in Schwarz gekleidet sein, genau gleich. Es wird kein gutes Essen geben. Wer mehr isst als erlaubt, dessen Kinder werden es der Regierung melden und derjenige wird abgeholt und dann erschossen werden.«

Zwangsarbeit. Abschaffung persönlicher Freiheit. Die schwarzen Uniformen. Nahrungsmangel. Alles hier.

Und die Kinder als Denunzianten.

Die Kinder waren ein wichtiger Teil der Revolution. Sie waren die Zukunft, weil sie von ausländischem Einfluss unberührt waren – kleine unbeschriebene Blätter, um den Vergleich Mao Zedongs zu verwenden.

Sie wurden methodisch indoktriniert, und wie Kindersoldaten überall auf der Welt waren sie leicht zu lenken. Der weit verbreitete Einsatz von Kindern ist eine der Erklärungen für die Disziplin unter dem Fußvolk der Roten Khmer.

In manchen Gebieten wurden die Familien geteilt. Kinder über sechs Jahre mussten getrennt vom Rest der Familien wohnen. Wenn sie bisweilen Besuchserlaubnis bei ihren Eltern erhielten, war das ein ambivalentes Erlebnis. Die Loyalität der Kinder war nicht länger gegeben. Die Eltern mussten sich vorsehen, was sie in Gegenwart ihrer Söhne und Töchter äußerten. Sie waren die kleinen Spione der Organisation im sonst schwer zu kontrollierenden Familienleben.

Die Kinder wurden sehr früh in den Produktionsapparat eingegliedert. Ein jugoslawischer Dokumentarfilm, der 1978 im Demokratischen Kampuchea gedreht wurde, führte zu einem internationalen Aufschrei der Empörung. Sequenzen aus den

Fabriken des Landes zeigten Zehnjährige, die auf Schemeln balancierten, um an die Maschinen langen zu können.

Die Kinderarbeit war eine Sache, die Jan Myrdal nach dem Besuch der schwedischen Delegation verteidigte. Er wies zum Vergleich auf das Korps der Schiffsjungen hin, das es einmal in Schweden gegeben hatte. Eine Art kombinierte Ausbildung und Praktikum für den Nachwuchs aus der Arbeiterklasse.

Dass Kinder arbeiten mussten, war für Kambodschaner weniger empörend als für die Menschen im Westen. Kambodscha war damals ebenso wie heute zu neunzig Prozent eine Agrargesellschaft, von Kleinbauern dominiert. Von den Kindern wird erwartet, dass sie bei der täglichen Arbeit mithelfen. Wer auf dem Land unterwegs ist, sieht folglich Kinder, die Wasser tragen, Kühe hüten oder Reis ernten. Der Schritt vom Acker in die Fabrikhalle ist im kambodschanischen Bewusstsein nicht besonders groß.

Wie überzeugt man vom Potential der Kinderarbeit war, zeigt zum Beispiel das *Institut für wissenschaftliche Ausbildung und Information*. Dort bildete man Kinder zu Zivilingenieuren aus. Die ersten sechs Monate waren der Mathematik und der Physik gewidmet. Dann folgten der Reihe nach sechs Monate Praxis, sechs Monate Arbeit in einem Kollektiv und sechs Monate Arbeit in der Fabrik. Danach hatten sie wieder eineinhalb Jahre Unterricht und arbeiteten ein weiteres Jahr in der Fabrik. Abgeschlossen wurde mit einer eineinhalbjährigen Studienphase.

Mit der richtigen revolutionären Einstellung schaffte man die gesamte Ausbildung in sechs Jahren. Jene Schüler, die ihr Studium als Siebenjährige begannen, würden also im Alter von dreizehn Jahren fertige Zivilingenieure sein.

Das gleiche Prinzip galt für den sogenannten Barfußarzt, den die Organisation ausbildete. Junge Frauen und Männer, Kinder oft, erhielten eine medizinische Schnellausbildung. Im Demokratischen Kampuchea herrschte großer Mangel an Arzneimitteln, und die kleinen Ärzte mussten sich auf traditionelle Heilkunst verlassen. Unter anderem auf die Milch der Kokosnuss, die zu einer Art Allheilmittel wurde. Sie wurde den Kranken sogar injiziert, mit verheerenden Resultaten.

126.

DEN TON FORMT MAN AM BESTEN, WENN ER WEICH IST!

127.

Der Kampf war nicht zu Ende. Er trat lediglich in eine neue Phase ein, als Phnom Penh fiel. Das Land war verödet und ganze Städte lagen in Trümmern. Große Anbaugebiete standen ungenutzt. Die Infrastruktur war zerstört. Die Situation war zugleich hoffnungslos und akut. Alles musste sofort in Angriff genommen werden – eine enorme Herausforderung für jede Gesellschaft.

Gleichzeitig sollte das Land der Zukunft errichtet werden. Ohne unmittelbare Vorbilder. Und es musste parallel zum Wiederaufbau geschehen.

Der Kampf hatte sich über Jahrzehnte erstreckt. Das Ziel war so lange in ferner Zukunft gewesen, dass der Kampf an sich zur Hauptsache wurde. Hürden und Herausforderungen wurden mit militärischer Terminologie bezeichnet. Daran änderte auch der Sieg nichts. Der revolutionäre Kampf war ein Dauerzustand. Der Krieg wurde bloß auf dem zivilen Schlachtfeld fortgeführt.

Die Beispiele auf Radio Phnom Penh sind zahlreich: »In derselben Weise, in der wir für die Vertreibung der französischen und japanischen Kolonialisten und, erst kürzlich, der amerikanischen Imperialisten kämpften, führen wir jetzt unseren Kampf weiter, um das Land mit demselben revolutionären Heldenmut aufzubauen und zu verteidigen.«

Die Menschen wurden aufgefordert, mit dem Pflug und gegen Überschwemmungen zu »kämpfen«. Sie sollten in Viehzucht und Produktentwicklung »Offensiven einleiten«. Aus Schwertern wurden keine Pflugscharen geschmiedet, sie wurden direkt in die Erde gehauen.

Mit der richtigen revolutionären Glut ließ sich alles zustande bringen. Das politische Bewusstsein des Einzelnen war für den Erfolg entscheidend. Alles hatte im Geist der Revolution zu geschehen.

Also »schlief« man nicht länger, man »ruhte«, das heißt, man machte eine vorübergehende Pause von der ständig stattfindenden Revolution. »Essen« wurde zum »Mittel zur Aufrechterhaltung des Kampfwillens«. Kleidung und Werkzeug wurden den Menschen »anvertraut«, die somit von der Organisation »unterstützt« waren. In größtmöglichem Ausmaß sollte die erste Person Singular »ich« durch »wir« ersetzt werden. Aus »Ich habe zu essen« wurde somit »Uns sind Mittel zur Aufrechterhaltung des Kampfwillens anvertraut worden«.

Margaret Thatcher soll den Ausverkauf von Gemeingut in Großbritannien damit begründet haben, dass derjenige, der seinen Wohnraum besitzt, auch konservativer wird.

Das ist das Spiegelargument der Kollektivierung.

Wenn privates Eigentum zu Egoismus führt, so führt es zu Klassenunterdrückung. Deshalb muss der Privatbesitz abgeschafft werden.

Aber genügt das? Muss nicht der öffentliche Besitz alles umfassen, wenn der Egoismus ausgelöscht werden soll?

Ein früherer Parteifunktionär versucht es mir zu erklären: »Mit der Unterdrückung allen privaten Eigentums, geistig wie materiell, wurde nach dem April 1975 begonnen. Davor redete man darüber nicht. Ab 1976 sprach man davon als einer Forderung, die erfüllt werden musste – aber für uns war das kein Problem. Wir dachten, dass es richtig sei, und wir hatten unsere Leben, unsere Existenzen bereits der Revolution geweiht.«

Wenn aller Besitz zu Egoismus und Unterdrückung führt, besteht dann nicht auch bei privaten Gedanken ein Risiko in diese Richtung? Das Ich wird zum letzten Außenposten des Kapitalismus. Wenn die Kollektivierung sinnvoll sein soll, muss sie also total sein. Warum soll das immaterielle Eigentum nicht kollektiv sein, wenn das materielle es ist?

Weiter: Wohin sollen die privaten Überlegungen führen?

Die Organisation rollt bereits auf dem richtigen Gleis. Wenn sich alle hinter die Parteilinie stellen, wird nichts schiefgehen. Das Infragestellen ist nicht nur nicht notwendig, es birgt das Risiko, den Kampf zu verzögern. Mehr noch, es ist offen konterrevolutionär.

Noch einmal Orwells *1984*. Noch einmal sind Winston Smiths Schritte auf dem Weg zur Arbeit im Ministerium für Wahrheit zu hören. Wenn es für Andersdenkende keine Wörter mehr gibt, ist dann der Aufstand möglich? Lässt sich das, was man gedanklich nicht einmal formulieren kann, dennoch durchführen?

Wir haben jetzt geruht, wir können plusgut die nächste Offensive Richtung Ernte einleiten.

Wir werden doppelplusgut.

Und der Kampf geht weiter.

128.

JEDER ARBEITSPLATZ IST JETZT EIN BRENNENDES SCHLACHTFELD!

129.

Der Mann: Khieu Samphan (sieht über die Menschen hinweg; Rückkehrer, aus Europa und den USA).

Der Ort: Das Khmer-Sowjetische Technische Institut. Ein Gebäude inspiriert von Le Corbusier. Codename K-15, an der Straße zwischen dem Zentrum Phnom Penhs und dem Flughafen.

Die Wörter: Ein Teil monatelanger Umschulung.

Er sieht über die Menschen hinweg und fragt:

»Wie bringt man eine kommunistische Revolution zustande?«

Er sieht über die Menschen hinweg, die schockiert davon sind, ihre alte Heimatstadt wiederzusehen, menschenleer, vom Krieg gezeichnet. Er antwortet:

»Zuerst muss man das Privateigentum zerstören. Aber Privateigentum gibt es sowohl auf materieller als auch auf immaterieller Ebene. Die Städte zu räumen war die richtige Strategie, um das private Eigentum zu zerstören. Aber immaterieller Besitz ist gefährlicher, er besteht aus all dem, das ihr als ›Eures‹ auffasst, alles, von dem ihr glaubt, dass es in Bezug auf euch selbst existiert – eure Eltern, eure Familie, eure Frau. Alles, von dem ihr sagt: ›Das ist Mein‹, ist immaterieller privater Besitz. In Begriffen wie ›Mein‹ und ›Dein‹ zu denken ist verboten. Wenn ihr sagt

›meine Frau‹, so ist das falsch. Ihr sollt sagen ›unsere Familie‹. Die kambodschanische Nation ist unsere große Familie. Deshalb seid ihr getrennt worden: Männer zu Männern, Frauen zu Frauen, Kinder zu Kindern. Ihr steht alle unter dem Schutz der Organisation. Jeder von uns, Mann, Frau und Kind, ist ein Teil der Nation. Wir sind alle Kinder der Organisation, Männer der Organisation, Frauen der Organisation.

Das Wissen, das ihr in euren Köpfen habt, eure Ideen, ist ebenfalls immaterielles Privateigentum. Um ein wahrer Revolutionär zu werden, müsst ihr eure Gehirne reinigen. Das Wissen stammt von Kolonialisten und Imperialisten und muss zerstört werden. Ihr aus dem Ausland heimgekehrte Intellektuelle bringt europäische Einflüsse mit, etwas, das wir die ›Fortsetzung des Kolonialismus‹ nennen können. Das Erste also, was ihr tun müsst, um an der kommunistischen Revolution teilzuhaben, ist, euch mit den gewöhnlichen Menschen in Kambodscha, den Bauern, auf ein Niveau zu stellen und euren Verstand zu reinigen.

Wenn wir allen materiellen und immateriellen Besitz zerstören können, werden die Menschen gleichberechtigt sein. In dem Moment, in dem Privatbesitz zugelassen ist, wird eine Person etwas mehr, eine andere etwas weniger haben, und sie sind nicht länger gleichberechtigt. Nichts zu haben – null für sie und null für dich –, das ist echte Gleichberechtigung. Wenn wir auch nur den geringsten privaten Besitz zulassen, dann sind wir nicht mehr einheitlich, und das ist kein Kommunismus.«

130.

FREIHEIT IST DIE ABWESENHEIT VON DISZIPLIN, DIE ABWESENHEIT VON MORAL!

131.

Khieu Samphan sieht über die Rückkehrer hinweg. Aber was sagt er? Was sind seine Worte?

In der Menge saß der damals dreißigjährige Long Visalo. Er hatte in Budapest in Kartographie promoviert. Später sollte er Botschafter in Kuba und stellvertretender Außenminister werden. Nicht in der Regierung Pol Pots, sondern in jener, die 1979 von den Vietnamesen eingesetzt wurde. Die, die Khieu Samphan aufs Neue in den Dschungel jagten.

Folglich erinnert sich jemand, der zu Khieu Samphans Gegner werden wird, an das, was in jenem heißen Saal des funktionalistischen Gebäudes gesagt wurde.

Zwischen der Rede und dem Zeitpunkt der Erinnerung sind über zwanzig Jahre vergangen.

Was ihm von der Rede im Gedächtnis blieb, berichtet er einem englischen Historiker, es ist also eine übersetzte Version. Der Engländer erzählt es dann mir. Ich übersetze es meinerseits.

Was bleibt dann übrig?

Von der Stimme?

Von der Botschaft?

Alles, nichts oder etwas?

Ja?

132.

[Radio Phnom Penh, 15. Mai 1975]

»Als unsere kämpfenden Brüder und Schwestern in der Revolutionsarmee, die Söhne und Töchter unserer Arbeiter und Bauern, Phnom Penh und die anderen Städte einnahmen, waren sie vom unbeschreiblichen Anblick langhaariger Männer und Jungen in bizarrer Kleidung, die es unmöglich machte, sie von Frauen zu unterscheiden, völlig sprachlos. Unsere traditionelle Eigenart, Sitten, Traditionen, Literatur, Kunst und Kultur waren durch den amerikanischen Imperialismus und dessen Heiducken zur Gänze zerstört. Vergnügungen, Tempo und Rhythmus der Musik und so weiter stützten sich auf imperialistische Muster. Die traditionellen, reinen und gesunden Charakterzüge und die Seele unseres Volkes waren vollkommen abwesend und verwaist, ersetzt durch imperialistische, pornographische, schamlose, pervertierte und fanatische Gebräuche.«

133.

»Ok Sakun ist tot.« Julio Jeldres ist sich seiner Sache sicher.

Julio Jeldres ist der offizielle Biograph König Sihanouks und hat von 1968 an die zentralen Vorkommnisse aus nächster Nähe erlebt.

Er leitet heute eine Menschenrechtsorganisation in Phnom Penh. Er fliegt zwischen seinen Büros und Aufträgen in Bangkok, Paris und Sydney hin und her.

Ok Sakun ist tot? Ist er ganz sicher?

»Ich kannte ihn. Er starb vor zwei Jahren in Paris an Krebs.«

Ich befinde mich am Ende des Wegs.

Ich frage nach Sok Rim. Der Name sagt ihm nichts.

134.

PHYSISCHE SCHÖNHEIT UNTERGRÄBT DEN KAMPFWILLEN!

135.

Zu Silvester 1977 brach das Demokratische Kampuchea die diplomatischen Beziehungen mit Vietnam ab. Eine gute Woche zuvor war Vietnam in die südlichen Landesteile einmarschiert. Die Offensive war als Strafexpedition gedacht, um die blutigen Überraschungsangriffe der Roten Khmer an der Grenze zu beenden. Die vietnamesischen Truppen zogen sich rasch zurück.

Bis dahin waren die Spannungen vor der Welt verheimlicht worden. Nach außen hatten sich die beiden Länder als vertraute Freunde präsentiert. Der offizielle Bruch war daher ein unwiderruflicher Schritt.

Die militärischen Kraftverhältnisse zwischen den Ländern waren eindeutig. Die gesammelten Streitkräfte Vietnams waren wahrscheinlich größer als die gesamte kambodschanische Bevölkerung. Die Vietnamesen besaßen massenhaft moderne Waffen, die von den USA zurückgelassen worden waren. Nach jahrzehntelangem Krieg war die vietnamesische Armee in ganz Südostasien die kampferfahrenste.

Pol Pot entschied sich für ein Spiel mit denkbar höchstem Einsatz. Historisch betrachtet hatten sich die kambodschanischen Zugeständnisse nicht bezahlt gemacht. Deshalb wählte er die entgegengesetzte Strategie. Indem er Vietnam offen die Stirn bot und mit Krieg drohte, hoffte er darauf, Unsicherheit bei den Führern in Hanoi zu erzeugen. Sollte der Konflikt sich verschärfen, rechnete er damit, dass das übermächtige China Partei für das Demokratische Kampuchea ergriff und die nötige militärische Unterstützung anbot.

In einer Rede sagte Pol Pot: »Der Großteil der Länder dieser Welt erwartet, dass wir Vietnam besiegen und ausradieren, da wir bereits die amerikanischen Imperialisten bezwungen haben.«

Pol Pot sah allerdings ein, dass sie kein leichter Kampf erwartete. Es wäre ein Krieg auf Leben und Tod. Eine der beiden Nationen würde vernichtet werden. Man benötigte jede erdenkliche Hilfe.

Die kompromisslose Isolierung der ersten Jahre hatte Vietnam einen internationalen Vorteil verschafft. Für das Demokratische Kampuchea ging es nun darum, eine Charmeoffensive in die Wege zu leiten. Anfragen, das Land zu besuchen, waren früher umstandslos abgewiesen worden. Nun hieß man in kurzer Zeit eine Reihe von Delegationen willkommen.

Anfangs wurden ausschließlich Besucher empfangen, die der kambodschanischen Revolution gegenüber als wohlwollend eingestellt betrachtet werden konnten.

Es fing nicht gut an.

Jene jugoslawischen Journalisten, die im Frühjahr 1978 das Land bereisen und einen Dokumentarfilm drehen durften, kamen von einem freundlich gesinnten Regime. Aber aus dem Film wurde nicht das, was sich die Roten Khmer erwartet hatten. Es war nicht nur die Kinderarbeit, die die Welt in Aufruhr versetzte. Der verzweifelte Blick der Bauern und die Bilder der leeren Städte im Zerfall riefen starke Reaktionen hervor.

Etwas später wurde der Film Parteifunktionären in Phnom Penh vorgeführt. Sie lebten isoliert in der Stadt, und alles, was sie über den Rest des Landes wussten, hatten sie von Radio Phnom Penh. Es zeigte sich, dass die Radiopropaganda schlecht zu dem passte, was sie nun zu sehen bekamen. Der Zustand auf dem Land war ein Schock. Die für die Filmvorführung Verantwortlichen wurden sofort von der Geheimpolizei verhaftet.

Im April 1978 traf eine Delegation der amerikanischen Kommunistischen Partei ein. Nach der Rückkehr schrieb Dan Burstein im marxistischen *The Call*: »Ich habe mit eigenen Augen eine Gesellschaft gesehen, die von den Menschen selbst regiert wurde, nicht wie früher von Feudalherren und ausländischen Interessen.«

Danach ging es in schneller Folge. Anfang Juli kam eine italienische Delegation, am Ende des Monats eine Gruppe aus Belgien. Am 29. Juli 1978 landeten Peter Bischoff und Svend Aage Madsen von der dänischen Kommunistischen Partei. Am 12. August wurden die vier Schweden in Empfang genommen.

Im Dezember 1978 unternahm man einen weiteren Schritt. Man lud eine Anzahl amerikanischer Journalisten ein. In einer ersten Runde Elizabeth Becker von der *Washington Post* und Richard Dudman vom *Saint Louis Post-Dispatch*. Im Januar 1979 würde Steve Heder von der *New York Times* dieselbe Reise antreten dürfen.

Die Durchführung nahm jedoch einige unerwartete Wendungen. Elizabeth Becker und Richard Dudman reisten in Begleitung von Malcolm Caldwell, einem schottischen Professor mit erklärten Linkssympathien. Am letzten Abend in Phnom Penh wurden sie von einem Tumult in jenem Haus wach, in dem sie einquartiert waren. Einem unbekannten Mann mit Pistole war es gelungen, in Malcolm Caldwells Zimmer einzudringen. Caldwell wurde mit drei Schüssen getötet. Der Mann mit der Pistole beging danach Selbstmord.

Offiziell gab das Regime vietnamesischen Agenten die Schuld daran. Dass jene ohne Hilfe über die Grenze kommen konnten, danach ins streng bewachte Phnom Penh, das richtige Haus finden, das richtige Zimmer und den richtigen Mann, ist nicht besonders wahrscheinlich. Inoffiziell suchte man die Hintermänner in den eigenen Reihen.

Der Mord war für das Regime überaus peinlich. Es war bereits als brutal und blutdürstig abgestempelt. Nun wurde auch noch ein offiziell eingeladener Gast ermordet.

Es ist darüber spekuliert worden, wer Pol Pots Ansehen zusätzlich beschädigen wollte. Manche meinen, dass sich Verteidigungsminister Son Sen gegen ihn verschwor. Andere behaupten, dass Pol Pot selbst, nach einem Disput mit Malcolm Caldwell, den Mord in Auftrag gegeben hatte. Pol Pot wiederum deutete später an, dass Richard Dudman CIA-Agent gewesen sei und dass er die Waffe gehalten habe.

Malcolm Caldwells Tod ist ein Rätsel geblieben.

Danach kam es nur noch zu einem weiteren Besuch im Demokratischen Kampuchea, eine kanadische Delegation. Vietnam hatte damals bereits seine Operation »Blitzkrieg – Blitzsieg« eingeleitet. Neun Tage, nachdem Pol Pot die Kanadier empfangen hatte, wurde Phnom Penh am 7. Januar 1979 eingenommen.

Die Roten Khmer setzten ihre neue Offenheit jedoch fort. Ausländische Besucher waren in den Guerillabasen im Dschungel willkommen. Das Demokratische Kampuchea behielt seinen Platz in der UNO, und die vietnamesische Invasion wurde verurteilt.

Im September 1979 war Jan Myrdal zurück bei seinen kambodschanischen Gastgebern.

136.

Die Delegation der amerikanischen Kommunistischen Partei, die das Demokratische Kampuchea im April 1978 für acht Tage besuchte, veröffentlichte später ein Fotobuch, *The New Face of Kampuchea*. Die Bilder erinnern an jene, die sich im Reisebericht der schwedischen Delegation finden, *Kampuchea zwischen zwei Kriegen*. Eines der Delegationsmitglieder, David Kline, schreibt in seiner Einleitung:

»Wir sahen ein Land, das etwas vollständig anderes war als das negative Bild, das in unzähligen Nachrichtenartikeln und Fernsehprogrammen wiedergegeben wird. [...] Ohne Zweifel ist Kampuchea das am meisten mit Schmutz beworfene Land der Welt. ›Völkermord‹, ›Sklavenarbeit‹, ›Hunger‹, ›Massenhinrichtungen‹ – das sind bloß einige der bevorzugten Bezeichnungen, die die westliche Presse verwendet, wenn sie das Leben in Kampuchea beschreiben soll.

Diese Anschuldigungen (stets hervorgestoßen von Personen, die die neue Gesellschaft nicht besucht haben) erinnern an die grenzenlose Verleumdung, die vor dreißig Jahren die Revolution in China traf. Die Führer Kampucheas aber werden sogar beschuldigt, ihr eigenes Volk Taten ausgesetzt zu haben, die nie zuvor in der Menschheitsgeschichte zu sehen waren!

Ein sprechendes Beispiel: Der Fernsehsender CBS berichtete als eine *Tatsache*, dass in Kampuchea eine ›Paarungssaison‹ eingeführt wurde. Wie mitgeteilt wurde, werden all jene hingerichtet, die ›flirten‹, wenn keine ›Paarungssaison‹ ist.

Welche Grundlage hat CBS für eine solch ungeheure Behauptung? CBS gibt an, dass ›ein Flüchtling das einem Kongressabgeordneten aus Illinois‹ erzählt hat und daraufhin hat dieser Kongressabgeordnete es CBS erzählt!

Wenn ein Journalist in anderem Zusammenhang seine Berichterstattung auf solche Aussagen gestützt hätte, wäre er von der Redaktion ausgelacht worden – und zu Recht. Geht es aber um die kambodschanischen Horrorgeschichten, so muss die übliche journalistische Faktenprüfung dem antikampucheanischen Propagandakrieg weichen.«

137.
[Wie ein Flimmer weiß]

Er ist nicht fettleibig, aber entschieden dicker. Ich vergleiche Bilder von Guerillaführer Saloth Sar mit denen von Ministerpräsident Pol Pot. Dasselbe bei den anderen in der Führungsschicht. Sie haben zugelegt. So verwunderlich ist das nicht. Ihnen mangelte es nicht an Essen, im Unterschied zum Großteil der Bevölkerung, der von Reissuppe lebte.

Im Gegenteil.

Es sind Aussagen bezeugt, wonach Außenminister Ieng Sary keine Gelegenheit ausließ, sich bei Auslandsbesuchen im Duty-free-Sortiment zu versorgen. Gänseleber, Whisky und Schweizer Käse.

Prinz Sihanouk erzählt in seinen Memoiren, dass er in seinem Hausarrest mit japanischem Gebäck, australischer Butter, Baguette und Enteneiern versorgt wurde. Ein Mal allerdings, so ergänzt er, als er flambierte Crêpes zubereiten wollte, stellte sich heraus, dass der Kaviar zu Ende gegangen war.

138.
[Paris, Cité Universitaire 1971]

Sie heiraten, ein halbes Jahr nachdem sie sich kennengelernt haben. Marita Wikander und ihr kambodschanischer Freund Someth. Sie ist achtundzwanzig Jahre alt, er einige Jahre jünger. Sie haben einander beim organisierten Kampf gegen den Krieg der USA in Vietnam getroffen.

Zwei Revolutionäre. Er seit fünf Jahren Teil der linksradikalen Gruppe kambodschanischer Studenten in Paris. Sie 1968

Mitglied der Hausbesetzung eines Studentenverbindungsgebäudes in Stockholm.

Eine Woche nach der Hochzeit reist er mit einem neuen Stipendium ab, um in Nordkorea Agrarwissenschaften zu studieren. Marita Wikander bleibt zurück, weil sie keine Einreisebewilligung erhält.

Er ist zwei Jahre weg. Als er an der Botschaft in Ostberlin postiert wird, sind sie wieder vereint. Ein Sohn wird geboren, Phnom Penh fällt und der Junge bekommt einen zweiten Vornamen. Sereika, Befreiung.

Zwei Jahre in Ostberlin. Der Botschafter, Prinz Sisowath Methavi, wird bereits ein halbes Jahr nach der Revolution zurückbeordert. Danach aber scheint es für die Botschaft keine weiteren Pläne gegeben zu haben. Sie bleibt einfach über, wie vergessen. Somrey publiziert Informationsbroschüren über das Demokratische Kampuchea, wofür er allerdings, wie es aussieht, kein eigenes Material hat. Er ändert bloß die offiziellen Berichte aus Phnom Penh, macht sie westeuropäischer, gefälliger.

Die Welt, die sie umgibt. Alles in Bewegung. Auf der anderen Seite der Mauer ist der Prozess gegen die Rote-Armee-Fraktion im Gang. Die USA haben Indochina verlassen. Im Juni 1975 ruft Mosambik seine Unabhängigkeit aus. Angola, Surinam und Osttimor im November. Im selben Monat zieht sich Spanien aus der Westsahara zurück und der spanische Diktator Francisco Franco stirbt. Im Januar folgt ihm Chinas populärer Ministerpräsident Zhou Enlai. Und auch der Vorsitzende Mao Zedong stirbt ein halbes Jahr später.

Muss es nicht frustrierend gewesen sein, das alles vom starren Ostberlin aus mitanzusehen? Teilzuhaben, sich aber an der Peripherie der Umwälzungen zu befinden?

Im Mai 1977 wird die Botschaft geschlossen. Gunnar Bergström fährt nach Ostberlin, um mitzuhelfen. Als er dort ankommt, ist das Einpacken in vollem Gang. Was nicht mitgenommen werden kann, wird verbrannt.

Danach: Marita Wikander kehrt mit dem kleinen Sohn nach Schweden zurück. Someth reist via Peking nach Phnom Penh und man wird nie mehr von ihm hören.

139.

Scheinwerfer von Autos und Mopeds. Fahrradrikschas als große dunkle Schatten. Die Verkehrsvorschriften in Phnom Penh sind nach den Roten Khmer nicht wieder eingeführt worden. Ich schlängle mich durch den Abendverkehr. Rechtsverkehr ist meist als Empfehlung zu verstehen – man fährt auf jener Seite der Straße, die sich für den Moment am besten eignet. Eine einigermaßen funktionierende Anarchie.

Straßenbeleuchtung gibt es keine, und über den niedrigen Hausdächern sieht man die Sterne. Die Nacht ist lau, und überall scheinen Menschen in Bewegung.

Ich halte an einem einfachen Internetcafé. Die Computer sind alt, und die Seiten laden sehr langsam. Die Deckenventilatoren kreisen, und ich schreibe einen Brief an Hedda Ekerwald.

Es ist eine Todesnachricht.

Ich zögere zwischen den Worten. Ok Sakun ist tot. Das darf als bestätigt betrachtet werden. Jener der Revolutionäre, mit dem sie sich über die Jahre angefreundet hat. Sie hat einen Freund verloren. Und ich meinen wichtigsten Zeugen.

Von meinen drei Namen bleiben zwei übrig: Suong Sikoeun und Sok Rim.

140.

GENOSSEN, EURE FRÜHEREN FEHLER SIND FÜR DIE ORGANISATION KAUM VON BEDEUTUNG, SOLANGE IHR DAS NETZWERK DES FEINDES ENTHÜLLT!

141.

Monsieur Sem bietet eine Zigarette an. Ich lehne dankend ab, und er stellt fest, dass die Zeiten heute andere sind.

Jeder von uns sitzt auf einem Hocker am Gehsteig beim Taxistand hinter dem Domkormarkt in Phnom Penh. Vor uns liegt das alte und jetzt geschlossene Monorom-Kino in stark verfallenem Zustand. Ich warte darauf, dass mein Taxichauffeur fünf Personen für den Rücksitz zusammenbekommt. Für den Beifahrersitz habe zur Gänze ich bezahlt. Eigentlich sind das zwei Plätze. Als wir dann fahren, teilt der Chauffeur den Fahrersitz mit einem anderen Mann. Drei Stunden holpernde Fahrt erwarten uns.

Monsieur Sem ist eine jener flüchtigen Begegnungen, die man im Nachhinein leicht als exotisch betrachten kann. Er sieht schlecht, ist als früherer Bediensteter des Finanzministeriums pensioniert. Die Rente reicht keineswegs, und so fährt er nun Taxi, zwischen Phnom Penh und der alten Heimatstadt Kampot. Er spricht ein untadeliges Französisch, wenn auch mit einem leichten kambodschanischen Akzent. Als ich seine Sprachkenntnisse lobe, lacht er heiser zwischen zwei Zügen an der Zigarette: »Sie belieben zu scherzen, Monsieur, ich habe es zuletzt vor vierzig Jahren verwendet.«

1975 war er Staatsbediensteter in Phnom Penh. Im Zuge der

Räumung machte er sich in Richtung Nordwesten auf, nach Phnom Kravan bei Pursat statt nach Kampot. »Ich behauptete, dass ich Fabrikarbeiter sei. In Kampot wusste man ja, wer ich war. Dort hätte man mich entlarvt.«

Die große Überraschung kam jedoch nach 1979, als er das erste Bild von Pol Pot sah.

»Pol Pot war Saloth Sar. Verstehen Sie, als ich in Phnom Penh meine Ausbildung machte, nahm ich während der Ferien an Zusatzkursen teil. Sie wurden an einer Privatschule abgehalten, Chamraon Vichea. Ich schrieb mich für Mathematik und Französisch ein. Er war mein Französischlehrer, Saloth Sar. Nett, aber … bestimmt.«

Er lacht erneut auf und nimmt einen Kugelschreiber aus der Brusttasche. »Schauen Sie«, sagt er und schreibt »Pol« und »Pot« auf die Handfläche. Danach ergänzt er, bis da schließlich steht »Politique« und »Potente«.

Er blinzelt lächelnd: »Nun, Sie sehen ja selbst, Monsieur.«

142.

Die Revolution löschte nicht nur Privateigentum, Religion und alte Klassenunterschiede aus. Sie schaffte auch den Zufall ab.

Nichts geschah mehr ohne Grund.

Was immer den Kampf negativ beeinflusste, führte man auf Konspiration zurück. Das konnte ein kaputter Pflug sein, ein Sack Reis, der platzte, eine verlorengegangene Hacke. Die Vermutung war konterrevolutionäre Sabotage. Die Folge oft der Tod.

Die gesichtslose konterrevolutionäre Konspiration war beinahe ebenso omnipotent und allgegenwärtig wie die Organisation. Die beiden führten einen schonungslosen Kampf. Alle mussten auf der Hut sein. In dem Augenblick, in dem die Revolution nachließe, wäre sie verloren.

Son Sen, Verteidigungsminister und verantwortlich für die innere Sicherheit, kam bei Parteitreffen wiederholte Male darauf zurück, dass auch triviale Begebenheiten eigentlich zielgerichtete Nadelstiche gegen die Revolution seien. Der hagere Brillenträger und ehemalige Lehrer nannte Beispiele: Kleindiebstähle, nächtliches Klopfen an Haustüren, dass jemand Kot auf einem Fußpfad hinterließ.

All das war Agentenwerk. Wer seine Analyse in Frage stellte, machte sich verdächtig.

Die Schlussfolgerung war die äußerste Konsequenz einer Wirklichkeitsauffassung, die in der liberalen westlichen Welt des 21. Jahrhunderts fremd wirkt. Die Fassade war zwar Kommunismus, aber Son Sen und seine Parteigenossen näherten sich Marx und Lenin zum Teil aus anderer Richtung. (Oder Max-Lenin, wie in einigen Dokumenten steht.) Dem einheimischen Ideenerbe, dem Nationalismus und Impulsen aus China kam entscheidende Bedeutung für die kambodschanische Ausformung des Kommunismus zu.

Wie beispielsweise Josef Stalin war auch Pol Pot davon überzeugt, dass die Geschichte sich mit ihr innewohnender Kraft in eine vorausbestimmte Richtung bewegte. Die Theorien des Marxismus-Leninismus wurden als Wissenschaft, als Naturgesetz angesehen. Die Revolution war deshalb nicht nur notwendig, sondern unvermeidlich. Einer von Pol Pots Lieblingssprüchen war folglich, dass all jenen, die Arm oder Bein in das Rad der Geschichte hielten, dieses abgetrennt würde.

Das Rad rollte und er wusste, wohin, trotz aller Anzeichen, die gegen eine revolutionäre Entwicklung sprachen. Nicht einmal, als man ihn zu Beginn der Sechzigerjahre in den Dschungel jagte, die kambodschanischen Kommunisten von vietnamesischer Hilfe vollständig abhängig waren und ihre Schar zudem peinlich überschaubar blieb, scheinen sie gezweifelt zu haben. Nur wenige liefen über. Der Kampf ging weiter.

Und obwohl so gut wie alle eine Revolution in Kambodscha ausgeschlossen hatten, wurde sie durchgeführt.

Pol Pot bekam recht, gegen alle Analytiker und Experten. Nur er hatte es verstanden, die Entwicklung korrekt zu lesen.

Das war der äußerste Beweis, dass seine Geschichtsauffassung richtig war. Er verfügte über das Fazit der Geschichte. Und warum sollte er, da er recht hatte, wo alle anderen falsch lagen, sich in anderen Fragen irren? Die marxistisch-leninistische Wissenschaft nahm beinahe religiöse Dimensionen an.

Entgegen allen Erwartungen hatten die Roten Khmer gesiegt. Damit waren auch die äußeren Bedingungen der Revolution untergeordnet. Sie würde alles überwinden.

Als dann die Reisernten geringer ausfielen als geplant, als der enorme Schritt in die moderne Welt über ein Stolpern nicht hinauskam, lag das nicht an Fehlern bei der Planung. Die Revolution war unfehlbar. Dass die Berechnungen auf zehn Jahre alten Zahlen aufbauten, dass sie sehr wenig Rücksicht darauf nahmen, dass danach Bomben und Krieg das Land verwüstet hatten, spielte keine Rolle.

Und genau hier fügen sich Son Sens Kothaufen ein.

Die Probleme müssen Feindeswerk sein. Konspiration. »Untergrabung im Inneren«. Innerhalb der Partei und auch in jedem Individuum.

Die Menschen müssen bei sich selbst nachforschen und den Kampf verstärken. Die Verantwortlichen werden dann entlarvt und beseitigt.

143.

DEINE LIEBE FÜR DIE ORGANISATION MUSS GRENZENLOS SEIN!

144.

[Aus den Memoiren von Prinz Sihanouk,
Prisonnier des Khmers Rouges*]*

»[Chinas Ministerpräsident Zhou Enlai] ermahnte die Anführer der Roten Khmer: ›Wiederholt nicht, was wir mit dem Großen Sprung falsch gemacht haben. Geht langsam ans Werk. Das ist am besten geeignet, Kampuchea und sein Volk zu Wachstum, Wohlstand und Glück zu führen.‹ Als Antwort auf diesen vorzüglichen und berührenden, beinahe väterlichen Rat lächelten Khieu Samphan und Ieng Thirith ungläubig und überheblich. [...] Kurz nachdem wir nach Phnom Penh zurückgekehrt waren, sagten Khieu Samphan und Son Sen mir gegenüber, dass Kampuchea der Welt zeigen würde, dass ehrlicher Kommunismus in einem einzigen Sprung erreicht werden könne. Zweifellos war das ihre Antwort auf Zhou Enlais Rat. ›Der Platz unserer Nation in der Geschichte ist gesichert. Wir werden das erste Land sein, das eine vollständig kommunistische Gesellschaft verwirklicht, ohne durch schrittweises Vorgehen Zeit zu verschwenden.‹«

145.

Dass Isoup Ganthy auf dem Sergels Torg sprach, nachdem wir die Kissinger-Parolen gerufen hatten, weiß ich nicht mehr. Die Erinnerung endet davor.

Isoup Ganthy arbeitete bei der kambodschanischen Gesandtschaft in Stockholm. Er war mit einer Prinzessin verheiratet, und es umgab ihn das Gerücht, ein Playboy zu sein. Als Achtzehnjähriger lernte er den um sieben Jahre älteren Prinzen Sihanouk kennen. Beide waren begeisterte Reiter und schlossen Freundschaft.

Achtundzwanzig Jahre später, am Abend des 17. April, sprach er am Sergels Torg in seiner Eigenschaft als schwedischer Pressesprecher der Exilregierung. Ich erinnere mich nicht daran, ihn gehört zu haben. Ich war zweieinhalb und es ist gut möglich, dass ich vorher eingeschlafen bin.

Er sagte, dass er die Unterstützung des schwedischen Volkes während des gesamten Kampfes gefühlt habe. Im Namen Prinz Sihanouks und des befreiten Kambodschas dankte er Schweden.

Die 1500 auf dem Platz Anwesenden jubelten.

Ich kann mich nicht an seine Stimme erinnern. Aber neunundzwanzig Jahre später begegne ich ihr. 146 handgeschriebene französische Seiten. Einfache, unlinierte Blätter. Die Überschrift lautet »Bekenntnisse des Spions Isoup Ganthy«. Die Handschrift ist durchgängig elegant, obwohl die 146 Seiten in einem Zeitraum von beinahe zwei Wochen entstanden sind. In S-21, Santebal-21 oder »die besondere Abteilung« von Santesok, wie die Geheimpolizei genannt wurde, waren zwei Wochen eine sehr lange Zeit.

Die FNL-Bewegung sammelte 1974 Geld für die kambodschanische Revolution. An Isoup Ganthy wurden zweimal je 25 000 Kronen übergeben. 2005 entspricht das einer Viertelmillion Kronen. Danach war Schluss. Das Demokratische Kampuchea »vertraute auf die eigenen Kräfte« und akzeptierte keine Wohltätigkeit.

Doch bevor es so weit war, kontaktierte der in Paris postierte Ok Sakun die Schweden. Sie wurden freundlich gebeten, eine Sammelaktion zugunsten der Revolution zu starten.

Gunnar Bergström erinnert sich, wie verwundert er darüber war. »Wir hatten ja bereits eine ziemlich große Summe überreicht.«

Davon wusste die französische Gesandtschaft allerdings nichts. Sie gab zu verstehen, dass das Geld wahrscheinlich nicht weiter als bis in Isoup Ganthys eigene Brieftasche gelangt sei. Gunnar Bergström möge doch eventuelle künftige Beiträge direkt nach Paris schicken.

Im Dezember 1975 wurde Isoup Ganthy nach Phnom Penh beordert, aus Anlass einer »jährlichen Diplomatenkonferenz«. Von ihm und anderen der nach Hause berufenen Diplomaten sollte man nie wieder hören.

Die schwedischen Gelder finden auf den 146 Seiten mehrfach Erwähnung. Erst beharrt Isoup Ganthy darauf, dass das Außenministerium vorschriftsgemäß darüber informiert wurde. So steht es jedenfalls zu Beginn.

Nachdem Isoup Ganthy nach Phnom Penh zurückgekehrt war, schickte man ihn und die anderen Diplomaten zum Gemüseanbau nach Phum Tong.

Verhaftet wurde er am 9. September 1976. Hier beginnen die »Bekenntnisse«.

Die 146 Seiten entstanden zwischen dem 23. September und dem 4. Oktober. Niedergeschrieben sind sie in schöner Handschrift. Mit der Signatur des Verhörleiters auf der letzten Seite.

Isoup Ganthy schreibt die Geschichte seines Lebens. Er schreibt auch über andere aus seinem Umfeld. Über seine Frau und die sechs Kinder. Er nennt die Namen möglicher Verräter. Einer davon ist Ok Sakun.

Er schreibt über seine Zeit in Albanien. Danach über Stockholm. Er schreibt über die Zeitung *Aftonbladet* und Johan Takman, den Reichstagsabgeordneten für die kommunistische

Linkspartei VPK. Über glamouröse Empfänge zum Jahrestag der Russischen Revolution. Er schreibt von geheimen Mittagessen mit KGB-Agenten im Hotel Reisen.

Die Santesok verhörte die Gefangenen entweder mit »kalten« oder mit »heißen« Methoden. Die kalten erinnerten an ein gewöhnliches Polizeiverhör, dessen Ausgangspunkt aber ein politischer war.

Die »heißen« waren Folter.

Beide kamen bei so gut wie allen Gefangenen zur Anwendung.

Und dann gab es eine Spezialeinheit, der die Widerspenstigen übergeben wurden. »Die Gruppe, die an Gefangenen kaut wie der Hund am Knochen« wurde sie genannt.

Die Aufzeichnungen anzufassen ist beinahe unangenehm, wenn ich mir vorstelle, wie sie zustande kamen. An einem Schreibtisch in einem der heruntergekommenen und nachhallenden leeren Schulsäle in Tuol Sleng, wie S-21 heute genannt wird. Es lässt sich nicht ausmachen, ob Isoup Ganthy gefoltert wurde, bevor er den Stift in die Hand nahm. Oder in den Zeiten zwischen den Aufzeichnungen. Aber ich weiß, dass die Essensrationen so gut wie verschwunden waren. Die Gefangenen sahen bald aus wie in langen Reihen aneinandergekettete Skelette.

Der Ton ändert sich dramatisch zwischen dem ersten sogenannten Bekenntnis Isoup Ganthys am 23. September und dem letzten am 4. Oktober. Etwa ein Resultat »heißer« Methoden?

Am Anfang berichtet er elegant von seinen Treffen mit Diplomaten und Politikern. Von seinen Reisen um die Welt und einem Gespräch mit Olof Palme. Kontakt mit seinem alten Freund Prinz Sihanouk hat er häufig.

Von Verhör zu Verhör wird er gezwungen, seinen Bericht zu

wiederholen. Die jeweiligen Ereignisse bekommen eine andere Betonung. Beinahe sind die Verhörleiter zu vernehmen. *Was meinst du damit, du verdammte Hure? Erklär das genauer! Ich habe dir doch gesagt, dass du das deutlicher machen sollst, verfluchter Verräter! Halt jetzt das Maul mit deinem Scheißgejammer und fang noch einmal von vorn an. Und wenn du noch einmal lügst, dann …!*

Auf den letzten Seiten macht er mehrere Fehler. Man zwingt ihn zu Streichungen, lässt ihn Sätze neu beginnen und fehlende Wörter einfügen.

Aber auch der Inhalt ist jetzt ein anderer. Er bekennt sich konterrevolutionärer Umtriebe für schuldig. Dass er Prinz Sihanouk hintergangen und sich an sowjetische und amerikanische Interessen gleichermaßen verkauft habe.

Er schreibt, während das kambodschanische Volk gehungert und gegen die Imperialisten gekämpft habe, »[…] habe [ich] das Geld des Volkes, sein Blut, dazu verwendet, mit meiner Familie ins Ausland zu reisen, am Adriatischen Meer Urlaub zu machen, in einem Luxuswagen, der mit dem Benzin des Volkes betrieben wurde«.

»Das Geld des Volkes« ging für »edle Weine«, »ein TV-Gerät« und »Bedienstete« drauf. Bezieht er sich auf die Sammelaktion der FNL-Bewegung?

Seine Bekenntnisse werden immer unwahrscheinlicher.

Ich habe die Folterwerkzeuge von S-21 gesehen. Verdrillte Stromkabel, schwere Schlagstöcke, Zangen.

Im Archiv gibt es Bilder von zu Tode gefolterten Gefangenen, die ich lieber nie gefunden hätte.

Isoup Ganthy wurde am 6. Dezember 1976 hingerichtet, eineinhalb Jahre nachdem er sich beim schwedischen Volk am Sergels Torg bedankt hatte. Sobald davon auszugehen war, dass der

Gefangene keine entscheidenden Informationen mehr zurückhielt, erfolgte rasch dessen Hinrichtung.

Die letzte Notiz stammt vom 4. Oktober. Was in den zwei Monaten danach geschah, ist nicht mehr dokumentiert. Alles weist auf noch mehr Folter hin, weitere Bekenntnisse und weitere Denunzierungen.

146.

DICH ZU HALTEN IST KEIN VERDIENST!
DICH ZU VERLIEREN IST KEIN VERLUST!

147.

Vann Nath sitzt vor seinem Atelier. Gebaut auf dem Flachdach des zweistöckigen Hauses, in dem er mit seiner Familie wohnt. Im Erdgeschoss die klappernden Geräusche eines Restaurants.

Er ist einer der sieben Überlebenden von S-21. Seine Haare sind heute weiß und er spricht nachdenklich, mit leiser Stimme.

Ursprünglich stammt er aus Battambang, wo er als Künstler arbeitete. Und dieses Talent im Umgang mit dem Pinsel rettete ihn.

Auf der Liste jener Personen, die gemeinsam mit ihm in S-21 eingetroffen sind, findet sich ein kleines Zeichen. Ein roter Strich bei seinem Namen. Damit wurde seine Hinrichtung ausgesetzt, solange er das malte, was Kommandant Duch sehen wollte. Vor allem Fotografien nachempfundene Porträts von Pol Pot.

Vann Nath berichtet vom ersten Verhör, dem er unterzogen wurde:

»›Was ist der Grund deiner Verhaftung?‹, fragte der Verhörleiter.

Ich sagte, dass ich es nicht wisse.

›Die Organisation ist nicht dumm‹, sagte er. ›Sie verhaftet niemals Unschuldige. Sieh mal, denk nach – was hast du getan?‹

›Ich weiß es nicht‹, sagte ich erneut.«

Daraufhin wurde Vann Nath mit Elektroschocks gefoltert, bis er das Bewusstsein verlor.

148.

Das Schulgebäude sieht aus wie alle anderen in Kambodscha auch. Bäume beschatten den Schulhof, die Sonne sticht und alles ist sehr still. Friedvoll.

Der Name der Schule, Tuol Sleng, ist heute gleichbedeutend mit Folter und Tod. Er wird in einem Atemzug mit Auschwitz und Gulag genannt.

Zur Zeit der Roten Khmer hieß die Schule einfach S-21. Sehr wenige wussten von deren Existenz. Letztverantwortlich waren Verteidigungsminister Son Sen und der stellvertretende Ministerpräsident Nuon Chea. Hierher hat man schätzungsweise 14 000 Menschen gebracht. Sie wurden gefoltert und verhört, um dann hingerichtet zu werden.

Und doch war es keine einzigartige Einrichtung. Auf dem Land gab es eine große Zahl an Gefängnissen, in denen die für die Revolution weniger bedeutenden Gegner gefoltert und ermordet wurden. Nur die wichtigen Gefangenen überstellte man nach S-21. Beispielsweise Informationsminister Hu Nim. Oder dessen Freund aus der Kindheit, Koy Thoun, Parteisekretär der Nordzone.

Die Parteiführung leugnete nicht nur die Existenz von S-21, sondern grundsätzlich das Vorhandensein von Gefängnissen im Demokratischen Kampuchea. Es bestehe daran kein Bedarf mehr, wurde mitgeteilt. Mit Beginn der Revolution hatten alle Verbrechen aufgehört.

Seit 1979 ist S-21 ein Museum.

Die Museumsleitung sitzt heute im selben Zimmer wie damals Duch und die anderen für S-21 Verantwortlichen. Das Haus gegenüber war ein Verhörraum, in dem die Gefangenen gefoltert wurden. Jetzt ist es eine Jugendherberge mit einem beliebten Restaurant. Die Schulsäle, vor gut fünfundzwanzig Jahren voller sterbender Häftlinge, stehen nun leer.

Im Klassenzimmer, das als Museum verwendet wird, gibt es vergrößerte Bilder derer, die man verhaftet hatte. Die Bilder sehen aus wie Passfotos und begleiten die Personenakten als eine Art Identitätsausweis. Tausende davon hängen entlang der Wände, eine Reihe nach der anderen. Alle starren in die Kamera und halten den Blick des Betrachters fest. Anklagend, traurig, voller Angst. Kinder, junge Frauen und Männer, Alte. Zum Großteil Khmer, eine Handvoll Vietnamesen und einige aus dem Westen.

Ein junger Kambodschaner trägt den Zettel mit seiner Gefangenennummer auf dem bloßen Brustkorb. Nummer 17, an jenem Tag. Ich beuge mich weiter vor. Er ist mit einer Sicherheitsnadel durch die Haut fixiert.

Sie alle halten den Blick des Betrachters fest, und an diesem Punkt gibt es keine Worte mehr. Es sind so viele, und sie sind so unterschiedlich. So lebendig all jene, die wissen, dass sie bald sterben werden.

In einer der Fotoreihen finde ich Marita Wikanders Mann, Someth. Die Arme auf den Rücken gebunden fixiert er wütend die Kamera.

Das System setzte auf Denunzierung. Wenn drei Personen denselben Namen nannten, reichte das aus, um den Betreffenden zu verhaften. Mit Folter war es nicht schwer, Listen von Konterrevolutionären herauszubekommen. Die Gefolterten gaben alle aus ihrem Bekanntenkreis an. Da die Zahl der Angegebenen bald nicht mehr bewältigt werden konnte, sah sich die Geheimpolizei gezwungen, ihre Haftkriterien von drei auf fünf denunziatorische Nennungen zu ändern.

Dass jemand wie Someth verhaftet wurde, ist nicht verwunderlich. Er hatte im Ausland studiert und gearbeitet und damit laut Geheimpolizei zahllose Möglichkeiten, sich an Geheimdienste oder andere Feinde zu verkaufen. Die Gruppe der Auslandsstudenten war nicht besonders groß. Jeder kannte jeden. Unter Folter denunzierte einer den anderen und dieselben Namen fanden sich wieder und wieder auf den Listen.

Eine Fotografie bleibt in der Erinnerung haften. Ich kann sie jederzeit abrufen. Es handelt sich um das Bild eines kleinen Jungen. Er ist kaum älter als fünf Jahre. Ein kleiner Volksfeind.

Der Junge hat große Ähnlichkeit mit meinem kleinen Bruder als Kind. Er bringt mich um meinen letzten unbewussten Schutz. Die unbewusste Aufteilung in wir und sie.

Ich setze mich auf die Treppe eines der Gebäude und heule.

149.

[Regeln, auf eine schwarze Tafel in einem der Klassenzimmer von Tuol Sleng geschrieben, das als Gefangenenzelle verwendet wurde]

1. Antworte gemäß den Fragen. Weiche ihnen nicht aus.
2. Versuche nicht, dich hinter Ausflüchten zu verstecken. Es ist dir strengstens untersagt, Zweifel zu äußern.

3. Spiele nicht den Dummen – du hast versucht, die Revolution zu sabotieren.
4. Du musst auf die Fragen sofort antworten, ohne Zeit mit Nachdenken zu verlieren.
5. Rede nicht über deinen unmoralischen Lebenswandel oder darüber, was du für das Wesen der Revolution hältst.
6. Wenn du Peitschenschläge oder Elektroschocks bekommst, darfst du nicht schreien.
7. Tu nichts, verhalte dich ruhig und warte auf Befehle. Erhältst du keinen Befehl, sei still. Wenn du aufgefordert wirst, etwas zu tun, mach es sofort und ohne Protest.
8. Versuche nicht, deinen Verrat mit Ausflüchten über Kampuchea Krom* schönzureden.
9. Je weniger du dich an die oben stehenden Regeln hältst, desto mehr Schläge mit dem Elektrokabel bekommst du.
10. Wenn du einer der Regeln zuwiderhandelst, erhältst du zehn Peitschenhiebe oder fünf Elektroschocks.

150.

In der Mitte ein mehrere Meter langes Armierungseisen. Der Boden schachbrettartig, matte Fliesen in Perlweiß und Honiggelb. Die Fensterläden geschlossen gleichsam Nacht. Jeder Gefangene muss sich setzen, die Beine nach vorne gestreckt. Die Gefängniswärter holen schwere Eisenhaken hervor, Ösen an beiden Enden. Die Fußknöchel der Gefangenen werden in

* Kambodschanischer Name für den vietnamesischen Teil des Mekongdeltas. Gehörte früher zu Kambodscha und wird bis heute von einer großen kambodschanischen Minderheit besiedelt. Gefangene, deren Dialekt eine Herkunft aus dieser Gegend verriet, wurden für vietnamesische Agenten gehalten.

je einen Eisenhaken geklemmt, danach das Armierungseisen durch die Ösen hinter den Fersen gezogen.

Einer nach dem anderen wird eingezogen. Sitzend, mit den Beinen voran, aufgefädelt. Ist das Armierungseisen durch die letzten Ösen geführt, wird es mit einem Vorhängeschloss im Boden verankert. Nun sitzen alle fest. Um denjenigen loszumachen, der ganz innen sitzt, müssen alle anderen ausgefädelt werden.

Gespräche verboten. Laut Regeln die Gefangenen Erlaubnis auch nur Stellung zu wechseln. Das kaum Praxis. Maßregelung der Wärter Verstoß. werden oft geschlagen, mit Stock Elektrokabel.

Sie liegen , Tag aus Nacht ein. Stechmücken –, an den Gelenken eitern. sind als ausreichend. hungern, und . Mit nter ausgefädelt, die Wärter einen Ver ör können. ruhig , der Grillen Gecko Ruf, die Schreie gefol ert werden. zurück, gebrochene Augen. nicht ?

W , L a u b e n g a n g . eht . , , .
; .

151.

Im Demokratischen Kampuchea wurde niemand hingerichtet.

Man wurde »gebrochen«.

Wie aller konterrevolutionäre Widerstand.

Während die Säuberungen mit der ihnen eigenen Kraft weitergingen, holte die Organisation immer weitere zur »Umschulung« ab. Oder zur »Beförderung«. Das dauerte einige Tage und dann hatte der vormalige Genosse ein »a« vor seinem Namen.

Zu übersetzen mit: »der Verachtung verdient«, »Verabscheuenswürdiger« oder vielleicht »Widerling«.

152.

LIEBER AUS VERSEHEN EINEN UNSCHULDIGEN TÖTEN ALS EINEN FEIND IN DEN EIGENEN REIHEN HALTEN!

153.

Genossin Vichea wurde gebeten, ihre Sachen zu packen. Das tat sie voll Erwartung und mit Freude, immerhin war sie überraschend auf die Regionalebene befördert worden. Sie reiste ab, ohne ihren Kindern und Freunden Lebwohl zu sagen, wie es der revolutionäre und unsentimentale Brauch verlangte.

Eine Woche später teilte man mit, dass »die verabscheuenswürdige Verräterin Vichea (a'Vichea) gemeinsam mit ihrem gesamten konterrevolutionären Netzwerk zunichtegemacht worden ist«.

154.

Ich stehe am Eingang zu S-21. Um das Areal eine hohe Mauer, gekrönt von Stacheldraht. Über mir war früher ein Schild angebracht. Auf dem stand: »Stärke die Seele der Revolution! Hüte dich vor Strategien und Taktiken unserer Feinde, um das Land, das Volk und die Organisation verteidigen zu können.« Jetzt ist es entfernt.

Hier hielten die Lastwagen. Die Heckklappen wurden heruntergelassen und die Gefangenen mit auf den Rücken gefesselten Händen und verbundenen Augen von den Ladeflächen gestoßen.

Der Augenblick kurz davor. Es muss, denke ich, der gleiche Augenblick der Stille und des Schweigens gewesen sein, wenn der Zug in Auschwitz gehalten hatte. Das Bremsen und dann dieser Moment ungewisser Stille, bevor alles weiterging. Einige Atemzüge lang.

S-21 und Auschwitz waren beides Vernichtungslager. Der Unterschied war, dass man in S-21 dachte, aus den Gefangenen etwas herausbekommen zu können, bevor sie totgeschlagen wurden. Von den Foltergeständnissen erwartete man sich Hinweise. Vielleicht würden sie zum Kern der Konspiration führen.

Wer durch das Tor von S-21 gebracht wurde, galt als aktiver Feind. Einer, der sich an der Revolution vergangen hatte. In den Todeslagern Nazideutschlands konnten Gefangene gewisse Aufgaben erhalten. In S-21 war das undenkbar. Dort waren selbst die Wärter nicht frei von Verdacht. Ein großer Teil davon wurde im Verlauf der über dreijährigen Existenz von S-21 ebenfalls verhaftet und hingerichtet. Auf seinem Posten einzunicken, bei den Folterungen zu wenig oder zu hart zuzuschlagen war ausreichend. Oder dass ein Gefangener an seinen Verletzungen starb, noch ehe die Verhörserie für beendet erklärt wurde.

In Nazideutschland lag die Schuld im Blut. Es war vergleichsweise einfach, jene zu identifizieren, die man als Feinde betrachtete. Das hatte zur Folge, dass auch ein noch sogewissenhafter und überzeugter Nationalsozialist deportiert werden konnte, wenn er oder sie jüdischen Ursprung aufwies. Ein sogenannter reinrassiger Deutscher konnte sich jedoch relativ sicher fühlen.

Die Nationalsozialisten sahen ihre Feinde in Gruppen. Juden, Roma, Homosexuelle und so weiter.

Im Demokratischen Kampuchea und zahlreichen anderen kommunistischen Diktaturen konnte jeder ein Feind sein. Das Vergehen lag nicht im Blut oder in den Genen, sondern im Denken. Alle waren somit potentielle Konterrevolutionäre.

Also war niemand sicher.

Andererseits gab es eine theoretische Möglichkeit der Gnade, die in Nazideutschland fehlte. Klassenzugehörigkeit ist im Unterschied zur »Rasse« nicht naturgegeben. Nimmt man dem Reichen seinen Reichtum, kann er nicht länger die Armen unterdrücken.

Wer nicht an die Revolution glaubt, kann der Theorie nach überzeugt werden. In Vietnam etwa beinhaltete die Umschulung bisweilen auch den Versuch, die Zweifelnden tatsächlich auszubilden.

Auch die sowjetischen Gefangenenlager des Gulag waren keine ausdrücklichen Mordinstitutionen. Arbeit, Produktion war die Hauptsache und die große Anzahl an Toten eine Art bedauerliches Nebenprodukt. Bedauerlich, weil das Plansoll erfüllt werden musste und die Arbeitskraft benötigt wurde.

S-21 war anders. Dort herrschte der Tod ohne Ausnahme.

Die wenigen Parteifunktionäre, die in der Nähe arbeiteten und denen die Funktion von S-21 unbekannt war, hatten ihre eigene lakonische Bezeichnung. »Das ist der Ort, wo man reingeht, aber niemals raus.«

155.

DIE KRANKEN ESSEN MIT GUTEM APPETIT!

156.

Die Idee, die Gefangenen bei ihrer Ankunft zu fotografieren, stammte vom Kommandanten selbst. Der gut dreißigjährige Kaing Guek Eav, mit revolutionärem Namen Duch, wusste, was ihn erwartete, falls Fehler gemacht wurden. Die Fotografien waren eine Sicherheitsmaßnahme für den Fall, dass ein Gefangener fliehen sollte und gesucht werden musste. Das kam allerdings, von möglichen Ausnahmefällen abgesehen, nie vor.

Der feingliedrige Duch mit seinen abstehenden Ohren und schiefen Zähnen war früher Mathematiklehrer. Seinem ärmlichen Hintergrund zum Trotz war er außergewöhnlich lernbegabt, hatte im Gymnasium ein Jahr übersprungen und dennoch 1961 den zweitbesten Abschluss des Landes geschafft.

Aus dem ehemaligen Sonderling wurde ein beliebter Pädagoge, der mit lässig aus der Hose hängendem Hemd für den Weg zur Schule das Rad anstelle des Autos nahm. Inspiriert und angeleitet von seinem eigenen Grundschullehrer, Ke Kim Hout, begann er sich für die kommunistische Ideologie zu interessieren. Bald schon war er ein ergebener Revolutionär mit Maos Kleinem Roten Buch in der Tasche.

Der radikale Mathematiklehrer wurde jedoch zum Gegenstand geheimpolizeilichen Interesses. Ohne Gerichtsverfahren saß er zwei Jahre in Prey Sar ein, dem gefürchteten Gefängnis für politische Häftlinge in Phnom Penh. Mit großer Wahrscheinlichkeit wurde er gefoltert.

Als man ihn freiließ, tobte der Bürgerkrieg. Er schloss sich den Roten Khmer an und war bald Verantwortlicher für das Dschungelgefängnis M-13. Es wurde zu einer Art Werkstatt für sadistische Experimente, in der Folter und Hinrichtungsmethoden ihre Verfeinerung fanden.

Nach der Revolution wurde der frühere Gefangene ironischerweise zuerst Chef von Prey Sar. 1976 übernahm er dann S-21. Er war der perfekte Bürokrat. Dienstbeflissen, gründlich, selbstaufopfernd. In den Geständnissen sind überall an den Rändern seine Anmerkungen zu finden. Den Gefängniswachen zufolge ging er oft mit hinaus auf den Hinrichtungsplatz Choeung Ek, um Kette rauchend zuzusehen, wie den Gefangenen zuerst der Hinterkopf eingeschlagen, ihnen dann der Hals durchtrennt und sie schließlich in Massengräber geworfen wurden.

Widerspruchslos setzte Duch seine methodische Arbeit fort, als In Lon, sein Vorgänger in S-21, gefesselt vorgeführt wurde. Gleiches galt, als man seinen Schirmherrn Vorn Vet, der ihn zum Leiter von M-13 befördert hatte, aufnahm und tötete. Er überwachte selbst die Folter seines alten Mentors, des Grundschullehrers Ke Kim Huot.

Als die vietnamesischen Eliteverbände im Januar 1979 die Stadt besetzten, verließ er, nachdem er dafür gesorgt hatte, dass die verbliebenen Gefangenen ermordet wurden, als letzter Parteifunktionär Phnom Penh. Das umfangreiche Archiv konnte er jedoch nur zum Teil vernichten.

157.

Fast gleicht er Jesus mit seinem langen, dunklen Bart. Was macht sein Bild hier, an dieser Wand? Unter den Fotografien in S-21 gibt es eine von einem jungen weißen Mann. In den Maßstäben der Siebzigerjahre irgendwie gutaussehend. Ich verbringe eine Weile vor seinen kummervollen Augen. Wie ist er hier gelandet? Wie wurde er in den kambodschanischen Mahlstrom hineingesaugt?

158.

In Stockholm engagiert sich Marita Wikander in der Freundschaftsgesellschaft Schweden-Kampuchea. Als diese zu einem Besuch im Demokratischen Kampuchea eingeladen wird, ist sie eine der Kandidatinnen. Die Delegation der Roten Khmer in Peking fertigt das Visum aus. Man erkennt dort den Namen wieder und fragt bei Jan Myrdal nach, der sich bereits in China befindet. Gewiss, bestätigt er, es handelt sich um dieselbe Marita Wikander. Verheiratet mit Someth? Ja. Gut, dann wissen wir Bescheid.

Die kleine Abgesandtengruppe fasst einen Beschluss. Fragen über Angehörige, die nach der Revolution verschwanden, dürfen nicht gestellt werden. Das gilt unausgesprochen auch für Marita Wikander. Mehrere Privatpersonen haben sich gemeldet und sie darum gebeten, sich nach Freunden zu erkundigen, zu denen man keinen Kontakt herstellen könne. Wäre es nicht heikel, sich unkritisch um die Anliegen dieser Personen zu kümmern? Möglicherweise sind das Vertreter verschiedener feindlicher Sicherheitsdienste? Möglicherweise gesuchte Agenten, die man verhaftet hat?

Schlussfolgerung: Sich nach ihnen zu erkundigen würde heißen, sich selbst zu kompromittieren.

Also: Keine Fragen.

159.

[Nuon Chea, stellvertretender Ministerpräsident, im Gespräch mit der Delegation der dänischen Kommunistischen Partei 1978]

»Nach der Befreiung ist die geheime Arbeit fundamental. Es ist beispielsweise geheim, welche Genossen in leitende Positionen gewählt werden. Es ist geheim, wo die Führer wohnen. Orte und Zeiten der Zusammenkünfte sind geheim und so weiter. Zum Teil liegt das am Risiko der feindlichen Infiltration, zum Teil ist es ein allgemeines Prinzip. So lange es Klassenkampf und Imperialismus gibt, bleibt die geheime Arbeit grundlegend. Nur dadurch, dass wir geheim sind, können wir die Situation kontrollieren und den Feind bekämpfen, der nicht herausfinden kann, wer nun wer ist.

160.

Wir bewegen uns im Schatten. Das Umkreisen vom Rand her, mit jeder Runde enger. Wir untergraben und atmen im gleichen revolutionären Rhythmus. Verbergen unsere wahren Gesichter und Intentionen. Wir tauschen miteinander die Identitäten. Unser Aussehen ist zur Irreführung gleich. Man kann uns mit verlässlichem Ergebnis nicht einmal zählen.

Und was der Feind nicht sieht, ergänzt er selbst.

Die Formen werden verzerrt, die Proportionen verlieren sich in Phantasien.

Aber wenn ich euch nun insgeheim ansehe, Genossen, aus dem Augenwinkel, so frage ich mich, wie ich es wissen soll? Ihr habt die gleichen vollendeten Fertigkeiten wie ich. Wir alle sind mit denselben betrügerischen Methoden hier angelangt. Wie soll ich wissen, dass ihr nun nicht weitermacht und euch im Geheimen gegen mich wendet?

Wie kann ich wissen, dass eure Lüge meine ist?

161.
[Aufzeichnung in einem Notizbuch aus S-21]

»Der Zweck der Folter ist es, Antworten zu bekommen. Wir machen das nicht zum Vergnügen. Der Gefangene muss leiden, damit wir eine schnelle Antwort erhalten. Du sollst ihm zusetzen, ihn einschüchtern, quälen. Wende Folter niemals an, um deiner Wut Lauf zu lassen. Du sollst ihn mit Schlägen einschüchtern, aber er darf dabei nicht sterben. Bevor du beginnst, kontrolliere seine Gesundheit, überprüfe die Schlagkeule. Übereile nichts – wenn er stirbt, geht die Information verloren.«

162.

Jener jesusgleiche Mann auf dem Bild in S-21 hieß James Clark.

Bevor es ihn hierher verschlagen hatte, noch in seiner Zeit als junger Surfer in den amerikanischen Siebzigern, hatte er einen um einige Jahre jüngeren Freund, Don Bittner.

Im Moment sitzt Don Bittner an der einfachen Theke, auf einem hohen Rattanstuhl. Es ist kurz vor neun Uhr morgens und er öffnet das erste Bier des Tages.

Der Speisesaal ist leer. Eine Schmalseite ist offen und geht zum Garten hinaus. Ein Rest Nachtkühle hat sich unter den Palmen gehalten. Die Ventilatoren hängen noch reglos. Ich trinke in kleinen Schlucken von meinem Morgenkaffee.

Der Saal liegt in einer billigen Jugendherberge in Kampot. Die Stadt war während der Kolonialzeit einer der wichtigsten Frachthäfen Kambodschas. Schön gelegen an der letzten Biegung des Flusses auf dem Weg zum Meer. Wie liegengeblieben, vergessen.

Don Bittner ist wegen James Clark hier. Und mehr noch wegen seines Cousins, Lance McNamara.

James Clark und Lance McNamara verschwanden im Frühjahr 1978.

Ende der Siebzigerjahre erzielte thailändisches Marihuana weltweit Rekordpreise. Lance McNamara und James Clark waren abenteuerlich veranlagt und hatten ein beachtliches Boot gebaut. Warum also nicht über den Pazifik segeln, das Kielschwein mit Ganja füllen und reich werden?

Vor Kampot gerieten sie unter Beschuss. Ein Patrouillenboot der Roten Khmer gab Befehl anzuhalten und sie wurden verhaftet. Man brachte sie nach S-21, angeklagt wegen Spionage. Sie wurden fotografiert, gefoltert und hingerichtet.

Ein Todesdatum findet sich in den Protokollen nicht verzeichnet. Aber die Amerikaner könnten während des Besuchs der Schweden durchaus noch gelebt haben.

Erst 1980 erfuhr Don Bittner, was geschehen war. Er sagt, dass Lance McNamara sein bester Freund war und dass er deshalb einfach hierherkommen musste. Seinen verschwundenen Lieblingscousin suchen. Vielleicht würde alles ein wenig besser begreiflich. Vielleicht fände er eine Art Ruhe.

Als er vor fünf Jahren S-21 betrat, war er auf das, was ihn erwartete, nicht vorbereitet. Mit den blutbespritzten Fliesen, Folterinstrumenten und aufeinandergestapelten Totenschädeln konfrontiert, erlitt er einen Nervenzusammenbruch. Seitdem geht er in Therapie.

Und nun ist er zurück. Ein neuer Versuch.

163.

Der Dolmetscher fragt, ob Sous Thy Sous Thy sei. Er bejaht, pflückt dabei weiter Pfeffer von den Sträuchern. Unbehagen in der Begegnung.

Die morgendliche Sonne hat bereits zu stechen begonnen. Am nächstgelegenen Ende des Feldes steht ein einfaches Haus auf Pfählen. Schemen von Kindern sind darunter zu erkennen.

Der Dolmetscher fragt, ob Sous Thy jener Sous Thy sei, der in S-21 als Wache tätig gewesen sei.

Das folgende Schweigen kann nur in einer Weise verstanden werden.

Don Bittner reicht dem Dolmetscher die Fotografie seines Cousins. Der Dolmetscher erklärt mit leiser freundlicher Stimme das Anliegen. Er zeigt das Bild.

Sous Thy stoppt die Bewegungen seiner Hände und schaut ohne Ausdruck auf das schwarzweiße Gesicht. Auf das lange Haar und das Lächeln mitten im Bart.

Dann scheinen seine Beine nachzugeben. Er sackt zusammen und bleibt am Boden sitzen. Der Blick irrt hin und her, er blinzelt manisch, als hätte er über die Bewegungen seiner Augen keine Kontrolle mehr.

Er sagt, kaum hörbar, dass er es nicht wisse.

Er sagt, dass er nicht wisse, was mit den Amerikanern geschehen sei. Man hielt sie getrennt. Sie und die anderen Ausländer.

Der Dolmetscher fragt etwas, aber Sous Thy schüttelt den Kopf.

Er will nicht mehr sagen.

Don Bittner ersucht ihn zu erzählen, was er sah. Wann sah er den Mann auf dem Bild?

Sous Thy schüttelt den Kopf.

Die Sträucher mit den roten Pfefferkörnern. Die drei gleichaltrigen Männer, zwei stehen, einer sitzt im trockenen, sonnenwarmen Humus.

164.

DIE ORGANISATION IST DAS GEHIRN DES VOLKES!

165.

Die schwere graue Hitze über der Stadt. Der Korridor ist leer, bis auf Marita Wikander. Und einen alten Freund, einen von Someths französischen Studienkollegen. Ein ehemaliger Mathematiker, der im Außenministerium arbeitet. Ein Zufall, ein unbewachter Augenblick.

Die verbotene Frage.

Someth?

Der Freund sieht betreten aus. Vielleicht ängstlich?

Nein, er weiß nichts. Oder: Someth wird zum Arbeiten in die Provinz geschickt worden sein. Etwas in der Art. Mehr aber auch nicht.

166.

Gunnar Bergström ist mittlerweile dreiundfünfzig Jahre alt, aber von meinen Fotografien dennoch leicht zu erkennen.

Sie zeigen ihn als einen siebenundzwanzigjährigen Vorsitzenden der Freundschaftsgesellschaft Schweden-Kampuchea. Im Hintergrund kambodschanische Landschaft.

Jetzt öffnet er die Tür zur Wohnung in Vallentuna.

Etwas schwerfälliger, weder entgegenkommend noch unfreundlich. Kaffee ist vorbereitet, Gebäck dazu liegt auf einem Teller.

Die Familienmitglieder im Raum sind mit verschiedenen Dingen beschäftigt. Die Geräusche finden sich auch auf der Aufnahme. Ich höre sie später, als ich das Interview abschreibe. Stimmen, Fragmente von Unterhaltungen, Fernsehberieselung.

Wir sitzen beim Esstisch. Vor dem Fenster dunkelgrüner schwedischer Spätsommer.

Wir sitzen beim Esstisch und sprechen von einer Reise, die nach Gunnar Bergströms heutiger Ansicht nicht hätte gemacht werden sollen. Zumindest nicht unter den Voraussetzungen.

Es gibt sie wie einen flüchtigen Anachronismus. Begreifbar in ihrem damaligen Zusammenhang, schwieriger, sich heute dazu zu verhalten.

Wir beginnen tastend. Ich frage, ob sie während der Reise Verhaltensregeln gehabt, ob die Roten Khmer vor ihrer Reise Bedingungen gestellt hatten.

Er sagt, dass es keine Regeln gab, was sie tun oder nicht tun durften. Was sie fragen oder nicht fragen durften. Aber es war unausgesprochen klar, dass sie nicht nach Marita Wikanders Mann Someth fragen sollten. Der mit seinen »revolutionären Pflichten« zu beschäftigt war, um sie zu treffen.

Er sagt, dass sie um Interviews mit Prinz Sihanouk und Pol Pots Frau, Khieu Ponnary, ersuchten. Sie baten auch darum, etwas länger bei einem Kollektiv bleiben zu dürfen. Von den kurzen Aufenthalten lasse sich die Situation abgesehen von fröhlichen Begrüßungsformeln nicht beurteilen.

Die Ansuchen wurden abgelehnt.

Aber die Reise ist alles andere als eindeutig, nicht einmal jetzt, mehrere Jahrzehnte später.

Er berichtet vom Verkehr auf dem Land, wie er normal dahinzulaufen schien. Und vom ersten Tag in Phnom Penh. Wie die beiden Autos von der Stadt aus in den Süden fuhren. Er, in seiner Eigenschaft als Vorsitzender, allein im ersten Wagen. Die übrigen Schweden im anderen. Durch die Fensterscheiben sahen sie Menschen in Bruchbuden wohnen, manche direkt auf der Erde. Er erzählt, wie erstaunt er darüber war, dass ihnen solches Elend gezeigt wurde. Sie rumpelten, die Wärme und die fremde Umgebung nicht gewohnt, auf kaum befahrbaren Straßen zwischen Reisfeldern dahin.

Er erzählt von Marita Wikander und Hedda Ekerwald, die am ersten Nachmittag das verlassene Phnom Penh ansehen wollten. Wie sie nur wenige Minuten später empört zurückkamen. Wachen an einer Straßensperre hatten sie aufgehalten.

Die Delegation brachte ihre Beschwerden vor. Allerdings mit gewisser Resignation. Es schien genau jener scharf kontrollierte Propagandabesuch zu werden, den sie vermeiden wollten. Aber die Klagen hatten den gewünschten Effekt. Im weiteren Verlauf durften sie in den Städten herumgehen, wie sie wollten. Einer der Fahrer begleitete sie, unbewaffnet.

Das entsprach ihren Erwartungen viel eher. Die kambodschanischen Revolutionäre, die Gunnar Bergström über die Jahre kennengelernt hatte, seien, verglichen mit den vietnamesischen, anders gewesen. Er beschreibt sie als unkomplizierter im Umgang. Weniger aufs Ansehen bedacht. Sie hätten betont, wie wichtig es ihnen sei, bescheiden zu bleiben, die Verhältnisse im Kopf zu behalten, unter denen die anderen Kambodschaner lebten.

Zudem waren sie viel eher Maoisten als Sowjetkommunisten. Die ideologischen Reibungen mit den schwedischen Freunden waren gering.

Während der Reise erlebte Gunnar Bergström dieselbe ungezwungene Stimmung in der Begegnung mit den Menschen. Er sah keine Angst oder übertriebenen Respekt vor den Parteifunktionären. Eher das Gegenteil. Es war »keine gestresste Atmosphäre«, und statt härter zu arbeiten, lehnten sich die Arbeiter auf ihre Spaten, als die Ausländer kamen. Lächeln, kameradschaftlicher Handschlag.

Jedoch alles Bauern. Wo waren die Stadtbewohner? Sie wollen lieber arbeiten als mit den Ausländern sprechen, antworteten die Reiseführer. Gunnar Bergström schüttelt den Kopf. »Das glaubte ich ja nicht einmal damals.«

167.
[Das Märchen vom Hubschrauber]

Eines Tages fanden die Roten Khmer einige verlassene amerikanische Hubschrauber. Keiner wusste, wie man sie bediente, denn alle Piloten arbeiteten auf den Reisfeldern.

Das macht nichts, sagten die Parteifunktionäre. Die Revolution lehrt uns fliegen.

Einer nach dem andern versuchten sie, den Hubschrauber zu starten, aber es ging nicht. Die Rotorblätter standen still.

Schließlich gelang es dem Geschicktesten unter ihnen herauszufinden, was zu tun war. Der Hubschrauber stieg hoch, mit dem jungen Mann am Steuerknüppel.

Fliegen ist leicht, rief er seinen Genossen am Boden zu. Sie klatschten seiner revolutionären Einstellung Beifall.

Nachdem er eine Weile geflogen war, beschloss der Mann zu landen. Das erwies sich als schwieriger. Wie sehr er auch an den Reglern zerrte und an den Knöpfen drehte, der Hubschrauber wollte nichts als steigen. Als das Benzin zur Neige ging, stürzte das Fluggerät hinunter und zerschmetterte am Boden.

Die anderen Parteifunktionäre berieten sich. Sie beschlossen, dass ein Pilot von den Reisfeldern geholt werden sollte, der ihnen zeigen konnte, wie man startete und auch landete.

Nach einigem Suchen fand man einen Piloten. Er erklärte sich bereit, die Parteifunktionäre zu unterweisen.

Sie setzten den Piloten ans Steuer und stellten sich im Kreis um den Hubschrauber auf.

So geht das, Genossen, sagte der Pilot und startete den Hubschrauber. Dann stieg er gen Himmel, hielt Kurs auf Thailand und flog seines Weges.

168.

Diese unvermeidlichen täglichen Treffen. Niemals ein Wort. Blicke, die auf dem Gesicht des anderen abgleiten. Senh zieht das darübergekämmte Haar zurück und zeigt die Narbe über dem Scheitel. Er erzählt, dass er eines Tages einige Blätter gesammelt hatte, um die Reissuppe damit zu strecken. Saing erwischte ihn dabei und schlug ihn mit dem Gewehrkolben.

Die Bewegung. Der Schlag. Genau wie später, als Saing Senhs Vater den Hinterkopf zertrümmerte. Der Körper, der schwer zwischen den anderen zu Boden fällt. Die Wärme. Das dumpfe Geräusch. Die Laute der Nacht.

Sie treffen einander täglich, dort im Dorf außerhalb von Takeo. Der frühere Gefängniswärter Saing aus Kraing Ta Chan, der örtlichen Gefangenenanstalt der Roten Khmer. Und Senh, der seine Ration vergrößern wollte und deshalb wegen »wirtschaftlicher Sabotage« festgenommen wurde. Der misshandelt wurde, aber im Unterschied zu seinem Vater am Leben bleiben durfte.

Nur wenige hundert Meter trennen ihre Häuser, aber Senh und Saing sprechen niemals miteinander.

In Kraing Ta Chan starben schätzungsweise 10 000 Menschen. Es war eines der Gefängnisse, die offiziell nicht existierten.

Man rät mir, Saing auf der Polizeistation zu treffen. Es könne sein, dass er sich ... etwas ... unberechenbar verhalte ... wenn man ihn an die Vergangenheit erinnere.

Er sitzt in der kleinen primitiven Polizeistation und lächelt. Er lächelt ununterbrochen, während er sagt, dass er nicht wisse, wovon Senh spreche. Er sagt, dass er sich vor der Rache der wenigen überlebenden Gefangenen nicht fürchte. Er habe niemanden getötet. Ob er jemanden geschlagen habe? Ja, das sei vielleicht vorgekommen. Aber schließlich sei er Gefängniswärter gewesen. Eine gewöhnliche einfache Wache, nicht mehr. Die übrigen Dorfbewohner, alle nach 1979 zugezogen, hätten seine Version der Geschichte akzeptiert. Hätte er getan, was Senh sage, so wäre er doch schon vor langer Zeit ermordet worden, oder etwa nicht?

169.
[Wie ein Flimmer weiß]

So treffen sie sich schließlich zu zweit, dort unter den großen Tafeln von Angkor Wat. Es ist dasselbe Gebäude, in dem Pol

Pot ein halbes Jahr zuvor die schwedische Delegation empfing. Haus Nummer eins genannt. Ein imposantes Kolonialgebäude am Fluss. Vormals die Residenz des französischen Gouverneurs.

In diesem früheren Machtzentrum des Kolonialismus begegnen sie einander, Pol Pot und Prinz Sihanouk. Sihanouk stand die letzten drei Jahre unter Hausarrest. Kontakt mit der Außenwelt war ihm nicht gestattet. Materielle Not litt er jedoch keine. Die Klimaanlage hat beinahe ohne Unterbrechung funktioniert, alle verlassenen Weinkeller Phnom Penhs wurden geleert, um seine Wünsche zufriedenzustellen.

Aber Pol Pot durfte er nicht treffen, bis jetzt, zwei Tage bevor Phnom Penh von der vietnamesischen Invasionstruppe eingenommen wird. Kanonendonner ist in der Ferne zu hören, und Pol Pot grüßt mit einer leichten Verbeugung, die Handflächen ehrfurchtsvoll aneinander.

Er wendet sich an Sihanouk in jenem besonderen Khmer, das nur am Hof gesprochen wird.

Später wird Sihanouk eingestehen, dass er fasziniert war von jenem Mann, der konsequent versucht hat, beinahe alles auszulöschen, woran Sihanouk glaubt. Die gepflegten Manieren und die Art, wie er spricht, leise, aber zugleich mit großer Intensität. Das freundliche Lächeln.

Die Bediensteten servieren Tee, Petits Fours und frisch gepressten Orangensaft. Sobald etwas davon zur Neige gegangen ist, wird es diskret nachgereicht.

Pol Pot erläutert auf seine ruhige und angenehme Art, dass sich die Vietnamesen auf dem Weg in eine Falle befänden. Er führt keine großen Gesten aus, unterstreicht lediglich bestimmte Argumente mit einer kaum wahrnehmbaren Bewegung seiner rechten Hand. Er sagt, dass man die kambodschanische Verteidigung für zusammengebrochen halten könne, aber das sei

Teil der Strategie. Innerhalb von drei Monaten werde der letzte Vietnamese aus dem Land geworfen sein. Es könne jedoch für Sihanouk erforderlich sein, die Hauptstadt zu verlassen, vorübergehend.

Und könne, das frage er sich, Seine Majestät möglicherweise zu den Vereinten Nationen reisen und für sein Land werben, in dieser schweren Stunde? Wäre es für ihn denkbar, die Weltgemeinschaft zusammenzubringen, um gemeinsam die vietnamesische Aggression zu verurteilen?

Sollen wir uns vorstellen, dass sich Sihanouk nach einem weiteren Teegebäck ausstreckt, das er nachdenklich isst, während er die Sache erwägt? Oder sitzt er vorne an der Stuhlkante und antwortet sofort? Oder vielleicht nichts dergleichen? Sie haben sich mehrere Stunden unterhalten. Vielleicht hat er genug vom Gebäck, ist stattdessen bequem zurückgelehnt?

Aber er sagt ja. Und eine Weile später trennen sie sich, um einander nie wieder zu treffen. Sihanouk begibt sich einmal mehr auf den Weg ins geliebte Rampenlicht. Pol Pot wird sich ins geliebte Schattendasein zurückziehen.

In der Ferne Artilleriefeuer. Der Geschmack von Orangensaft im Mund.

170.

Der Schweiß scheint schlagartig aus dem gesamten Körper zu dringen. Kurz darauf rinnen Tropfen aus dem Haaransatz.

Phnom Penh ist seit einigen Tagen wiederholt von Stromausfällen betroffen. Mein Ventilator verliert ohne Vorwarnung Geschwindigkeit und bleibt nach ein paar müden Umdrehungen stehen. Der Kontrast ist gewaltig. Die stehende Luft wirkt doppelt so warm wie die, die mir aus dem Ventilator entgegengeblasen hat. Wärmer als die 40 Grad, die das Thermometer anzeigt.

Zudem erlaubt sie den blitzschnellen Mücken unbehelligte Landung. Sie nähern sich dem Körper nicht langsam hin und her schwebend wie ihre schwedischen Schwestern. Sie stürzen sich regelrecht herab, scheinen nicht einmal zu bremsen. Es ist fast unmöglich, sie zu töten. Immer entwischen sie. Die Luftströmung des Ventilators verwirrt die Mücken, aber ohne die Abdrift bin ich ein leichtes Ziel.

Ein Schweißtropfen bildet sich auf der Nasenspitze. Die wild juckenden Mückenstiche werden mehr. Schreiben wird immer schwerer. Die Überlegungen laufen auseinander. Der Wortschatz scheint abzunehmen.

Ich sitze in der drückenden Hitze und denke an die französischen Kolonialbeamten. Jene, die hier arbeiteten, bevor elektrischer Strom Ventilatoren antrieb. Die aus kühlen Orten wie Nantes und Brest kamen und die für Jahre hier am Rand des Kolonialreichs postiert wurden.

Wie haben sie das ausgehalten?

Dann schäme ich mich. Typisch, dass meine Gedanken zu anderen Europäern führen.

Im selben Monat vor dreißig Jahren wurde die Bevölkerung der Stadt um mich herum evakuiert. Dieselbe unerträgliche Hitze damals wie heute. Aber sie gingen zu Fuß auf den Landstraßen, hatten häufig weder Wasser noch Essen. Die Nächte unter freiem Himmel, ohne Mückennetz in den Malariawäldern. Einige liefen Tage, andere Wochen hindurch.

Viele gingen zugrunde. Wie viele weiß keiner. Die, mit denen ich spreche, die selbst in der Sonne und im Staub zu Fuß unterwegs waren, sagen, dass die Toten im Straßengraben lagen. Keiner zählte mit.

Eine Schätzung lautet, dass im April 1975 entlang der Straßen 20 000 Menschen starben.

171.

GOLD, SILBER, HALSSCHMUCK UND ARMBÄNDER SIND KETTEN, DIE DEINE ARME UND BEINE FESSELN. GENOSSEN, DER REVOLUTION WERDEN DAMIT DIE HÄNDE AUF DEN RÜCKEN GEBUNDEN! SIE SIND ABSOLUT VERBOTEN!

172.
[Wie ein Flimmer weiß]

Das Jahr 1981 geht seinem Ende zu, und sie sind sich einig. Pol Pot und seine rechte Hand Nuon Chea haben bald dreißig Jahre zusammen für die Einführung des Kommunismus gearbeitet. Sie haben alles gewonnen und es dann verloren. Jetzt haben sie einen entscheidenden Beschluss gefasst.

Im Schatten des Bergmassivs Phnom Thom sitzen sie beieinander, im Büro 131. Im Kampf gegen die vietnamesische Besatzungsarmee ist es das neue Hauptquartier. Einfach, aber gut bewacht und mit thailändischen Waren für den täglichen Gebrauch ausgestattet.

Büro 131 liegt in Westkambodscha, an der Grenze zu Thailand. Bis zur thailändischen Küstenstadt Trat sind es nur dreißig Kilometer. Die Thailänder sind ihre neuen Verbündeten. Hinter ihnen stehen die USA und China. Wenn der Einflussbereich der Sowjetunion eingeschränkt werden soll, gibt es keine unheiligen Allianzen.

Pol Pot und Nuon Chea haben beschlossen, die Kommunistische Partei Kambodschas abzuschaffen. Die Partei und auch die Organisation existieren nicht mehr. Das Ende des Wegs ist erreicht.

Fühlen sie sich erleichtert?

Die beiden alternden Männer. Sie gehen auf die sechzig zu. Aber jetzt fangen sie noch einmal neu an, befreit von ihrer früheren Ideologie.

Sie lancieren stattdessen eine unpolitische Nationale Armee, deren einziges Ziel die Fortsetzung des Guerillakriegs gegen Vietnam ist.

Die Ruhe im Dschungel. Man spürt das Meer in der Nähe. Es liegt etwas in der Luft. Eine Leichtigkeit. Und die Nächte hier in der Gegend sind kühl.

Aus China haben die Soldaten grüne Uniformen bekommen. Schwarz ist nicht länger die natürliche Farbe für einen Roten Khmer.

Einige Jahre später erklärt Pol Pot im Gespräch: »Wir wählten den Kommunismus, um unser Land zu befreien. Wir halfen den Vietnamesen, denn sie waren Kommunisten. Aber jetzt führen Kommunisten Krieg gegen uns. Deshalb müssen wir uns den Westmächten zuwenden und deren Weg einschlagen.«

173.

Es ist nichts als ein Punkt auf der Karte. Keine Straßen scheinen dorthin zu führen. Malai, steht da. Aber wie kommt man hin, wenn es keine Straße gibt? Der Malai-Punkt liegt genau am Rand des unzugänglichen Nordwestens Kambodschas. Vielleicht ist er nur von der thailändischen Seite aus zu erreichen?

In Malai hält sich angeblich Suong Sikoeun auf. Zumindest

war er vor zwei Jahren dort, will ein Journalist gehört haben. Davor war er in Pailin, ist dann aber umgezogen. Heißt es.

Suong Sikoeun ist eine Schlüsselfigur. Er war einer der engsten Mitarbeiter des Außenministers und für einen Großteil der ausländischen Besuche im Demokratischen Kampuchea verantwortlich. Er wartete am Flughafen, als das Flugzeug der schwedischen Delegation landete.

Er wurde also vor zwei Jahren in Malai gesehen?

Ich muss es darauf ankommen lassen.

Ich beginne mit einem Bus von Phnom Penh nach Battambang. Ich fahre nicht das erste Mal auf der Nationalroute 5. Zuletzt, vor zwei Jahren, gab es allerdings keine Busse auf dieser Strecke. Damals bestand der Weg eher aus Gruben statt aus Asphalt. Schlaglöcher größer als das Auto taten sich vor dem Kühler auf. Mitunter war man im Straßengraben schneller als auf der alten Fahrbahn. In einem durchgesessenen Taxi dauerte die Reise elf zähe Stunden.

Jetzt ist die Straße mit Krediten der Weltbank instand gesetzt worden. Der Bus fährt unbehindert in der halben Zeit nach Battambang.

Der Fluss Stung Sangker führt nach dem Regen noch viel Wasser. Entlang seiner sanften Biegungen verfallen Battambangs alte Kolonialbauten. Die Straßen sind breit, Autos und Mopeds gibt es weiterhin wenige. Langsamer Lebensrhythmus.

Am Taxistand ist die Begeisterung allerdings groß.

Nach Thailand will man mich bringen.

Oder vielleicht will ich ja nach Phnom Penh zurück?

Aber ich bin doch eben erst von dort gekommen. Gewiss, aber vielleicht trotzdem, Mister? Phnom Penh? Ja?

Ein anderer Dialekt. Fast einfacher zu verstehen als die unterdrückten Konsonanten in Phnom Penh.

Die Begeisterung lässt beträchtlich nach, als ich nach Malai frage.

Ist es möglich hinzukommen? Natürlich, das würde gehen. Aber was ich dort denn wolle?

Ein schmächtiger Mann bietet an, mich Richtung Osten zu fahren, nach Pailin. Dort hat er einen Schwager mit Moped, der mich nach Malai bringen kann. Aber das ist eine Fahrt von mindestens zehn Stunden auf Dschungelpfaden. Zehn Stunden, falls nichts Unvorhergesehenes passiert.

Ein anderer sagt, wir könnten nach Nordwesten fahren und in Sisophon abzweigen. Dort gebe es einen Weg nach Malai. Wie ist der Weg? Na ja, der ist schon in Ordnung. Ist es ein »Tanzweg«, frage ich, einen Scherz leihend, den ich gehört habe. Alle lachen. Sicher, das ist ein speziell tanzender Weg. Ein Massageweg, schlägt einer vor.

174.
[Im Traum]

Ich werde von einer Stimme wach. Es ist völlig dunkel. Es lässt sich nicht ausmachen, ob die Stimme im Raum ist oder nur in meinem Kopf. Sie wiederholt leise »Koy Thuon«. Aber, denke ich verwirrt, der ist doch tot, er wurde doch in S-21 ermordet. Die Stimme ist weiter zu hören, jetzt insistiert sie beinahe. Mit einem Mal ist es, als nähme mich jemand behutsam an den Händen und zöge mich hoch, bis ich sitze. Ich sehe aus dem Fenster. Versilbernder Mondschein und tiefe Schatten. Unter einer Birke stehen die Nachbarn. Sie graben eine große tiefe Grube. Etwas davon entfernt liegen tote Menschen, in einem wirren Haufen. Die Nachbarn halten mitten in der Bewegung an. Die Hacken, die Spaten still. Sie drehen ihre Köpfe und starren direkt auf mich hinter der Scheibe. Große Holzmarionetten mit breitem, aufgemaltem Lächeln in grellen Farben.

175.

AM ARBEITSPLATZ BIS ZUM TOD!

176.

Wir verlassen Battambang in der Morgendämmerung. Die Welt scheint grau zu sein, die Menschen Schatten, die Waren vom oder zum Markt tragen. Das Taxi ist alt und anscheinend aus Thailand, denn das Lenkrad befindet sich auf der falschen Seite. Ein Rad wurde bereits durch den Reservereifen ersetzt. Die Klimaanlage ist wie so oft kaputt, und alle Fenster sind heruntergekurbelt. Vom Rückspiegel hängt ein Schein, auf den mit Tusche magische Symbole gezeichnet wurden. Er soll Geld anziehen, so die Idee dahinter. Gleich zu Gleich.

Es geht wie immer sehr rasch. Der Fahrer hat die Hand auf der Hupe. Der Straßenstaub wirbelt gipsfarben auf, die Landschaft ist flach. Die Sonne steigt schnell höher und markierte Minenfelder säumen die Straße – Schilder mit weißen Totenköpfen auf rotem Grund.

Der Mann, den ich suche, Suong Sikoeun, war mit einer Französin verheiratet, Laurence Picq. Sie soll die Einzige aus dem Westen gewesen sein, die während der dreieinhalbjährigen Existenz des Demokratischen Kampuchea dort lebte. Über diese Erfahrung schrieb sie später ein Buch, *Au delà du ciel.* Darin erwähnt sie den Besuch der schwedischen Delegation, dass sie diese flüchtig bei einer Tanzvorstellung sah. Doch sie beschreibt auch die Flucht aus Phnom Penh nach dem vietnamesischen Einmarsch 1978. Wie zehntausende Kinder, Frauen und Männer zu Fuß und in Panik auf die thailändische Grenze zuflüchteten. Sie schreibt über das ebene Land mit den harten, vertrockneten Halmen der Reispflanzen. Die brennende Sonne.

An diesen Feldern holpere ich im Moment vorbei.

Malai liegt nahe dem gleichnamigen Berg. Ein kleiner, armer Flecken mit einem Markt und niedrigen, einstöckigen, staubigen Häusern. Eine der letzten Hochburgen der Roten Khmer. Entmobilisiert, jedoch kaum entwaffnet leben sie immer noch hier. Zur thailändischen Grenze sind es zwei Kilometer. Die Leute bleiben stehen und schauen den weißen Mann auf dem Rücksitz des Taxis an.

Ein Mopedfahrer erklärt mürrisch, wo das Gemeindehaus liegt. Das Taxi fährt weiter zu einem drei Stockwerke hohen Haus. Das Tor in der Mauer ist offen. Eine ausgeblichene Flagge hängt schlaff von der Fahnenstange, die in der Mitte einer kleinen vertrockneten Grünanlage steht. Kein Mensch zu sehen.

Ich steige die Treppe hoch. Die Türflügel des Haupteingangs stehen einen Spalt offen. Drinnen ist es leer, weder Menschen noch Möbel. Einige der blau gestrichenen Türen sind versperrt. Ich klopfe an, jedoch keine Antwort. Etage um Etage dieselbe Verlassenheit.

Vom obersten Stock aus erstreckt sich vor dem Betrachter die Landschaft. Der Bergschatten ragt auf, und hie und da stehen Gruppen großer Bäume mit breiten Kronen. Etwa hundert Meter entfernt geht langsam eine Frau vorbei, die Augen auf den Pfad vor ihr gerichtet. Ich hole Luft, um ihr eine Frage zuzurufen. Es muss wohl an der Stille liegen, der Langsamkeit. Ich gehe wieder hinunter. Die Schritte hallen.

Zurück am Markt finde ich ein kleines Lokal. Eine thailändische Seifenoper in voller Lautstärke hält das teilnahmslose Interesse der wenigen Gäste gefangen. Ich nehme bei einem bitteren Glas Kaffee Platz und frage die Wirtin nach Suong Sikoeun. Sie schüttelt den Kopf und holt ihren Mann. Auch er kennt den Namen nicht. Er fragt am Tisch nebenan. Nein, alle schütteln den Kopf. Nächster Tisch. Drei Männer in Uniform mit Blickrichtung auf den Fernseher. Doch, sagt jener, der den höchsten Rang hat. Doch, er kenne einen Suong Sikoeun. Ihre Blicke springen zwischen dem Lokalbesitzer und mir hin und her. Was will ich denn von Suong Sikoeun?

177.

Als Test.
Ich tausche aus: das Böse.
Schreibe: Fehlen von Empathie.
Frage: Wird es mehr oder weniger fassbar?

178.

Stellen wir uns das südliche Ende des Ocheteal-Strandes in Kompong Som vor. Stellen wir uns kilometerweise weißen Sand und ein warmes Meer vor. Der Himmel wolkenbedeckt. Oder in klarem Blau? Die Farbe des Himmels bestimmt jene der Wellen.

Stellen wir uns die verborgene Lagune vor, mit dem alten Strandpalast des Königs.

Und: den jungen Vorsitzenden der Freundschaftsgesellschaft Schweden-Kampuchea, Gunnar Bergström.

Samt: Sok Rim, einem der beiden Reiseführer der Delegation.

Sok Rim lädt zu Whisky ein. (Überall auf der Reise diese kleinen, gut gefüllten Kühlschränke.) Gunnar Bergström lehnt höflich ab. Sok Rim bedient sich selbst.

Sie sprechen von der Revolution. Von den Fortschritten und Schwierigkeiten. Vom zunehmend negativen Bild, das die Außenwelt vom Demokratischen Kampuchea hat.

Sok Rim fragt, ob Gunnar Bergström finde, dass es der kambodschanischen Revolution dennoch gelungen sei, den neuen Menschen zu schaffen. Das aufgeklärte und solidarische Individuum, welches das Resultat der klassenlosen Gesellschaft sei. Gunnar Bergström deutet vorsichtig an, dass das vermutlich etwas mehr Zeit als drei Jahre brauche.

Sok Rim ist mit der Antwort nicht ganz zufrieden.

Er setzt fort:

»Aber wir haben die Diktatur der Partei doch schon eingeführt.«

»Die Diktatur des Proletariats, meinst du sicher?«

»Das versteh ich jetzt nicht.«

»Die Diktatur des Proletariats. Ihr habt wohl die Diktatur des Proletariats eingeführt?«

»Aber Genosse, ich versteh nicht, das ist doch dasselbe.«

179.

Der Esstisch am Fenster. Der Spätsommer und die leergetrunkenen Kaffeetassen.

»Mit dem Marxismus nahm er es nicht so genau, Sok Rim«,

sagt Gunnar Bergström und nimmt ein Stück Teegebäck vom Teller.

Auch Pol Pot nahm es nicht genau. Gunnar Bergström bezeichnet die Machtübernahme durch die Roten Khmer heute als »Schreibtischrevolution«, bei der eine Handvoll Personen »mit xenophobem Weltbild« Utopien »ohne jeden Gedanken an die Menschen« entwarfen.

Aber damals war es anders. Andere Zusammenhänge und andere Erwartungen.

Dass man die Städte räumen würde, glaubte Gunnar Bergström im Vorhinein verstanden zu haben. Allerdings nicht mit dieser Brutalität. Denn die Revolution war ja eine Revolution des Volkes. Eine gemeinsame Notwendigkeit. Dass die Bevölkerung sich ihr widersetzen würde, kam ihm nicht in den Sinn:

»Ich dachte, dass alle ja Teil der Revolution sind, und wenn man uns sagt, wir müssen die Städte verlassen, dann wollen wir das.«

Mit etwas Geduld und einigen Erklärungen würden auch die Unschlüssigen sehen, wie zweckmäßig die Evakuierung sei.

Aber zugleich war er sich dessen bewusst, dass es die perfekte Revolution nicht gibt. Es war unwahrscheinlich, dass etwas derart Umstürzendes ohne Fehler vor sich geht. Man musste ganz einfach »ein wenig verzeihen«, wenn »der Großteil gut war«.

Die Neubewertung begann nach der Heimkehr. Der Herbst blieb zwar Vorträgen gewidmet, 2330 Zuhörer an insgesamt 39 Orten. Aber der Zweifel war geweckt. Zum Beispiel in Bezug auf die geldlose Gesellschaft, die er kennengelernt hatte. Schön als Idee, aber in der Praxis machte sie Menschen zu Leibeigenen. Auch wenn die Vision die war, dass es Essen und Unterkunft für alle geben sollte, so war es für die Menschen bereits schwierig, von einem Kollektiv ins nächste zu reisen.

»Das setzt nicht nur enormen Überfluss voraus, sondern auch, dass es nicht allzu viele Lümmel gibt, die das System ausnutzen.«

Der Herbst 1978 brachte immer neue Erzählungen von Flüchtlingen. International bekannte Anhänger der Roten Khmer änderten ihre Meinung.

»Man kam ein ums andere Mal auf Flüchtlingsberichte zu sprechen, die das, was ich gesehen hatte, nicht widerlegten. In ihnen wurde keinesfalls behauptet, dass alle verhungert seien oder etwas in der Art. Was der jeweilige Flüchtling erzählte, konnte parallel zu meinen Eindrücken wahr sein. Es ging dabei um Dinge, die ich nur bemerkt hätte, wenn uns zugestanden worden wäre, längere Zeit in einem Kollektiv zu leben. Dass Leute in der Nacht verschwanden, zum Beispiel. Und ab diesem Zeitpunkt dachte ich, hier dürfen wir uns jetzt nichts vormachen. Was sie erzählen, ist vereinbar mit dem, was wir gesehen haben.«

Ein Jahr später bekam Gunnar Bergström Arbeit im Örtträsk-Kollektiv im südlichen Lappland. Als Mitglied der Kommunistischen Partei Schwedens, SKP, wurde von ihm erwartet, dass er für seinen Weggang aus Stockholm die Zustimmung der Partei einholte. Das war nicht selbstverständlich. Stockholm zählte zu den »wichtigen Orten«. Aber das Örtträsk-Kollektiv arbeitete mit jungen Drogenabhängigen, zählte somit zu den »wichtigen Betrieben«. Der Umzug wurde genehmigt.

»Aber da war ich bereits auf dem Weg aus der Partei hinaus. Ich hatte sogar beschlossen, dass ich umziehen würde, selbst wenn man mir verbieten sollte zu gehen. Die Partei verließ ich später ohnehin.«

Er blieb zwölf Jahre im Kollektiv. Somit versäumte er viel von der öffentlichen Auseinandersetzung um die Roten Khmer.

»Eigentlich hätte ich mich mehr an der Debatte beteiligen

sollen, daran, was wir daraus lernen können. Zum Teil in der Frage Kambodscha selbst, was geschah dort? Zum Teil in Hinblick auf das nächste Mal, wenn sich irgendjemand einer Sache so unkritisch verschreibt.«

Die Auseinandersetzung um die Roten Khmer musste er stattdessen mit sich selbst führen.

»Wir lagen mit dem Rezept falsch, nicht mit der Vision. Und seither habe ich damit gerungen, wie die Vision sinnvoll zu erreichen wäre, ohne dass es eben so verläuft. Nie wieder werde ich Abstriche von Meinungs- und Pressefreiheit akzeptieren, von staatsbürgerlichen Freiheiten und Rechten. Irgendwo vom Marxismus zu Lenin, schon dort sind Fehler eingebaut, weil jedes einzelne Land entgleist ist. Nicht alle sind dann so weit entgleist, aber entgleist ist trotzdem jedes einzelne und daraus muss man seine Schlüsse ziehen. Ich fühle mich weiterhin links, aber das muss möglich sein, ohne in diesem totalen Abgrund zu landen, in den wir gestürzt sind. Mehr als mir darüber den Kopf zu zerbrechen kann ich ja nicht machen. Ich bin in die Falle gegangen, aber ich bin zumindest wieder herausgekommen.«

Er ergänzt:

»Einer der Ersten, der nach einer Revolution eingesperrt werden würde, wäre wohl Myrdal selbst, davon bin ich überzeugt. Das versteht er aber nicht.«

Ich frage, was er an der Reise am meisten bedauert.

»Wir hätten der Sache mit Maritas Mann nachgehen müssen, statt uns, wie bei so vielem anderen damals, ganz typisch zu verhalten, im Sinn von ›darüber spricht man nicht‹. Ich habe es so aufgefasst, dass sie darüber nicht reden wollte, aber ich hätte wohl offener sein müssen. Jetzt ist ja für sie ohnehin alles aufgebrochen und sie hat sich nach ihm erkundigt, und das hätte ich an ihrer Stelle auch getan. Aber damals habe ich mir den Kopf nicht sonderlich darüber zerbrochen, und sie machte einen so militanten und entschlossenen Eindruck. Und klarerweise hätten wir allen, die wollten, dass wir uns nach einzelnen Personen erkundigen, diesen Wunsch erfüllen müssen.«

Es entsteht eine kleine Pause. Fernsehlärm hinter einer geschlossenen Tür.

»Es lässt sich ja überhaupt nichts ungeschehen machen. Gleichzeitig ist klar, dass man im Prinzip die falsche Seite unterstützt hat. Und damit, sehr indirekt, den Völkermord. Aber was kann ich heute dagegen tun?«

180.
[Wie ein Flimmer weiß]

Es ist eine einfache Hochzeit. Keine Zeremonie, lediglich ein Toast wird ausgebracht. Angestoßen wird mit Orangensaft.

Der Bräutigam: Pol Pot, 59 Jahre.

Die Braut: Meas, 22 Jahre.

Außerdem anwesend: Oberbefehlshaber Son Sen, Präsident Khieu Samphan. Und noch der ein oder andere.

Wenn es eine Art Meldewesen gegeben hätte, wäre zudem vermerkt worden »Trat, 1984«.

Die kambodschanische Basis ging in der letzten vietnamesischen Offensive verloren. Diese hier, K-18, liegt in Thailand. Verteidigt, vielleicht aber auch bewacht wird sie von thailändischen Kommandokräften.

Gut neun Monate später kommt Pol Pots Tochter zur Welt. Sie wird Sitha getauft, nach der Heldin der alten religiösen Volkssage Reamker.

181.
[Wie ein Flimmer weiß]

Eine Person, die ohne Kenntnis von Pol Pots Heirat bleibt, ist seine erste Frau, Khieu Ponnary. Sie, die Hochgebildete, die in all jenen Jahren im Dschungel, als die Revolution am wenigsten greifbar ist, ebenso rücksichtslos hart arbeitet wie er, die sich denselben Entbehrungen unterwirft. Sie, die Pockennarbige mit dem intensiven Blick. Freundlich, beherrscht, effizient.

Sie hat schon früh »schlechte Phasen« gehabt. Diese sind von Tagen, oder eher Nächten, geprägt, in denen sie ihn immer wieder weckt, überzeugt davon, dass vietnamesische Soldaten das Haus umringt hätten und im Begriff stünden, sie zu massakrieren. Und von wiederholten peinlichen Zwischenfällen, etwa dem, als eine Sicherheitswache ihrem Mann ein Glas Wasser serviert und sie nach vorne stürzt, ihm das Glas entreißt und schreit, dass er es nicht trinken dürfe, weil die Vietnamesen es vergiftet hätten.

Mit den Jahren werden ihre »schlechten Phasen« häufiger und der Umgang damit zunehmend schwierig. Wenn sie nicht ihren Hass auf alles Vietnamesische versprüht, sitzt sie ruhig da, ohne auf Zuspruch zu reagieren, ohne zu essen, sich zu waschen oder zu schlafen. Sie wird bei der Köchin untergebracht, da Pol Pot seit längerem von Schlafproblemen geplagt wird.

Auf den wenigen offiziellen Fotografien der Führung der Roten Khmer ist sie in seiner Nähe zu sehen, klein, ernst und bereits weißhaarig.

Als Pol Pot diskret auf der Bühne des »befreiten Phnom Penh« erscheint, hat sie zwar noch einige verantwortungsvolle Posten inne, aber nur dem Namen nach. Der letzte offizielle Auftritt erfolgt 1978, als sie von den jubelnden Volksmassen als

»Mutter der Revolution« geehrt wird. Danach bringt man sie in aller Verschwiegenheit in einem Spital für Geisteskranke in Peking unter.

Nach dem vietnamesischen Einmarsch wird sie in eine der Anlagen der Roten Khmer in Thailand verlegt. Dort interessiert sie sich nicht weiter für die prekäre politische Entwicklung, sondern fragt stattdessen unaufhörlich, wo ihr Mann sich befinde; verängstigt wissen wollend, wie es ihm gehe, er sei doch nicht etwa krank?

Die Symptome werden durch Zufall milder, als sie mit Kindern in Kontakt kommt. Sie ist ganz hingerissen von ihnen. Eigene bekommt sie wegen eines Gebärmutterkrebses in jungen Jahren nie.

Schließlich darf sie zu ihrer Schwester Ieng Thirith und ihrem Schwager Ieng Sary ziehen. In den letzten Jahren erinnert sie sich nicht daran, dass ihr abgöttisch geliebter Saloth Sar tot ist; sie hat auch keine Erinnerung an die Revolution oder die Bewegung, der sie ihr Leben widmete. Nicht einmal ihre eigene Schwester erkennt sie noch. Am 1. Juli 2003 wird bekannt gegeben, dass sie verstorben sei. Das Begräbnis findet am selben Tag statt.

182.
[Das Märchen vom Armierungseisen]

Ein Knabe wurde vom Vorarbeiter des Kollektivs an Kindes statt angenommen. Der Knabe war zwölf Jahre alt und hatte keine Eltern. Im Kollektiv gab man ihm Essen, Kleidung und ein Fahrrad.

Manchmal fragte der Vorarbeiter den Knaben vor allen Mitgliedern des Kollektivs: »Liebst du deine Klasse? Liebst du deine

Rasse? Liebst du die Organisation? Hast du den Mut, den Feind zu vernichten?«

Der Knabe antwortete nach jeder Frage mit Ja, und sein Ziehvater nickte anerkennend.

Eines Tages kam der Vorarbeiter und holte den Knaben ab. Er brachte ihn an den Rand des Dorfes. Dort wartete ein Soldat mit einem Gefangenen. Der Gefangene hatte die Hände auf den Rücken gebunden und kniete. Er war dünn und schmutzig.

Der Vorarbeiter wandte sich an den Knaben und sagte: »Der Feind steht vor dir. Er hat deine Eltern ermordet.«

Der Knabe wagte es nicht, sich zu bewegen. Er sah zu Boden.

Der Vorarbeiter sagte: »Wenn du nicht den Mut hast, den Feind vor dir zu töten, so deshalb, weil du selbst ein Feind bist. Du widersetzt dich der Organisation.«

Da machte der Knabe einen Schritt nach vorne und gab dem Gefangenen eine Ohrfeige. Dann zog er eine seiner Sandalen aus und schlug damit dem Gefangenen ins Gesicht, bis dieser blutete.

Tags darauf kam der Vorarbeiter wieder und holte den Knaben ab. Ein weiteres Mal standen sie vor dem Gefangenen mit den Händen auf dem Rücken.

Der Vorarbeiter gab dem Knaben ein meterlanges Armierungseisen und sagte: »Wenn du nicht den Mut hast, ihn zu töten, dann bist du ein Feind der Organisation.«

Da schlug der Knabe den Gefangenen tot.

Der Vorarbeiter holte den Knaben danach fast jeden Tag ab. Es war eine Zeit, in der viele verhaftet wurden.

Manchmal, wenn er sich langweilte, ging er selbst zum Vorarbeiter und fragte, ob nicht ein neuer Gefangener gekommen sei.

183.

Suong Sikoeun erinnert sich an das erste Mal, als er Pol Pot sah. Er erinnert sich nicht an den Zusammenhang, aber er war neunzehn Jahre alt und Revolutionär. Irgendein geselliges Beisammensein, und danach tanzte man eine Weile. Pol Pot war etwas über dreißig, aus Paris zurückgekehrt und tanzte »à l'occidentale«, also mit den Armen um seine Partnerin. Er erinnert sich deutlich an ihn: »Er war sehr schön anzusehen, sehr elegant!«

Jetzt wohnt er auf der gegenüberliegenden Straßenseite von Pol Pots Neffen, allerdings weit weg von Paris und Peking. Weit weg von den Spitzenpositionen seiner Karriere.

Er sitzt im Schatten unter seinem Pfahlhaus, in einem Klappstuhl. Nachdem wir uns zur Begrüßung die Hand gegeben hatten, knöpfte er als Erstes sein Hemd auf. Die Farbe seines Gesichts geht ins Gräuliche, und am Brustbein verläuft eine lange und hellrosa Narbe – mit »ökonomischer Unterstützung von alten Freunden« wurde er kürzlich in Phnom Penh operiert. Das Herz schlägt unter Mühen. Auf dem niedrigen Tisch vor ihm liegen der französische *L'Express* und *Cambodia Daily.*

Es ist ärmlich und verstaubt, und sie sind alle noch hier. Pol Pots Neffe Hong gegenüber ebenso wie Suong Sikoeun, der im Klappstuhl unter seinem Haus sitzt und spürt, wie das Herz müder wird. Und seine Frau, die uns Kaffee serviert, der mit Regenwasser zubereitet wurde.

Sein Leben ist die Geschichte eines ehrgeizigen und begabten Kambodschaners, Jahrgang 1937. Das Elternhaus stand außerhalb von Kratie, im Osten Kambodschas. Sein Cousin war Anführer der lokalen Gruppe der Khmer Issarak, der bewaffneten Widerstandsbewegung, die für die Unabhängigkeit von Frankreich kämpfte.

Bald stand fest, dass der kleine Sikoeun leicht lernte. In seinem Dorf war er der erste Oberstufenschüler, und man schickte ihn ins Internat nach Kompong Cham, in die Hauptstadt der Nachbarprovinz. Dort schloss er sich in seiner Freizeit einer Tanztruppe unter der Leitung eines seiner Lehrer an, des fünf Jahre älteren Hu Nim. Hu Nim wurde viel später Pol Pots Informationsminister und 1977 hingerichtet. Aber über Politik sprachen sie nicht. Nicht damals. Damals tanzten sie.

Im Gymnasium wurde die Französische Revolution unterrichtet. Suong Sikoeun war fasziniert von Robespierre. Von der Unbestechlichkeit. »Position beziehen, keinen Kompromiss eingehen. Man soll keine halben Sachen machen.« Er sagt, dass das eine Einstellung sei, die auf junge Männer Eindruck mache. »In gewisser Hinsicht wurde das meine persönliche Ideologie.«

Er gibt zu, dass er erst vierzig Jahre später verstand, dass das eine Politik sei, die in Kambodscha nicht funktioniere. Die Jahre dazwischen aber, all jene Jahre, widmete er der kompromisslosen Revolution.

184.

Die Grenzen waren geschlossen worden. Die Telefonleitungen unterbrochen. Die Telegraphen verstummt. Was ging im Land mit der siegreichen Volksrevolution vor sich?

Es gab praktisch nur zwei Informationsquellen. Die eine war das staatliche Radio des Demokratischen Kampuchea. Die andere jene Menschen, denen es gelungen war, nach Thailand zu fliehen.

Das Problem bestand darin, dass die beiden nicht übereinstimmten.

Nach offiziellen Angaben stand das Land vor großen Schwierigkeiten, es wurden jedoch rasche Fortschritte gemacht.

Die Flüchtlinge andererseits erzählten von Hunger, Sklavenarbeit und Massenmord.

Die Außenwelt war unschlüssig.

Was glauben?

Viele hatten ein Blutbad erwartet, als Phnom Penh fiel, aber die Eroberung erfolgte beinahe kampflos. Das deutete darauf hin, dass die Roten Khmer nicht so gewaltsam waren, wie manche behaupteten. Dass es danach zu willkürlichen Tötungen kam, war für die meisten unvermeidlich. Es war die Folge eines erbitterten Bürgerkriegs. Wenn sich die Situation stabilisiert hätte, würde das aufhören.

Aber die Räumung der Städte? Was sollte man davon halten?

War das ein Todesmarsch, wie die Flüchtlinge behaupteten? Oder war sie gut organisiert und effizient, wie vom Regime angegeben wurde? Waren die Flüchtlinge nicht verweichlichte Stadtbewohner und Regierungssoldaten, die vor der rechtmäßigen Revolution der Bauern flohen?

Da die Nachrichtenredaktionen der Welt im Demokratischen Kampuchea keine Korrespondenten haben durften, waren ein und dieselben knappen Angaben im Umlauf. Gerüchte und Annahmen erhob man in einigen Fällen zur Wahrheit. Der *Sydney Morning Herald* zum Beispiel veröffentlichte im Mai 1976 Bilder von Roten Khmer, die Zivilpersonen hinrichteten. Die Fotografien waren jedoch gefälscht. Und ein viel beachtetes italienisches Interview mit Staatschef Khieu Samphan, das im selben Jahr publiziert wurde, erwies sich als erfunden.

Die Berichterstattung wurde von links wie rechts streng unter die Lupe genommen. Beide Seiten versuchten, die Argumentation des Gegenübers in Stücke zu reißen.

Waren die positiven Artikel nicht die Schönfärberei einer kommunistischen Diktatur, die völlig aus dem Ruder gelaufen ist?

Waren die negativen Berichte nicht ein Versuch, die Abrechnung des Volkes mit dem Kapitalismus anzuschwärzen?

Die weltweite Debatte ging vom selben dünnen Rinnsal an Nachrichten aus. Die daran beteiligten schwedischen Stimmen konnten ihre Argumente deshalb aus den USA ebenso wie aus Frankreich beziehen.

Am Ende ging es weniger darum, was gesagt wurde, sondern, wem man glaubte.

185.

Der berühmte amerikanische Linguist Noam Chomsky schaltete sich im Juni 1977 in die Debatte um das Demokratische Kampuchea ein. Im Verlauf des Kriegs der USA in Vietnam war er als einer der schärfsten Kritiker daran hervorgetreten. Als rhetorisch versierter Sprachwissenschaftler gelang es ihm, Zweifel an der offiziellen Regierungsversion wie auch an der Art der medialen Kriegsberichterstattung hervorzurufen.

Gemeinsam mit Edward S. Herman schrieb er nun eine Analyse dreier Bücher über die kambodschanische Revolution. Der Artikel trug den Titel *Verdrehungen aus vierter Hand*.

Die Bücher, die einer kritischen Betrachtung unterzogen wurden, waren *Cambodia: Starvation and Revolution*, *Murder of a Gentle Land* und *Cambodge – année zéro*.

1977 war die Revolution erst zwei Jahre alt. Die drei Bücher gehörten zu den ersten Publikationen über das Demokratische Kampuchea. Ihnen fiel deshalb besondere Bedeutung zu, weil die Informationen darüber, was im Land vor sich ging, so spärlich ausfielen. Sie versuchten, die kurzgefassten Nachrichtentelegramme in einen größeren Zusammenhang zu stellen.

Die drei Bücher zeigten jedoch gegensätzliche Bilder des Demokratischen Kampuchea.

Cambodia: Starvation and Revolution stammte von zwei amerikanischen Südostasienkennern, Gareth Porter und George C. Hildebrand, und erschien in einem kleinen marxistischen Verlag. Auf 126 Seiten wird die Politik der Roten Khmer als im Großen und Ganzen rational und angemessen beschrieben. Porter und Hildebrand stützten sich über weite Strecken auf die Angaben des Regimes.

Murder of a Gentle Land wurde von John Barron und Anthony Paul verfasst. Beide waren amerikanische Journalisten der konservativen Zeitschrift *Reader's Digest*, die den Text zuerst veröffentlichte. Den Großteil des Materials bezogen sie aus Flüchtlingsberichten. Es wird darin von Völkermord, unmenschlichen Entbehrungen und Todesmärschen aus den Städten gesprochen.

Auch der katholische Missionar François Ponchaud hat mit Flüchtlingen Interviews geführt. *Cambodge – année zéro* besteht in erster Linie aus deren Erzählungen, allerdings benötigte er im Unterschied zu den amerikanischen *Reader's Digest*-Journalisten keinen Dolmetscher. Nach zehn Jahren Arbeit in Kambodscha sprach er fließend Khmer.

In der Auseinandersetzung mit den drei Publikationen konzentrierten sich Noam Chomsky und Edward S. Herman auf die Quellen der Verfasser.

Sie begannen mit dem Buch von Porter und Hildebrand. Dabei handle es sich »um eine sorgfältig dokumentierte Studie über die amerikanische Zerstörung in Kambodscha sowie den Erfolg der kambodschanischen Revolutionäre bei der Überwindung dieser Zerstörung, und es wird, ausgehend von umfangreichem Quellenmaterial, ein positives Bild ihres Programms und ihrer Politik gezeichnet«.

Dann kamen die *Reader's Digest*-Journalisten an die Reihe. *Murder of a Gentle Land* wurde als drittklassige Propaganda abgefertigt. Reader's Digest gelte als kommunistenfeindlich, etwas, das auch auf die dort publizierten Zeitschriften abfärbe. Unter anderem würden Barron und Paul behaupten, Khieu Samphan sei impotent und man könne die Gewalttätigkeit der Roten Khmer aus seiner sexuellen Frustration herleiten.

François Ponchaud erfuhr eine etwas respektvollere Behandlung. Allerdings fanden Chomsky und Herman mehrere sachliche Fehler, die ihrer Ansicht nach die Glaubwürdigkeit des Autors untergruben.

Dass die beiden letztgenannten Bücher auf Flüchtlingsberichten basierten, war nach Chomsky und Herman ein ernsthaftes Problem.

Wenn Angaben von Flüchtlingen Verwendung fänden, so habe das, Chomsky und Herman zufolge, mit großer Vorsicht zu geschehen. Zum einen können die Flüchtlinge eine Menge Gründe haben, ihre Berichte zu übertreiben. Schließlich müssen sie Argumente vorbringen, um Asyl zu bekommen. Zum anderen ist es beinahe unmöglich, die Angaben zu kontrollieren.

Die Schlussfolgerung lautete, dass die Darlegung der Revolution durch Porter und Hildebrand der Wahrheit mehr entspreche als die beiden anderen Bücher. Harte offizielle Statistik stand weichen und widersprüchlichen Flüchtlingsangaben gegenüber.

Der Beitrag von Chomsky und Herman zog jedoch keinen Schlussstrich unter die Debatte. Beide Erzählungen gab es weiterhin. Die erfolgreiche Bauernrevolution auf der einen Seite, der kommunistische Terrorstaat auf der anderen. Die Diskussion wurde mit neuen Beiträgen und Repliken fortgeführt. Die Tonlage schraubte sich höher.

186.

»Wenn ein Flüchtling erzählt, er habe Menschen gesehen, die wie Sardinen in einen Zug gepackt waren, macht das Gedränge die Nachricht aus, nicht, dass die im Krieg zerstörte Eisenbahn Kampucheas anscheinend repariert worden ist.«

Hedda Ekerwald schreibt in der ersten Nummer von *Kampuchea*, der Zeitung der Freundschaftsgesellschaft, über das Bild der Roten Khmer in den Medien. Die Kritik daran, wie die westliche Presse die Revolution beschreibt, wird daraufhin zu einem festen Bestandteil in den Zeitungsspalten.

Sie gehört zu jenen, die ihre Artikel unter eigenem Namen schreiben. Andere entscheiden sich für ein Pseudonym. Traut man sich nicht, seine Unterstützung für die radikalste Revolution, die die Gegenwart gesehen hat, offen zu zeigen? Oder denkt man, man sei Teil desselben Kampfes wie Pol Pot, geprägt von Codenamen und Heimlichtuerei?

Dass in der Presse eine Kampagne gegen die Roten Khmer stattfand, war unter deren Anhängern ein Gemeinplatz. Auf den Begriff gebracht hatte es Prinz Sihanouk schon wenige Wochen nach der Revolution 1975. Damals, als er noch die Siegerseite anführte, verurteilte er in *Le Monde* die seiner Ansicht nach einseitig negative Berichterstattung.

In ihrem Artikel erklärt Hedda Ekerwald die Mechanismen:

»Die Nachrichtenvermittlung über Kampuchea ist ein hervorragendes Beispiel für die Funktionsweise der Massenmedien in einer imperialistischen Welt. Sie funktionieren auf eine Weise, die von den ›guten oder schlechten Absichten‹ der einzelnen Journalisten vergleichsweise unabhängig ist. Zeitungen sind wirtschaftliche Unternehmen, die konkurrieren, nicht mittels Information, sondern mittels ›Nachrichten‹. Wichtig ist nicht, ob eine Nachricht stimmt, sondern ob sie aktuell ist. [...] Bei einem Ereignis bekommt jenes Nachrichtenbüro den meisten Platz in der Presse, das zuerst vor Ort sein und von dort Text und Bild übertragen kann. Ihm gehört der Platz auf der Titelseite, wenn das Ereignis aktuell ist. Im Krieg der USA gegen Vietnam, Laos und Kampuchea hatte das zur Folge, dass die Version einer Partei zuerst in die Presse gelangte. Erst mit späteren Schilderungen kamen korrekte Informationen, aber da waren es nicht länger Nachrichten. Wer zuerst kommt, landet auf den Titelseiten der Zeitungen und in den Nachrichtensendungen des Fernsehens, wohingegen jene, die später kommen, ins Blattinnere, in Zeitschriftenbeiträge oder in späte Radio- und Fernsehsendungen wandern.«

Und:

»Die Journalisten in der westlichen Tagespresse sind, gleichsam wie wir alle, mit einer imperialistischen Sichtweise auf die Völker der Dritten Welt imprägniert. Aufgrund einer Menge an Einflüssen, die in der frühen Kindheit beginnen, fällt es uns leichter, die Völker der Dritten Welt als unterlegen statt als gleichberechtigt anzusehen. Vom Kampf der Dritten Welt für eine neue ökonomische Weltordnung werden wir zu einer anderen Sichtweise gezwungen werden, vergleichbar der Veränderung, die wir aufgrund der Entkolonialisierung durchmachten.

Die Hetzkampagne gegen Kampuchea trägt dazu bei, dass der grausame Angriffskrieg der USA und der Sieg der Völker in Vergessenheit geraten. Die Pressekampagne dient sogar als Schutz für konterrevolutionäre Aktivitäten. Sie untergräbt die Moral bei der amerikanischen Antikriegsbewegung, jenen hunderttausenden Menschen, die in den USA den Sieg davontrugen, als die Völker in Vietnam, Laos und Kampuchea den Sieg davontrugen. Für einen Machthaber ist die Antikriegsbewegung in den USA eine Bedrohung. Sie muss gespalten und moralisch zersetzt werden, ehe sie ihre Tätigkeit auf die Verhältnisse in den USA richtet.

Kampuchea ist für westliche Zeitungsunternehmen und Nachrichtenagenturen eine Gefahr, weil es ihre ökonomischen und machtpolitischen Grundmauern direkt bedroht. Kampuchea dient hingegen für alle Länder in der Dritten Welt als Vorbild, einerseits wegen seines Aufbaus auf Basis ökonomischer und politischer Unabhängigkeit, andererseits wegen seiner antiimperialistischen Außenpolitik zur Unterstützung der Dritten Welt.

Kissinger, persönlich mitverantwortlich für den Angriffskrieg der USA gegen Kampuchea, der etwa 800 000 Menschenleben forderte, hat sein Bedauern über das große Leid ausgedrückt, dem das kampucheanische Volk durch die Roten Khmer ausgesetzt sei. Es reicht nicht aus, von einem solchen Zynismus angeekelt zu sein. Wir müssen uns gut informieren und aus einer Position des Wissens heraus von der Tagespresse zuverlässige Informationen über Kampuchea einfordern!«

187.

Ich erhalte einen Brief. Darin befindet sich die Fotokopie einer Zeichnung, die der Satiriker Lars Hillersberg gemacht hat. Die Zeichnung trägt den Titel: »Mitglieder des Schwedisch-Kampucheanischen Freundschaftsbundes reisen nach Kampuchea und haben zuvor noch ihre Reiseausrüstung vervollständigt.« Im Hintergrund ist ein Flugzeug zu sehen, im Vordergrund fünf Personen mit Reisetaschen. Jene, die ganz vorne steht, hat einen Myrdalschnurrbart. Fünf Männer, keine Hedda, keine Marita.

Die Männer tragen alle Scheuklappen – man darf annehmen, dass sich »Vervollständigung der Reiseausrüstung« darauf bezieht.

Absender des Briefs ist Bengt Albons, der 1975 als Berichterstatter für *Dagens Nyheter* in Phnom Penh war. Einige Tage vor dem Einzug der Roten Khmer verließ er die Stadt. Er fürchtete um sein Leben.

In den darauffolgenden Jahren schrieb er mehrmals über die Entwicklungen im Demokratischen Kampuchea. In erster Linie gewöhnliche Nachrichtenartikel, bisweilen Analysen. Früher war er Mitglied der FNL und des sozialistischen Clarté-Bundes und kannte sowohl Marita Wikander als auch Hedda Ekerwald, Jan Myrdal und Gunnar Bergström.

Wir treffen uns in seinem Büro in der Redaktion von *Dagens Nyheter*. Es ist ein kleiner Raum, vollgepackt mit Büchern und Papieren. Er erzählt von den letzten Tagen in Phnom Penh, von der Todesangst und dem Olympiastadion, das mit verhungernden Flüchtlingen voll war.

Und dann von der Rückkehr fünf Jahre später. Von den überlebenden Kambodschanern, die in Massengräbern buddelten, auf der Jagd nach Zahngold.

Wir sprechen über das mediale Bild des Demokratischen Kampuchea. Jenes, das die Freundschaftsgesellschaft und Noam Chomsky für so parteiisch und manipuliert hielten. Er seufzt.

»Leider kann ich nicht sagen, dass alles, was ich selbst geschrieben habe, immer so ehrenvoll war.«

Und danach, mit Nachdruck, aber vielleicht mehr zu sich selbst als zu mir:

»Wie kann man so verdammt dumm sein? Der größte Fehler meiner Karriere ist, dass ich den Berichten der kambodschanischen Flüchtlinge nicht ausreichend geglaubt habe! Der Grund dafür war mein Gepäck aus der FNL.«

188.
[Ich sah, was ich sah I]

Ming Teng bewegt sich mit einer gewissen Selbstverständlichkeit durch den Raum. Ihre Freundinnen betonen mir gegenüber, dass sie einst sehr schön war. Mir fällt vor allem ihre offene Art auf. So anders im Vergleich zu den kambodschanischen Frauen ihres Alters.

Wir sitzen in einem Schuppen in Kampot, ihrer Mani- und Pediküre wegen. Heute lebt sie in den USA, besucht jedoch ihre alte Heimat häufig.

Über die kleine Stadt am Fluss zwischen dem Meer und den Bergen hat sich die Nacht gebreitet. Die Gassen sind fast leer. Das Licht in unserem Schuppen kommt von einer einsamen Leuchtstoffröhre an der Wand.

Sie ist eine von jenen, die ich bei den Fahrten entlang der kaputten Straßen und in den kleinen staubigen Städten treffe. Eine von jenen, die mir anbietet, ihre Geschichte zu erzählen.

Solche Aussagen haben geringen wissenschaftlichen Wert. Die Zeugen repräsentieren keine bestimmte Gruppe, lediglich sich selbst. Ich habe sie nicht unter Rücksichtnahme auf Alter, Hintergrund oder ihren Aufenthaltsort zwischen 1975 und 1979 ausgesucht. Ich höre ihnen nicht zu, um mir Verlauf und Verhältnisse klarzumachen.

Ich befinde mich zufällig dort, und sie sind bereit zu reden. Statt nachzufragen, bin ich still.

Ming Teng erzählt, dass sie in Kompong Speu in Westkambodscha geboren wurde und dass ihre Eltern aus China stammen. Sie gehört zu den sogenannten Sino-Khmer. Man hat sie die Juden Südostasiens genannt. Jahrhundertelang war ihre Funktion die lokaler Geldverleiher und Händler. Als Gruppe galten sie als erfolgreich und wohlhabend.

Die an die 435 000 Sino-Khmer in Kambodscha gerieten wie selbstverständlich ins Visier der Revolution. Sie wurden als Kapitalisten abgestempelt, unabhängig davon, ob sie reich waren oder nicht. Außerdem sah man in ihnen Fremde aus dem Ausland, auch nach mehreren Generationen noch. Es war ihnen verboten, ihre eigene Sprache zu sprechen. Man rechnet, dass fünfzig Prozent der sino-kambodschanischen Bevölkerung zwischen 1975 und 1979 gestorben sind.

Ming Teng zog als Erwachsene zu Verwandten nach Phnom Penh. 1975 war sie achtundzwanzig Jahre alt, verheiratet und hatte zwei Kinder.

»Ich arbeitete in einem Ziegelwerk in Phnom Penh, als die Roten Khmer kamen. Früher hatten sie einen sehr guten Ruf. Schlichen sie sich in ein Dorf und nahmen Pfeffer oder Zitronengras von jenen, die dort wohnten, so hinterließen sie stets Geld dafür. Ich weiß nicht, warum es danach so anders wurde, warum sie uns zwangen, so hart zu arbeiten. Ich glaube nicht, dass die Anführer all das wollten, was die kleinen Parteifunktionäre von uns verlangten.

Als sie nach Phnom Penh kamen, sagten sie zu uns, dass wir die Stadt sofort verlassen müssten, denn die Amerikaner würden Bomben werfen. Ich antwortete, dass sie das nicht tun würden, und wollte nicht gehen. Da bedrohten sie mich mit Waffen. Wir durften nichts mitnehmen, weil wir lediglich drei Tage fortbleiben würden. Sie sagten mir, dass ich in meinen Heimatort zurückkehren solle.

Mein Bruder geriet 1972 zu den Roten Khmer. Er holte Brennholz aus dem Wald, als er gefangen genommen wurde. Ich traf ihn später in Kompong Speu.

Wir bekamen keinen Reis zu essen, nur Weizenkörner. Es gelang nicht, sie weichzukochen, sodass mein Sohn vor Bauchweh weinte. Mein Mann war aufgedunsen, weil das Essen keine Vitamine enthielt. In Kompong Speu mussten wir Land roden und Maniok und Bananen anbauen.

Im Oktober wurde uns mitgeteilt, dass wir versetzt würden. Ich war schwanger, und mein Mann war krank. Wir wurden auf einem chinesischen Lastwagen nach Kompong Chnang transportiert – ich konnte die Marke lesen, ›Gelber Fluss‹. Meine Kinder und meinen Mann musste ich vom Lastwagen zum Zug tragen. Überall war Wasser, also trug ich sie eine Anhöhe hinauf. Dort sah ich chinesische Experten, die an der Bahn arbeiteten. Mein Mann fragte sie, warum sie uns, ihren chinesischen Landsleuten, nicht helfen würden. Sie antworteten, dass wir den Kopf im kambodschanischen Himmel hätten, die Füße auf kambodschanischer Erde. Das bedeute, wir hätten zu tun, was die Kambodschaner sagten. Seit damals hasse ich China.

Nach dreitägigem Warten mussten wir den Zug nach Svay Sisophon nehmen. Danach fuhren wir mit dem Ochsenkarren in ein Dorf. Mich ließ man neben dem Karren herlaufen, denn es hieß, ich könne eine Fehlgeburt erleiden, falls ich auf der schlechten Straße mitfahren würde. Mein Mann, der sehr krank war, verweigerte die Fahrt dann ebenfalls. Meine Kinder waren verloren gegangen, daher weinte ich die ganze Nacht. Sie waren sechs und fünf Jahre alt. Aber sie tauchten später wieder auf.

Mein Mann war sehr schwach, und er sagte, es wäre besser, wenn er sterben würde. Jetzt sind wir auf der unteren Seite, sagte ich zu ihm, aber die Erde dreht sich – eines Tages werden wir wieder auf der oberen Seite sein. Er antwortete, dass er in China gewesen sei und den Kommunismus gesehen habe. Er wisse also, wie dieser sei.

Fünf oder sechs Monate lebten wir im Dorf P'ean Tmal. Dort war es etwas besser, aber mein Mann starb im November 1975 an Hunger. 22 Tage später wurde mein jüngster Sohn geboren.

Danach schickte man uns in den Westen, nach Thma Kaul. Nahe der Berge. Das Leben war sehr erbärmlich. Ich musste lange gehen, um Wasser zu holen. Einmal, als ich eben um Wasser gegangen war, hörte ich meinen neugeborenen Sohn im Haus schreien. Ich beeilte mich hineinzukommen. Während ich mich um ihn kümmerte, ging jemand mit einem Fisch draußen vorbei. Diese Person hat nicht verstanden, dass das Wasser, das dort stand, frisch geholt worden war, und wusch den Fisch darin. Ich bemerkte es nicht und goss das Wasser später in den großen Krug mit Trinkwasser. Man warf mir vor, ich hätte versucht, die Leute im Dorf zu vergiften. Ich wurde wütend, denn ich hatte ja nicht die Absicht, das zu tun. Der örtliche Parteileiter kam und klagte mich ebenfalls an. Da standen mir jedoch drei ältere kambodschanische Ärzte bei, die Naturmedizin praktizierten, und sagten, ich sei ein guter Mensch. Wenn ich ein Feind sei, seien auch sie welche, sagten sie. Wolle man mich töten, so müsse man sie ebenfalls töten. Der Parteileiter sagte, dass ich für dieses Mal am Leben bleibe. Aber er war nicht zufrieden damit, dass ich ihm widersprochen hatte.

1977 hatten wir sehr wenig zu essen. Ich arbeitete an einem Staudamm und schleppte dort Erde. Meine Kinder waren krank und mir war klar, dass ich versuchen musste, mit den Roten Khmer zusammenzuarbeiten, um meine Situation zu verbessern. Es gab damals einen neuen Leiter und er mochte mich, weil ich sehr hart arbeitete. Ich bekam die Verantwortung übertragen, Stoff zuzuschneiden, etwas, was ich von früher her konnte. Ich teilte mein Können nicht mit den anderen, denn solange nur ich wusste, wie es ging, konnten sie mich nicht töten, dachte ich.

In Phnom Penh hatte ich teilweise Vietnamesisch gelernt. Ich verstand daher, was 1979 im Radio gesagt wurde. Die Roten Khmer fragten, ob ich etwas verstünde, aber ich ahnte eine Falle und verneinte.

Sie packten den Reis ein und schlachteten die Kühe, die Schweine und die Hühner. Einen Tag bevor die Vietnamesen eintrafen, waren alle Roten Khmer weg. Die jungen unverheirateten Männer und Frauen nahmen sie mit.

Ich hatte vor den Vietnamesen keine Angst. Sie waren nicht gewalttätig, übernahmen allerdings später alle Lager, die die Roten Khmer eingerichtet hatten. Sie fragten, ob ich mit ihnen in Richtung Süden fahren wolle, gaben mir aber so wenig Zeit zur Vorbereitung, dass ich ablehnen musste. Dann nahmen die Roten Khmer das Dorf wieder ein. Sie verhörten uns, wollten wissen, ob wir Vietnamsympathisanten seien. Ich sagte nein – stünde ich auf der Seite Vietnams, dann wäre ich doch den Vietnamesen gefolgt, als sie auf dem Rückzug waren! Aber als danach die Vietnamesen das Dorf zurückeroberten, fuhr ich sofort mit ihnen.

Als Erstes kam ich nach Svay Sisophon. Auf der Straße befanden sich viele Tote, die auf Minen getreten waren. Wir gingen auf den Leichen, denn wir dachten, das sei weniger gefährlich, als daneben aufzutreten, wo es vielleicht weitere Minen gab. Außer meinen drei Kindern hatte ich auch zwei kleine Neffen und eine Nichte bei mir. Ich muss wie eine Mutterhenne mit Küken ausgesehen haben.

Es gelang mir, Kontakt zu meinem Vater herzustellen, der in Battambang war. Meine Mutter war einige Monate zuvor gestorben. Ich verlor also meinen Mann, meine Mutter und auch einen Schwager unter Pol Pot.

1979 hörten wir, dass Thailand die Grenze geöffnet habe, weshalb wir versuchten, dorthin zu gelangen. Die Thailänder brachten uns jedoch in ein Lager der Roten Khmer. Wir konnten fliehen, verirrten uns allerdings im Wald. Es war fürchterlich. Drei Tage und Nächte irrten wir umher, ehe wir einen Hahn hörten. Das Krähen führte uns in ein thailändisches Dorf. Dort war es gut, bis die thailändischen Soldaten kamen. Sie waren die schlimmsten von allen. Sie vergewaltigten uns, schlugen uns und stahlen unsere Sachen. Dann brachten sie uns wieder zu den Roten Khmer.

Wir haben es schließlich in ein Flüchtlingslager geschafft. Ich hatte Verwandte, die früher nach Frankreich geflohen waren, also wollte ich dorthin. Die Franzosen waren aber langsam, und als man mir anbot, in die USA zu gehen, nahm ich an. Es war grauenhaft. Ich hatte drei kleine Kinder, konnte die Sprache nicht und kannte niemanden.«

Sie sitzt eine ganze Weile still. Die Frau zu ihren Füßen malt die Zehennägel in einem grellen Rosa.

»Ich kann nicht alles erzählen. Es bedrückt mich sehr, wenn ich darüber rede, weil dann die Erinnerungen zurückkommen.«

189.

In dem Buch, das Chomskys und Hermans Zustimmung fand, *Cambodia: Starvation and Revolution*, steht unter anderem zu lesen:

»Die Räumung Phnom Penhs rettete ohne Zweifel das Leben vieler tausender Kambodschaner [...]. Was als destruktive und rückwärtsgewandte Politik dargestellt wurde, von doktrinärem Hass motiviert, war in Wirklichkeit eine mit Vernunft ausgearbeitete Strategie, um die akuten Probleme zu lösen, vor denen Kambodscha nach dem Krieg stand.«

190.

AUCH BEI ERSCHÖPFUNG MUSST DU IMMER VORWÄRTS SCHREITEN!

191.

Im Herbst 1976 fand im Schwedischen Radio eine Debatte zur Entwicklung im Demokratischen Kampuchea statt. Eine der Teilnehmerinnen ist die sozialdemokratische Reichstagsabgeordnete Birgitta Dahl. Sie wurde später Präsidentin des Reichstags. Damals, eineinhalb Jahre nach der Machtübernahme durch die Roten Khmer, sagt sie:

»Wir alle wissen ja, dass von dem, was jetzt über Kambodscha gesagt und geschrieben wird, vieles, vielleicht das meiste, Lüge und Spekulation ist. Es war ganz und gar notwendig, Phnom Penh zu evakuieren. Es war notwendig, die Lebensmittelproduktion schnell in Gang zu bringen, und das sollte von der Bevölkerung große Opfer verlangen. Aber um dieses Problem geht es jetzt doch nicht. Das Problem ist, dass wir in der Tat nicht die Kenntnisse haben, keine direkten Zeugenaussagen, um alle Lügen, die von den Feinden Kambodschas verbreitet werden, zurückweisen zu können.«

192.

Ich zeige das Foto von Sok Rim her. Suong Sikoeun muss etwas wissen. Immerhin war er für die Gastdelegationen verantwortlich. Er muss wissen, wer die Rundreisen geleitet hat. Dass Ok Sakun tot ist, ist für ihn nicht neu: »Er starb vor zwei Jahren in Paris, Krebs.«

Das Bild von Sok Rim findet sich in der Zeitung *Kampuchea*, jener Nummer, die der Reise der Schweden gewidmet ist und die ich bei mir habe. Gemeinsam mit der schwedischen Delegation hat er für das Foto Aufstellung genommen, inklusive Ok Sakun, den Fahrern und Köchinnen. Alles in allem dreizehn Personen – die gesamte Reisegruppe, die über tausend Kilometer durch das Demokratische Kampuchea zurückgelegt hat, mit Ausnahme Marita Wikanders, die die Kamera hält.

Sok Rim wird um die vierzig sein und hat unter seiner Mütze ein rundes, ein wenig joviales Gesicht.

»Der da?«, fragt Suong Sikoeun und zeigt auf Sok Rims undeutliches Lächeln.

Er schüttelt den Kopf.

»Nein, ich weiß nicht, was aus ihm wurde. Aber ich glaube,

er stammte aus der Ostzone, also sind die Chancen, dass er überlebt hat, als gering anzusehen.«

Er verzieht den Mund zu einem schiefen Lächeln.

Danach blättert er weiter, bis zur Seite nach der Mitte, auf der das Interview der Schweden mit Pol Pot wiedergegeben wird. Auf dem dazugehörigen Bild sitzt Pol Pot in einer grauen Beamtenuniform. Links Gunnar Bergström, mit Krawatte und aufgekrempelten Hemdsärmeln. Dann Jan Myrdal, im grauen Sakko. Einen Schritt entfernt Hedda Ekerwald in dunklem Kleid und Marita Wikander in weißer Bluse und kariertem Rock. Rechts der schwarz gekleidete Außenminister Ieng Sary.

Auf den kleinen Couchtischen stehen Porzellantassen. Mit Tee? Kaffee?

Ein Kristallleuchter glitzert an der Decke.

Hinter Pol Pots Fauteuil ist ein Dolmetscher zu erkennen. Suong Sikoeun stoppt und sieht genauer hin.

»Aber das bin ja ich! Sehen Sie? Ich erinnere mich nicht daran, dass ich für die Schweden gedolmetscht habe.«

Er ruft nach seiner Frau und hält ihr die Zeitung hin.

»Sieh doch, das dort bin ich. Nicht wahr?«

Sie schauen in die Zeitung und blicken einander dann an, er stolz, sie bewundernd.

193.

Im Frühjahr 2005 fand im Stockholmer Haus des Arbeiterbildungsverbands eine Debatte zu den Revolutionen in Kambodscha und Vietnam statt. Eine der Teilnehmerinnen ist Birgitta Dahl. Sie sagt:

»Es ist eine Lüge, dass wir Pol Pot unterstützt haben.«

194.

Man hört nicht jeden Tag, dass katholische Missionare die Roten Khmer loben. Aber François Ponchaud ist auch kein typischer katholischer Missionar.

»Ich möchte Pol Pot gerne aufrichtig dafür danken, dass er die katholische Kathedrale in Phnom Penh abreißen ließ. Das war sehr gut.«

François Ponchauds Buch *Cambodge – année zéro* wurde 1977 veröffentlicht. Von den Anhängern der Roten Khmer im Westen erfuhr es heftige Kritik, wurde aber zu einer Art Wendepunkt. In dem ziemlich schmalen Band fasst François Ponchaud die Situation im Demokratischen Kampuchea zusammen, ausgehend von Flüchtlingsberichten und offiziellen Kommuniqués. Der Ton ist sachlich, und im Nachhinein ist das Buch eine beeindruckende Leistung. Obwohl es in der chaotischen Situation damals geschrieben wurde, mit kaum vorhandener unparteiischer Information, ist es eine im Prinzip korrekte Beschreibung der Revolution der Roten Khmer. Die seinerzeitige Wirkung war enorm.

Als François Ponchaud 1975 mit dem letzten Konvoi westlicher Ausländer aus Kambodscha evakuiert wurde, hatte er zehn Jahre im Land verbracht. Er sprach fließend Khmer und hatte lange Zeit auf dem Land gelebt. Als Sohn eines Bauern war das eine Lebensform, die er mochte.

Nach Erscheinen des Buches wurde er gegen seinen Willen zu einer führenden Gestalt in der Verurteilung Pol Pots.

»Ich hoffte die ganze Zeit, dass die Revolution siegen würde, nicht aus ideologischen Gründen, sondern weil das Regime Lon Nols durch und durch verrottet war. Er bot nicht die geringste Hoffnung. Die einzige Zukunftshoffnung war ein Sieg der Roten

Khmer. Wir wussten, dass die Revolution brutal werden würde, aber nicht so brutal. Ich dachte, sie wären jetzt hart, würden aber nach dem Sieg maßvoller werden.«

Wir sitzen im Gebäude der katholischen Mission am Rand Phnom Penhs. François Ponchaud ist seit langem zurück in seiner zweiten Heimat. Verglichen mit früher fristet seine Kirche ein kümmerliches Dasein. In den Sechzigerjahren gab es in der Stadt zahlreiche kirchliche Gebäude. Aber die große Kathedrale war in den Augen François Ponchauds ein Gräuel.

»Es war reine Idiotie, direkt gegenüber Wat Phnom, dem heiligsten Platz Kambodschas, eine enorme Kathedrale zu bauen. Die Kathedrale war genauso hoch wie das Denkmal auf Wat Phnom. Kein Kambodschaner konnte sie ausstehen. Außerdem waren die Christen in Phnom Penh großteils Vietnamesen. Als ich 1965 das erste Mal hierherkam, sagten die anderen französischen Priester, dass an dem Tag, an dem Kambodscha eine nationalistische Regierung bekomme, die Kathedrale geschleift werde. Dass man gerade sie abriss, ist vollkommen verständlich – sonst wurden ja keine französischen oder europäischen Gebäude zerstört!«

Glaubt man François Ponchaud, so entstand sein Buch zufällig. Nachdem alle Ausländer aus dem Land vertrieben worden waren, kehrte er nach Frankreich zurück. Dort irritierten ihn zunehmend all die Falschmeldungen über Kambodscha in der französischen Presse. Schließlich schrieb er einen verärgerten Brief an die Zeitung *Le Monde* und wies auf bestimmte offensichtliche Fehler hin. Einige Tage später rief der Chefredakteur von *Le Monde* an. François Ponchaud wurde gebeten, drei Artikel über seine Erfahrungen mit den Roten Khmer zu schreiben. Als die Zeitung den Umfang seiner Kenntnisse erfasste, hat man einen Buchverlag eingeschaltet.

»Ich war kein Aktivist, ich hatte keinerlei Überzeugung, für die ich Gehör finden wollte. Ich versuchte lediglich ehrlich zu sein und auf der Seite des kambodschanischen Volkes zu stehen. Das war alles.«

Handwerker gehen in dem kleinen Büro hin und her. Ein Bücherregal ist voll mit Literatur über Kambodscha und die Roten Khmer. Es sind auch Ordner mit Korrespondenz vorhanden. Unter anderem mehrere lange Briefe von Noam Chomsky, mit Poststempeln aus den Jahren 1977 und 1978.

»Noam Chomsky schrieb, dass er mein Buch ›quite interesting‹ finde, dass er aber bei der Lektüre etwa zwanzig Fehler darin entdeckt habe. Ich antwortete, das sei sicher so, ich hätte das Buch 1976 geschrieben und es sei durchaus möglich, dass nicht jedes Wort stimme. Ich könne mich in mancher Hinsicht geirrt haben. Damit, so fand er, hätte ich zugestanden, dass das Buch nicht der Wahrheit entspreche. Aber in den entscheidenden Punkten habe ich mich tatsächlich nicht geirrt. Leider, muss ich sagen. Weder damals noch heute kann man sagen, das Buch sei nicht wahrheitsgetreu. Seine Schreiberei hingegen enthält eine ganze Menge Fehler.«

Noam Chomskys Taktik wurde von den Sympathisanten der Roten Khmer im Westen systematisch betrieben. Beinhaltete eine Zeugenaussage sachliche Fehler, so wurde der gesamte Bericht als konterrevolutionäre Propaganda abgetan.

»1978 war ich zu einem Hearing über das Demokratische Kampuchea in Oslo eingeladen. Ich wurde recht rüde angegriffen, und man verteilte einen Artikel, in dem mein Buch verrissen wurde. Torben Retbøll machte ein Interview mit mir, und ich sagte erneut, ganz ehrlich, dass es möglich sei, dass ich mich an bestimmten Punkten geirrt hätte. Eine Revolution im Detail völlig korrekt zu beschreiben, das gelte für die kambodschanische wie für die Französische, sei schwierig. Tags darauf konnte man in den Zeitungen lesen, ›Ponchaud gesteht, dass er falsch lag‹. Im Ernst, mit dieser Sorte Menschen, mit diesen Maoisten, war es unmöglich, vernünftig zu diskutieren.«

Die Revolution hat gesiegt und verloren. François Ponchaud setzte seine Arbeit mit dem fort, was übrig blieb. Unter anderem ist er persönlich an der Wiederherstellung kilometerlanger Bewässerungskanäle beteiligt, die die Roten Khmer errichten ließen. Die Bevölkerung bekommt einige Kilo Reis pro Kubikmeter Erde und Schlamm, den sie abtransportiert.

»Die Kanäle sind etwas zu flach und zum Teil verfallen. Eines Tages, als ich dort eintraf, kamen mir die Menschen mit alten Arbeitsliedern der Roten Khmer entgegen und sagten, es sei wie zu Zeiten Pol Pots. Ich sagte, dass ich mich schämte. ›Ihr arbeitet wie Sklaven, um die Mahlzeit für den Tag zusammenzubekommen, und dort hinten steht ein Bagger, der im Nu die Arbeit eines ganzen Tages für euch erledigen könnte. Ich schäme mich, dass das im 21. Jahrhundert nötig ist.‹ ›Aber nein‹, antworteten sie, ›so dürfen Sie nicht denken. Hätten Sie den Bagger eingesetzt, wäre das Geld an den Eigentümer gegangen und wir hätten kein Essen gehabt.‹ Zwei Monate hatten sie gegraben und eine enorme Arbeit geleistet. Ich sprach später mit einem anderen Gemeindevorsitzenden und bot ihm finanzielle Unterstützung an, für den Fall, dass er einen Staudamm wiederherstellen möchte, den die Roten Khmer gebaut hatten. Er lehnte ab. ›Das war die Idee der Roten Khmer, und von denen haben wir genug bekommen.‹ ›Sicherlich‹, antwortete ich, ›aber das Wasser ist weder rot noch blau noch weiß. Ich stehe zu Ihrer Verfügung, falls Sie Ihre Meinung ändern.‹ Nach einiger Zeit nahm er Kontakt mit mir auf. Jetzt haben sie vierhundert Hektar Anbaufläche statt früher dreihundert.«

Er schweigt eine Weile.

»Die Arbeit der Roten Khmer war nicht idiotisch, nur ihre Ideologie. Und wie sie Menschen behandelten. Kommunistischer Unfug. Aber nicht alles, was sie taten, war dumm.«

195.

DIE ORGANISATION IST HERRSCHER ÜBER DAS WASSER, HERRSCHER ÜBER DIE ERDE!

196.

Er sieht aus wie jeder andere auch, ist es aber nicht. Ein Bein hat er über ein Leichtmotorrad geschwungen. Es ist strahlend sauber. Am linken Handgelenk trägt er eine Armbanduhr. Er ist jung, einfach gekleidet und lächelt leicht. Ein anderer Mann macht sich bereit, um hinter ihm Platz zu nehmen.

Einige Meter entfernt gehen schwarz gekleidete Menschen vorbei, die Fahrräder schieben. Eins davon ist mit einem Benzinkanister beladen.

Das Bild wurde von Marita Wikander aufgenommen, am Fähranleger in Prek Kdam. Eine schön eingefangene Bewegung. Das Lächeln, der Mann, der gleich aufs Motorrad steigen wird.

Es könnte überall sein, zu jeder Zeit. Ein Fähranleger, mit Menschen, die für verschiedene Erledigungen den Fluss überqueren müssen. Aber es ist ein Detail vorhanden, das unser Verständnis verändert.

Die Armbanduhr.

Sie ist der Schlüssel zum Bild.

Uhren wurden 1978 von gewöhnlichen Menschen nicht getragen. Im Demokratischen Kampuchea waren sie ein Statussymbol, den Vertrauenswürdigen vorbehalten. Wie die Kugelschreiber etwa. Der Rang eines Parteifunktionärs konnte an der Anzahl der Kugelschreiber gemessen werden, die an seiner Brusttasche festgeklemmt waren.

Der lächelnde junge Mann, das glänzende Motorrad. Er war nicht wie jeder andere auch.

Haben die Schweden das begriffen? Oder sahen sie in ihm einen normalen Bauernburschen, dem die Revolution ein Motorrad anvertraut hatte?

Marita Wikanders Bild findet sich in deren Buch *Kampuchea zwischen zwei Kriegen*. Es ziert auch den Umschlag der Nummer 3–4 von *Kampuchea*, der Zeitung der Freundschaftsgesellschaft, aus dem Jahr 1978. Fast die gesamte Ausgabe ist der Reise der Delegation gewidmet.

Im Leitartikel hält man der geäußerten und vermuteten Kritik am Besuch in Pol Pots Demokratischem Kampuchea entgegen:

»Im Verlauf des Frühlings kamen Gerüchte über den Besuch in Umlauf und es gab jene, die den Wert der Reise abtaten, bevor sie stattgefunden hatte. Ein Beiträger schrieb, dass er an solchen ›politischen Gruppenreisen‹ teilgenommen habe, er wisse also Bescheid. Wir akzeptieren keine solch allgemein gehaltenen Äußerungen. Eine mühevollere, aber bedeutend lohnendere Methode ist es, jede Situation für sich genommen zu untersuchen und zu beurteilen: Was sehe ich hier? Was kann ich für Schlussfolgerungen ziehen? Wozu kann ich mich nicht äußern? Auf diese Weise versuchte die Delegation das einzuschätzen und zu beurteilen, was wir während der zweiwöchigen Reise im Demokratischen Kampuchea sahen.

Wir konnten feststellen, dass die Leute dort, wohin wir reisten, zu essen hatten, Kleider und Unterkunft. Wir konnten auch feststellen, dass die Zerstörung nach dem Krieg gegen den Imperialismus der USA von einem Ausmaß war, das schwer vorstellbar ist.«

Der Leitartikler, vermutlich war es Gunnar Bergström, schreibt, dass sie anhalten und mit allen, mit denen sie reden wollten, reden durften. Dass sie sich in den Städten frei bewegt hätten. Die Pagoden, von denen behauptet worden sei, man habe sie abgerissen, stünden weiterhin. Die Menschen würden nicht unter Waffenbedrohung arbeiten, wie ebenfalls behauptet worden sei.

»Die wirklich überwältigende Mehrheit der Bevölkerung Kampucheas vor dem Krieg waren arme Bauern, und für einen armen Bauern hat die Revolution bedeutet, dass seine Kinder sich satt essen und in die Schule gehen können und dass er selbst keine Schulden mehr hat. Zudem werden alle Familien innerhalb der nächsten Jahre ein Haus bekommen, aus Holz und mit Ziegeldach. Ein Ziegeldach, das vor Regen und Sturm schützt, war für einen armen Bauern früher undenkbar.«

Dann folgt ein Vorbehalt:

»Es ist nötig, darauf hinzuweisen, obwohl es eigentlich selbstverständlich ist, dass wir nicht überall im Land waren und dass wir vor allem nicht unmittelbar nach der Befreiung mit dabei waren. Wir sprechen auch kein Khmer. Das heißt, es gibt Fakten, die wir mit einer solchen Reise, wie wir sie gerade unternommen haben, nicht herausfinden. Diesen Einschränkungen ist die Reise unterworfen. Das bedeutet, dass wir als Augenzeugen nicht wissen, ob einzelne Übergriffe stattgefunden haben. Es bedeutet, dass wir uns zu einzelnen Fällen aus den Flüchtlingsberichten, die richtig sein können, nicht äußern.«

Es wird anschließend festgehalten, dass große Fortschritte gemacht würden. Man halte das Demokratische Kampuchea für in der Lage, autark zu werden und »den eigenen Kräften zu vertrauen«.

»Wir sahen die großen Bewässerungsanlagen, die die Bewässerung enormer Areale erlaubten. Wir sahen, wie damit begonnen wurde, in der landwirtschaftlichen Produktion Überschüsse zu erzielen und zu exportieren.

Viele Diskussionen, viel harte Arbeit und zahlreiche neue Beschlüsse stehen noch aus. Trotzdem konnten wir feststellen, dass Kampuchea über die Möglichkeit verfügt, bald schon einen großen Schritt nach vorn zu machen und ein modernes Agrarland zu werden. In der Zukunft taucht das Ziel auf – eine Industrialisierung Kampucheas. Heute ist Kampuchea ein ärmliches Agrarland. Wir konnten nun sehen, dass die Veränderung ›in schnellen Schritten‹, von denen in den Bulletins Kampucheas so viel die Rede war – dass diese Veränderung möglich ist.«

197.

»Verstehen Sie, wir hinterfragten nichts, wir waren der Revolution ja ganz und gar ergeben. Man stellte sich nicht so viele Fragen. Wir hatten sehr großes Vertrauen in unsere Anführer und kamen nicht auf die Idee, dass die Partei irren könne. Ich weiß nicht, ob Sie Bucharins Brief an Stalin gelesen haben. Genau so empfanden wir das. Das ist ziemlich phantastisch. Exakt das, was er empfand, empfand ich ebenso. Auch wenn die Partei feststellte, dass ich ein Verräter sei, war ich bereit zu sagen, ›wenn die Partei findet, dass ich ein Verräter sei, dann bin ich ein Verräter. Mir fehlt die nötige Einsicht, das selbst zu sehen, meinen eigenen Verrat zu durchschauen.‹ So war das. Fanatismus. Genau wie Ayatollah Khomeinis Soldaten, die sich vor die irakischen Panzerwagen warfen, um schneller ins Paradies zu kommen! Das ist ungefähr das Gleiche.«

Suong Sikoeun nippt an seinem Glas Kaffee aus Regenwasser. Ein Nachbar geht auf dem Pfad neben dem Haus vorüber. Es ist ein älterer Herr, das weiße Haar kurz geschnitten, mit einer großen Brille. Er trägt eine schwarze Bauernuniform und hat ein blau-weißes Tuch um die Schultern. Wie einer der Propagandabroschüren der Roten Khmer entnommen.

Wie kam Suong Sikoeun, der dreizehn Jahre in Frankreich gelebt und studiert hatte, zu dieser Ergebenheit? Er, der von einem Bildungswesen geprägt wurde, in dem der Frage mindestens ebenso viel Bedeutung beigemessen wird wie der Antwort?

Er antwortet sehr französisch, mit einem kleinen Vortrag, pädagogisch unterteilt in drei Schritte.

Erstens hatten er und mehrere andere intellektuelle Parteimitglieder am Krieg nicht selbst teilgenommen. Sie glaubten in der Schuld jener zu stehen, die gelitten haben, gekämpft haben und im Bombenregen umgekommen sind. Daher mussten sie sich nun, da die Revolution gewonnen war, umso mehr anstrengen. Zweitens war er mit seiner französischen Ausbildung ein potentieller Klassenfeind. Er musste somit auch das wiedergutmachen.

Er macht eine kleine Pause, entschuldigt sich. Er sei nach der Operation noch ziemlich schwach. Alles ist sehr still in der Mittagshitze, die Natur beinahe geräuschlos.

Drittens, setzt er fort, hatte die Partei herausragende taktische Überlegenheit bewiesen, als sie das USA-gestützte Regime Lon Nols besiegte. Wie sie Prinz Sihanouks guten Namen verwendete, um massive Unterstützung bei der Bevölkerung zu bekommen, und wie man dann die Lebensmittelversorgung der Städte vom Land aus drosselte.

»Maoistische Theorie, aber ziemlich handfest. Der Putsch 1975 wäre mit einem anderen Führer als Pol Pot niemals durchzuführen gewesen. Phnom Penh wurde trotz allem letztlich ohne Kampf eingenommen.«

Was konnte nach einem solchen Sieg in Frage gestellt werden?

198.

Sie steht auf, schwankend. Die dunkelblaue und weiße Schuluniform ist staubig, die Handflächen abgeschürft. Der Stadtgeländewagen türmt sich vor ihr auf. Der Vorderreifen des Fahrrads liegt unter der Stoßstange.

Der Fahrer ist undeutlich durch das getönte Glas zu erkennen. Er folgt der jungen Frau mit seinem Blick. Davon abgesehen ist sein Gesicht eine unbewegliche Maske der Ausdruckslosigkeit. Leute bleiben stehen und starren auf den Unfall. Auf der Kreuzung fließt der Verkehr langsam weiter, aber im Zentrum der Szene ist es merkwürdig still.

Die junge Frau macht einige Schritte auf den Gehsteig zu. Sie hinkt leicht. Weitere Menschen halten an. Keiner sagt etwas.

Ganz langsam beginnt der Stadtgeländewagen wieder zu rollen. Die rechte Seite hebt sich ein wenig, als der Autoreifen das Fahrrad zerquetscht. Das Knirschen vom Glas der Lichter, der

Rahmen, der zusammengedrückt wird. Der Fahrer sieht geradeaus. Alles scheint in Slow Motion abzulaufen, aber dann ist das Auto im Chaos des Boulevards verschwunden.

Die Frau steht weiter auf dem Gehsteig. Die Zuschauer setzen einer nach dem anderen ihre Wege fort.

Das ist Phnom Penh dreißig Jahre nach der Machtübernahme durch die Roten Khmer. Die Korruption ist heute wie damals eine der schlimmsten der Welt. Der Rechtsapparat hat seit langem aufgehört zu funktionieren, und der Abstand zwischen Reich und Arm ist schwindelerregend. Die, die Geld haben, machen, was sie wollen. Sie haben nichts zu befürchten.

Wütend denke ich, dass dem Scheißkerl im Geländewagen vielleicht etwas körperliche Arbeit auf den Reisfeldern guttäte. Damit er eine vage Vorstellung davon bekäme, wie der Großteil der Bevölkerung dieses Landes lebt. Davon, dass es für einen gewöhnlichen Bauern 1250 Jahre dauern würde, um das Geld für dieses Auto zu verdienen. Dass das Fahrrad des Mädchens dem Monatslohn eines Lehrers entspricht.

Es lassen sich Ähnlichkeiten zwischen damals und heute finden. Aber ein offensichtlicher Unterschied besteht darin, dass heute kein Vertrauen vorhanden ist, um es in eine politische Opposition zu setzen. Auch treten keine Intellektuellen in Erscheinung, die den Widerstand organisieren könnten.

Die Jungen heute sind die Kinder jener, die das Demokratische Kampuchea überlebt haben, indem sie sich duckten, schwiegen und sich um ihre Angelegenheiten kümmerten. Jene, die sich mit aufrechtem Rücken erhoben und die Organisation in Frage stellten, liegen nun in einem der vielen Massengräber.

Die, mit denen ich über Politik diskutiere, sind oft kritisch gegenüber der Regierung. Der Ministerpräsident gleiche eher einem Gottvater als einem Demokraten. Aber die Gespräche enden dennoch meistens mit einer Erinnerung daran, dass zumindest Frieden herrsche. Und auch ein schlechter Frieden sei besser als jeder Krieg. Sie hätten ja die amerikanischen B-52 überlebt, Lon Nols Vergewaltigungen, Pol Pots Massenmord und die brutale vietnamesische Okkupation.

Sie hätten gesehen, welche Kräfte freigesetzt würden, wenn man die Reichen mit Gewalt Mores lehrte.

199.

ES GIBT KEINEN VERKAUF MEHR, KEINEN HANDEL MEHR, KEINE KLAGEN MEHR, KEINEN RAUB MEHR, KEINE PLÜNDERUNG MEHR, KEIN INDIVIDUELLES EIGENTUM!

200.

[Notiz aus Büro 870,
wahrscheinlich geschrieben von Pol Pot]

»Die Revolution ist leuchtend rot, voller Überzeugung, wunderbar entschlossen und wunderbar hellsichtig. Die ganze Welt bewundert uns, singt unser Lob und lernt von uns.«

201.

Jan Myrdal besuchte Kambodscha zum ersten Mal bereits 1967. Gemeinsam mit Gun Kessle erhielt er eine private Einreisegenehmigung von Prinz Sihanouk.

Die Route folgte annähernd jener, die er mit der Freundschaftsgesellschaft elf Jahre später nehmen sollte. Er besuchte unter anderem Angkor Wat, Kampot und den Hafen in Sihanoukville. Ergebnis der Reise war das Buch *Kunst und Imperialismus am Beispiel Angkor*, das, illustriert von Gun Kessle, die Geschichte des Angkorreichs behandelt.

Während der elf Jahre, die den ersten vom zweiten Aufenthalt trennten, wurde Sihanouk gestürzt, das Land von den USA bombardiert, vom Bürgerkrieg zerrissen, und die Revolution trug den Sieg davon. Es war ein anderes Land, das er im August 1978 wiedersah. Kurz nach der Heimkehr schreibt er in der Zeitung *Folket i Bild / Kulturfront*:

»[Letztes] Mal fuhr ich in ein ländlich-friedliches Phnom Penh hinein. Eine französische Kolonialstadt mit breiten Avenuen und großen Villen. Am Markt drängten sich die Frauen, und als ich dann über diese Stadt schrieb, fragte ich mich, wie viele dieser Frauen bei Erscheinen des Textes noch am Leben sein würden. Denn damals herrschte an den Grenzen des Landes Krieg, und die Frage war nicht, ob der große Krieg auch dieses arme Land treffen würde, sondern lediglich wann.

Jetzt nach dem Krieg treffe ich auf demselben Weg ein. Dieses Mal ist das Land nicht einfach arm. Seine Armut wurde unter den methodischen Kriegsverheerungen von fünf Jahren noch viel weiter getrieben. [...] Auf dem Land steht kaum mehr ein Haus aus der Vorkriegszeit. Die großen Städte sind verlassen und fast unbewohnt.«

Ein Jahr später, 1979, reist er durch die Grenzgebiete, die weiterhin von den Roten Khmer kontrolliert werden. Auftraggeber ist die Zeitung *Svenska Dagbladet*. Die ursprüngliche Idee war, dieselbe Route, der er im Jahr zuvor mit der Freundschaftsgesellschaft folgte, noch einmal zu nehmen. Aber die vietnamesische Besatzungsmacht verweigerte ihm ein Einreisevisum. Seine scharfe Verurteilung der Invasion war in Hanoi sehr wohl bekannt. Im Anschluss an diese Reise schrieb er das Buch *Kampuchea Herbst 1979*.

Zwischen seinen Reisen lieferte er für eine Reihe von Zeitungen und Zeitschriften Debattenbeiträge zur Entwicklung des Landes. Aus den Wörtern in den alten Ausschnitten sprühen noch immer Funken. USA und katholische Kirche sind selbstverständliche Feinde. Weil aber die Kritik an Pol Pot immer umfassender ausfällt, richtet er die Waffen gegen Sowjetkommunisten und andere Linkssympathisanten, die an der Bauernrevolution Zweifel haben.

Seine Argumentationslinie ist ziemlich konsequent, obwohl die Gegenwart damals genauso schwierig zu interpretieren und veränderlich war wie heute.

Entscheidend ist die nationale Unabhängigkeit. Der Gesellschaftswandel der Roten Khmer zielte darauf ab, das Land ein für alle Mal von ausländischer Dominanz zu befreien. Kambodscha hat, gemessen an der potentiellen Ackerfläche und den übrigen Bodenschätzen, eine zahlenmäßig kleine Bevölkerung. Der große See Tonlé Sap gilt als einer der fischreichsten in ganz Asien, und bei richtiger Bewässerung und Düngung wäre es möglich, zwei oder auch drei Reisernten pro Jahr einzubringen. Damit sind, Jan Myrdal zufolge, selten gute Voraussetzungen für Autarkie gegeben.

Als die Roten Khmer damit anfingen, die Verbindungen zur Außenwelt zu durchtrennen, geschah das folglich nicht kopflos. Es war vielmehr ein logischer, wenn auch drastischer Beschluss für ein Land, das den Versuch unternehmen wollte, seinen eigenen Weg zu gehen. Das Volk hatte die Macht übernommen und würde über sich selbst bestimmen. Natürlich wäre Hilfe von außen für die Zeit des Aufbaus nützlich gewesen. Aber die Hilfe wäre nicht bedingungslos geleistet worden. Immer gibt es einen Hintergedanken, einen Haken, an dem man sich verfängt. Um sicherzugehen, dass der Wille des Volkes uneingeschränkt regierte, durfte das Ausland überhaupt keinen Einfluss haben. Jedenfalls nicht, bevor sich das neue System gefestigt hatte.

Es war eine Reaktion auf eine Welt, in der die alten Kolonialmächte und die USA die Spielregeln bestimmt hatten. Regeln, nach denen zu spielen sich, so Myrdal, auch die Sowjetunion entschieden hatte. Es war ein Spiel auf Kosten der armen Länder. Wenn nun eines der kleinsten vom Tisch aufstand und sagte, es weigere sich, weiterhin zu verlieren, dann sei das doch lobenswert.

Die Möglichkeiten der Selbstversorgung waren nicht nur ein Segen. Im Osten und im Westen lagen Länder mit wesentlich mehr hungrigen Mäulern pro Quadratmeter Reisfeld zu stopfen. Jan Myrdal sah das Demokratische Kampuchea in größeren historischen Zusammenhängen. Vor allem Vietnam hatte sich jahrhundertelang auf Kosten seiner Nachbarn ausgebreitet. Wo ist denn heute, stellt Myrdal die rhetorische Frage, das Volk der Champa und dessen Reich?

Die Zeitgeschichte zeige seiner Meinung nach auch, dass es weder den Großmächten noch der Weltgemeinschaft um die nationale Souveränität Kambodschas ging. Die Bombardements der USA blieben ungestraft, die partielle Invasion ebenso. Keiner hielt dann das von der Sowjetunion unterstützte Vietnam ab, die international anerkannte Regierung des Demokratischen Kampuchea zu stürzen und das Land zu besetzen.

Wenn dies zugelassen wird, schreibt er, was verhindert denn, dass ein kleiner nordeuropäischer Randstaat wie Schweden dasselbe Schicksal erfährt, sollten sich die Großmächte dazu entschließen? Kambodscha stellt für andere Länder, die versuchen, neue Lösungen für alte Probleme zu finden, ein gefährliches Präjudiz dar.

Jan Myrdal setzt sich anschließend mit den Verbrechen auseinander, derer die Roten Khmer beschuldigt werden. Er beginnt mit den Vorwürfen des Völkermords.

»Natürlich ist in Kambodscha vorsätzlicher Völkermord vorgekommen. Es war ein bewusster Völkermord, und er wurde von den Vereinigten Staaten begangen. Das ist belegt. Viele starben nach der Befreiung in Kambodscha an Krankheit und Hunger. Auch dafür tragen die Vereinigten Staaten die hauptsächliche Verantwortung, denn das Aushungern war eine bewusst gewählte Waffe.«

Die kambodschanische Revolution müsse, Myrdal zufolge, in ihren historischen Zusammenhang gesetzt werden. Gesellschaftsumwälzende Revolutionen seien in sich oft gewaltsam. Menschen würden getötet. Das sei eine bedauerliche Konsequenz. Er zieht den Vergleich zu all jenen Kollaborateuren, die im Zusammenhang mit der Befreiung Frankreichs nach dem Zweiten Weltkrieg erschossen wurden. Wie viele waren das? Tausende? Zehntausende? Hunderttausende? Sie bekamen kaum je ein Gerichtsverfahren, sondern wurden auf offener Straße erschossen. Von ihnen ist in den Schulbüchern für den Geschichtsunterricht nicht die Rede.

Ein anderes Beispiel ist die Französische Revolution 1789, die in der blutgetränkten Schreckensherrschaft Robespierres endete. Heute gilt sie für die Herausbildung der modernen Demokratie als entscheidend.

Der Preis für die Freiheit, so Myrdal, sind Menschenleben.

Ab wann ist er zu hoch? Darauf finde ich in seinen Schriften keine Antwort.

Ferner erkennt er die Muster und Mechanismen der Gewalt aus den Bauernrevolutionen des europäischen Mittelalters wieder.

In seinem Vorwort zu *Kampuchea und der Krieg, Schriftstellung 11*, das nach der Reise der Delegation im Jahr 1978 erschien, schreibt er:

»Man weiß, dass Bauernkriege und Befreiungskriege grausam werden können. Und wenn etwa jeder siebte Einwohner im Krieg gefallen ist, kann niemand damit rechnen, dass man die Verräter und Profiteure, die den Krieg ausgelöst und an ihm verdient haben, mit Nachsicht behandeln würde. Ich bin tatsächlich völlig überzeugt davon, dass viele von ihnen hingerichtet wurden, falls sie nicht entkommen konnten. Aber ich halte das für richtig. Über das Schicksal von Denunzianten und Kollaborateuren habe ich noch nie Tränen vergossen. Denn was in Kambodscha geschah, ist im Prinzip genau dasselbe, was bei der Befreiung in Frankreich geschah.«

Jan Myrdal ist zudem der Meinung, dass die Roten Khmer anfänglich über das, was sich auf lokaler Ebene zutrug, nur wenig Kontrolle hatten. Ehe es ihnen gelang, die Rachsucht der revoltierenden Bauern zu zügeln, vergingen mehrere Jahre. Er meint auch, dass es innerorganisatorische Spannungen gab. Unter anderem soll die Geheimpolizei von einem vietnamtreuen Flügel kontrolliert worden sein.

Und es gebe weitere Gründe, den Angaben zum Völkermord, die zirkulierten, skeptisch zu begegnen. Im August 1979 schreibt er in *Svenska Dagbladet*:

»Es war ein blutiger Bauernkrieg und es kam daher zu grausamen Übergriffen. Aber die Zahlen, die von den Khmer Serei verbreitet wurden, bevor sie sich mit der Regierung Pol Pots im nationalen Kampf gegen die Vietnamesen einigten, und die jetzt von Hanoi aus in Umlauf gebracht werden, sind Phantasiezahlen. Ich erinnere daran, dass nach Angaben, die von der Presse und dem Außenministerium lange Zeit als glaubwürdig behandelt wurden, die pakistanische Armee während der blutigen Auseinandersetzung des Jahres 1971 im damaligen Ostpakistan, heutigen Bangladesch, 3 000 000 Menschen ermordet hat. Soweit wir jetzt sehen, dürfte sich die Zahl der Opfer jedoch auf ungefähr 40 000 belaufen.«

In der Zeitschrift *Clarté* kommt er, aus der Perspektive fünfundzwanzig Jahre danach, auf die Tötungen zurück:

»Und das Morden? Dass ich davon nichts sah, ist ohne Bedeutung; es kann weder verwendet werden, um es zu bestreiten, noch, um es zu bestätigen. Ich gehe allerdings davon aus, dass viel Grausamkeit und Mord vorkam. In Indien habe ich erlebt, wie arme Bauern den Wuchertreiber in Scheiben schnitten: Einen Finger für die Tante! Einen Fuß für die Schwester! Einen Arm für den Vater! Der vergewaltigende Dora – der Feudalherr – wurde an die Wand genagelt. Die Leute aus der Partei konnten das kaum verhindern. Die Vorstellung, den Klassenfeind individuell zu vernichten, war populär und schwer unter Kontrolle zu bringen.«

Die Räumung Phnom Penhs und der übrigen Städte war nach Myrdal eine »kluge Politik«. In dem Buch *Kampuchea: die Kriege, die Politik, die Diplomatie*, 1983 erschienen, arbeitet er seine

Überlegungen dazu aus. Es gab mehrere praktische Argumente für eine rasche Evakuierung der Stadtbevölkerung: die Gefahr eines amerikanischen Bombenangriffs, konterrevolutionäre Putschisten, die sich mit Unterstützung der CIA in den Städten verborgen hielten, und die akute Hungersnot, die drohte, sobald die knappen Lebensmittelvorräte zur Neige gingen. Reis wachse nicht auf den Straßen, schreibt er.

Wichtiger seien jedoch die ideologischen Motive. Phnom Penh sei ein unproduktives Geschwulst, so Myrdal.

»Aber es ist nicht nur so, dass die Herren aus den Städten als Grundbesitzer und / oder höhere Beamte im Staatsapparat, der vom Volk Steuern eintreibt, von der Arbeit der Bauern leben; in zweiter Linie lebt auch der größere Teil der arbeitenden Bevölkerung in den Städten parasitär von den Bauern. Sie leben davon, jene Herren zu bedienen und zu versorgen, die die Bauern plündern. Sogar die Armen der Städte, ihre Bettler und Elenden, leben von den Almosen, die die Grundbesitzer und Bürokraten verteilen. Städte sind parasitär.«

Er fährt fort:

»Aber Phnom Penhs Evakuierung drückte bloß die Stimmung aus; die Evakuierung war ein Einzelfall. Langsam begann man auch damit, die Städte wieder zu bevölkern. Der soziale Charakter war ein anderer. Die Städte sollten produktiv werden. Die neue Industrie und die neuen Schulen sollten sie prägen– nicht länger Grundherren und Staatsbeamte und ihre Bediensteten und alle Art Servicepersonal.«

Jan Myrdal zufolge zeitigte die radikale Politik ab dem Jahr 1978 positive Resultate. So lautete seine Einschätzung im Anschluss an die Reise der Freundschaftsgesellschaft und er nennt es eine aufklarende Zeit. Die Kontrolle der Zentralmacht nahm zu, und regionale Gewalt konnte somit unterdrückt werden. Er schreibt:

»Es war eine Zeit rascher Entwicklung und großer Zukunftshoffnungen. In ein paar Jahren schon würde das Demokratische Kampuchea augenfällige Fortschritte erzielt haben.«

1979 wurde die mögliche Entwicklung durch den Einfall Vietnams zunichtegemacht. Laut Myrdal war sie auch der Grund, warum kein anderes Land die Vietnamesen aufzuhalten versuchte. Das Demokratische Kampuchea sei das bedrohliche Versprechen einer gerechteren Welt. Die Roten Khmer zeigten, dass es möglich sei, einen anderen Weg einzuschlagen als jenen, den die Großmächte vorgezeichnet hätten. Das mache sie gefährlich. Einen Spaltbreit öffneten sie die Tür zum Zusammenbruch des herrschenden Systems. Aus Myrdals Sicht begrüßten große Teile der Außenwelt daher insgeheim die Invasion, selbst wenn sie diese offiziell verurteilten.

202.

DIE FRÜCHTE WACHSEN AUF DEM LAND, WERDEN ABER IN DEN STÄDTEN GEGESSEN!

203.

Suong Sikoeuns Frau kommt mit weiterem Regenwasserkaffee. Eine Henne mit zerzausten halbwüchsigen Küken geht unter dem Tisch neben uns vorbei. Wachsam, starrend.

Suong Sikoeun erläutert, dass das Zentralkomitee der Kommunistischen Partei alle Beschlüsse zu den Schweden und deren Rundreise fasste. Sogar die Wünsche der Schweden während des Besuchs wurden weitergeschleust und an höchster Stelle entschieden. Details der Beschlüsse seien ihm jedoch nicht bekannt. Dass er sich nahe am Zentrum der Macht befand (vier Kugelschreiber in der Brusttasche), tat nichts zur Sache.

Er durfte nicht mehr wissen, als für seine Arbeit nötig war. Selbst er könne nicht im Detail erklären, was die schwedische Delegation sehen durfte oder warum.

Er sagt, dass nicht einmal er selbst wusste, wie es im Land aussah, obwohl er die Mehrzahl der wenigen Diplomaten begleitete, die empfangen wurden. Er konnte sich nicht vorstellen, dass es so schlimm war.

Ich unterbreche. Etwas, Monsieur, müssen Sie doch geahnt haben? Sie hatten eine ziemlich einzigartige Position. Und die Säuberungen in Ihrem eigenen Außenministerium waren ja ebenfalls von beträchtlichem Ausmaß.

Gewiss, antwortet er und setzt mit halb geschlossenen Augen fort:

»Zu zweifeln begonnen habe ich vermutlich im März 1977, als ich eine Reise nach Siem Reap begleitete, mit dem schwedischen Botschafter in Thailand.«

Jean-Christophe Öberg?

»Ja, ich begleitete ihn. Mit mir kam Nikan, Bruder des Verteidigungsministers Son Sen und Protokollchef im Außenministerium. Der Botschafter wollte den Sonnenuntergang über Angkor sehen. Er tat vollkommen recht daran. Es war wirklich großartig. Seine Frau war bei ihm, und wir blieben eine ziemlich lange Weile.«

Pause.

»Auf dem Rückweg ging ein Auto kaputt, auf der Nationalstraße 6. Ein Mädchen kam auf uns zu, vielleicht zwölf Jahre alt, und fragte, ob sie nach Phnom Penh mitkommen dürfe. Sie richtete die Frage an Nikan. Er wollte wissen, warum. Sie antwortete: ›Es gibt hier so wenig zu essen. Ein Schöpflöffel Bobor, Reissuppe, zweimal am Tag.‹ Sie weinte ein wenig – man sah deutlich, dass sie unterernährt war. Wir befanden uns in der Provinz Battambang, die dafür bekannt ist, Kambodschas fruchtbarste Gegend zu sein.«

Er beugt sich zu seinem Kaffee vor und trinkt nachdenklich mehrmals hintereinander.

»Das weckte meine ersten Zweifel. Und dass immer noch Menschen verschwanden. Nicht nur aus der Reihe der Intellektuellen, sondern vor allem gewöhnliche Funktionäre, die den Arbeitsablauf im Ministerium sichern sollten.«

»Aber«, fügt er hinzu, »ich glaubte stets, dass das Regime die Unterstützung des Volkes hatte.«

204.

Der Historiker Herman Lindqvist schreibt in der Zeitung *Aftonbladet* im April 2005, eine Woche vor dem dreißigsten Jahrestag des Falls vom Phnom Penh. Er war dort damals, am 17. April 1975, einer der ausländischen Journalisten, die dort Zuflucht in der französischen Botschaft nahmen. Er schreibt mit der vollen Autorität eines – schwedischen – Augenzeugen.

Er schreibt: »Alle Gebildeten wurden umgebracht, alle, die Brillen trugen, totgeprügelt.«

Das ist eine merkwürdige Behauptung, weil sie nicht der Wahrheit entspricht und Herman Lindqvist das weiß.

Aber so sieht die Erzählung über die Roten Khmer aus. Brillenschlangenmörder, geradewegs aus dem Dschungel. In ihrer Grausamkeit und Irrationalität nicht zu begreifen.

Die Roten Khmer waren trotz ihrer in Frankreich ausgebildeten Führung eine antiintellektuelle Bewegung. Es war oft, aber nicht immer, ein Nachteil, das Symbol des Lesekundigen zu tragen. Brillen zeigten an, dass man sich mit imperialistisch geprägtem Wissen beschmutzt hatte. Aber es war kein generelles Todesurteil. Verteidigungsminister Son Sen etwa trug ein dunkel eingefasstes Exemplar.

Ähnliche Gerüchte zirkulierten während des Befreiungskriegs gegen die französische Kolonialmacht. Khmer Issarak, die kambodschanische Guerilla, tötete angeblich alle Brillenträger und all jene, die von der Arbeit keine Schwielen an den Händen hatten. Weiche Handflächen und Augengläser verband man mit der städtischen Oberschicht, somit jenen, die mit den Franzosen kooperierten.

Aber auch das war nicht konsequent. Vielleicht geschah es, vielleicht geschah es nicht.

Die Behauptungen, dass die Roten Khmer alle Alten hingerichtet haben, dass Musik verboten wurde und die kambodschanischen Frauen nicht länger menstruierten, waren unrichtig. Sie wurden mit scheinbar ebenso unsinnigen Behauptungen vermischt wie der, dass ein Fünftel der Bevölkerung gestorben sei.

Das ermöglichte den Verteidigern der Roten Khmer im Westen, den Massenmord in Frage zu stellen. Wenn drei von vier Behauptungen erwiesenermaßen falsch sind, dann kann man auch der vierten keinen besonders hohen Wahrheitsgehalt beimessen.

Und jetzt umgekehrt: Wenn der Massenmord in all seinem Schrecken sich als wahr erwies, so wurden damit auch die übrigen Behauptungen richtig.

Das schwarzweiße Bild verdeckt am Ende alles.

Wie kann man da aus der Geschichte etwas lernen?

205.

Es wird sich nie feststellen lassen, wie viele Menschen in den dreieinhalb Jahren starben, in denen Pol Pot an der Macht war. Die Zahl der Massengräber ist unüberschaubar. Jetzt verschwinden sie im Dschungel. Wie viele darin liegen, ist und bleibt unbekannt.

Die Schätzungen zur Zahl der Toten variieren zwischen 750 000 und 3 000 000.

Zur Zahl der Hingerichteten belaufen sich die Berechnungen auf einige Hunderttausende bis über eine Million.

Grund dieser Unsicherheit ist der Mangel an verlässlichen statistischen Daten. Die Zahlen, die veranschlagt werden, basieren auf Schätzungen, die sich auf Vermutungen stützen.

Die letzte einigermaßen zuverlässige Volkszählung wurde 1962 durchgeführt. Damals hatte das Land 5,7 Millionen Einwohner. Über die Zunahme der Bevölkerung danach kann man nur spekulieren. 2,2 Prozent jährlich vielleicht?

1969 begannen die USA mit ihren Bombardierungen. Wie viele Kambodschaner gab es zu diesem Zeitpunkt? Wie viele wurden in den darauffolgenden Jahren durch Bomben getötet? Einige sagen 50 000, andere 500 000.

Anschließend der Bürgerkrieg.

Wie viele kamen dabei um?

Und wie soll man den Bevölkerungszuwachs während eines Bürgerkriegs beurteilen? Werden mehr Kinder geboren oder weniger? Wie hoch ist die Kindersterblichkeit?

Danach der Machtantritt der Roten Khmer. Wie viele Kinder kamen in jenen Jahren zur Welt? Wie stand es mit der durchschnittlichen Lebenserwartung? Und wie, hier ebenfalls, mit der Kindersterblichkeit? Und alle Hinrichtungen, die heimlich und vielleicht sogar außerhalb staatlicher Kontrolle auf dem Land erfolgten? Welchen Umfang hatten sie?

Schließlich die vietnamesische Invasion. Wie viele starben in deren Verlauf? Und während der Hungerkatastrophe, die ihr folgte?

Wie viele entflohen all diesen Entbehrungen und gelangten in andere Länder, ohne dass das in Kambodscha verzeichnet wurde?

750 000 oder 3 000 000 Tote? Spielt es eine Rolle, welche Zahl korrekt ist?

Man kann nicht sagen, dass 2 250 000 Menschenleben auf oder ab unwichtig sind. Würden aber die Verbrechen weniger schwer wiegen, wenn es »nur« 750 000 waren, die starben?

206.

[Aus der Abendzeitung Expressen *vom 31. Juli 1978, zwölf Tage bevor die schwedische Delegation in Phnom Penh landet]*

Ieng Sary, Außenminister des Demokratischen Kampuchea: »Warum sollten wir unsere eigene Bevölkerung massakrieren wollen? Wer das tut, ist kriminell. Wir möchten in Hinkunft

Journalisten einladen, damit sie selbst sehen können, was hier vor sich geht. Wir sind ein Volk, das eben erst einen Krieg hinter sich gelassen hat.«

207.
[Wie ein Flimmer weiß]

Vor ihm breitet sich die Ebene aus. Die Sonne geht unter und er sitzt auf der Terrasse, direkt hinter der Eisenbalustrade. In den Ästen der Bäume hängen leere Kokosnüsse. Darin wachsen weiße Orchideen.

Er war vor kurzem bei der Sauerstofftherapie und die Atmung fällt ihm etwas leichter. Jetzt sieht er, wie sich die Sonne über das Land senkt, das er zwanzig Jahre zuvor erobert hatte.

Pol Pot ist fast siebzig. Sein Haar ist weiß. Er hat Krebs und Herzprobleme. Eine Decke liegt über den alten Beinen. Hinter dem Horizont, in Phnom Penh, sitzt Kambodschas erste vom Volk gewählte Regierung.

Auf dem Tisch neben ihm steht ein Glas Kognak, importiert aus Thailand.

Seine Guerillasoldaten desertieren zunehmend. Sogar sein Sekretär hat ihn verlassen. Nur einige der ältesten Verbündeten sind übrig. Ieng Sary. Khieu Samphan. Ta Mok. Son Sen. Sie finanzieren den militärischen Kampf mit dem Verkauf von Tropenholz und Edelsteinen aus jenen unzugänglichen Gebieten, die sie noch kontrollieren.

Warum gibt er nicht auf? Zieht er Parallelen zum Tiefpunkt am Beginn der Sechzigerjahre, wo alles verloren schien? Aber was will er diesmal zustande bringen? Es gibt für ihn keine Ideologie mehr, für die er kämpfen könnte. Was würde er mit der

Macht anfangen, falls es ihm wider Erwarten gelingen sollte, sie zurückzuerobern? Kämpft er aus reinem Reflex weiter? Weil es das Einzige ist, was er zu tun weiß?

208.

Ich erhalte eine E-Mail von Hedda Ekerwald. Sie schreibt, dass sie sich nicht interviewen lassen möchte. Der Ton ist nicht unfreundlich gehalten, sie schreibt allerdings, dass sie schlechte Erfahrungen mit Interviews hat. Manchmal sei es eher darum gegangen, eine These zu bekräftigen, als korrekt wiederzugeben, was sie sage.

Sie schreibt, dass sie den Kampf der Roten Khmer gegen den Bombenkrieg der USA und die darauffolgende Revolution unterstützte. Dass sie ein Land sah, das von einer überwältigenden Militärmacht verwüstet wurde, und deshalb für den Befreiungskampf des Volkes eintrat.

Sie schreibt, dass sie immer den Kampf der Schwachen, *the underdog*, unterstützt hat.

Bei ihrem Besuch 1978 sah sie keine unterdrückten und verängstigten Menschen, kein vernachlässigtes Land in Hungersnot. Sie sah Schulen und Fabriken, Krankenhäuser und neu errichtete Einfamilienhäuser. Aber auch »zwangsweise kooperative Speisesäle«.

In den folgenden Jahren, während der jahrzehntelangen vietnamesischen Okkupation, verstand sie das Ausmaß der Tötungen durch die Roten Khmer. Sie will es keinen »ethnischen Völkermord« nennen, sondern einen »stalinistischen Terror mit Polizeispitzeln, Verschwinden, Folter und Hinrichtungen unter Geheimhaltung«.

Sie schreibt, dass sie heute die Gewalt der Roten Khmer für die furchtbarste halte, die je ein Regime nach dem Zweiten Weltkrieg gegen das eigene Volk gerichtet habe. Gewalt, die auch Angehörige ihrer kambodschanischen Freunde tötete.

Sie schreibt über die Gespaltenheit. Dass es schwierig gewesen sei, die eigenen Erlebnisse der Reise von 1978 mit dem in Verbindung zu bringen, was andere erzählten. Über die gleichzeitig stattfindende Gewalt. Es sei schwierig gewesen zu akzeptieren, dass beides zugleich Platz greifen kann.

Und, abschließend, »es ist traurig gewesen einzusehen, dass diejenigen, denen Unterdrückung durch den Militärapparat der USA widerfuhr, danach selbst ihre Mitmenschen unterdrücken würden«.

209.

Mey Mak besteht darauf, dass unser Treffen geheim stattfinden müsse. Es kommt ihm ungelegen, in der Öffentlichkeit mit einem aus dem Westen gesehen zu werden. Das könnte Gerede geben.

Er war Pol Pots Sekretär und Leibwächter. Heute ist er Vorsitzender des Wahlkreises Pailin. Das Mandat hat er von der Regierungspartei bekommen, jener, die er mit der Waffe in der Hand beinahe zwanzig Jahre lang bekämpft hatte.

Alles dreht sich um Loyalitäten. Unter keinen Umständen dürfen sie in Frage gestellt werden. Und die Leute reden.

Wir treffen uns daher im hintersten Teil eines leeren Restaurants. Er trägt eine graue und kragenlose Polyesteruniform, den bevorzugten Anzug von Behördenvertretern. Es besteht kein Zweifel daran, dass ein Mann in seiner Position ein beträchtliches Vermögen auf der Seite hat. Eine Bedingung für das

Treffen jedoch ist, dass ich ihm eine Wertkarte kaufe, damit er sein Mobiltelefon aufladen kann. Barsch erklärt er, dass man in Kambodscha bei jedem Treffen Geschenke austauschen müsse. Ob ich das verstanden hätte?

Dann fordert er mich auf, ihn zum Frühstück einzuladen.

Mey Mak ist ein Mann, dem Gesichtsausdrücke zu fehlen scheinen. Hinter der großen Brille verrät er kein einziges Gefühl. Die Augenlider bleiben halb geschlossen. Lediglich die Tonlage gibt seine Gemütsstimmung preis.

Im Demokratischen Kampuchea war er Fluglotse. Er hatte vom Flugverkehr keine Ahnung und erwarb sein Wissen eigenständig aus einem liegengebliebenen Handbuch. Zwischen 1975 und 1979 landeten allerdings nicht so viele Maschinen auf dem Flughafen in Phnom Penh. Die einzige reguläre Fluglinie ging nach Peking, jede zweite Woche.

Ich frage nach den Reiseführern der Schweden. Kannte er sie? Ok Sakun? Sok Rim? Suong Sikoeun?

Sikoeun, doch, den kennt er. Er erzählt von der vietnamesischen Invasion 1979. Er floh nach Norden und traf auf dem Weg eine Gruppe Soldaten der Roten Khmer. Sie hatten Suong Sikoeun in Haft genommen, der in letzter Minute aus Phnom Penh abgereist war.

»Ich hatte Suong Sikoeun viele Male auf dem Flughafen gesehen, als er ausländischen Besuch in Empfang nahm. Jetzt waren seine Hände auf den Rücken gefesselt. Die Idioten standen im Begriff, ihn zu erschießen, weil sie dachten, er sei ein vietnamesischer Agent. Ich befahl, ihn sofort freizulassen. Also ja, ich kenne ihn, ich habe ihm das Leben gerettet.«

Er wendet den Kopf in Richtung einiger eben eingetroffener Gäste. Sie reden miteinander, lachen und sehen uns nicht.

Er erklärt, dass Pol Pot verraten wurde, als man ihn 1997 als

Parteivorsitzenden absetzte. Kurz bevor er gestürzt wurde, hatte Pol Pot seinen früheren Verteidigungsminister Son Sen und dessen gesamte Familie hinrichten lassen.

Nach offizieller Geschichtsschreibung ließ Pol Pot Lastwagen über Son Sens Leiche fahren. Das wurde Ta Mok, dem Militärbefehlshaber, zu viel und er befahl seinen Soldaten die Verhaftung Pol Pots.

Lauter Lügen, so die Meinung Mey Maks. Pol Pot hatte einige Soldaten geschickt, um Son Sen zu einem Treffen abzuholen. Das war alles. Ein Schuss löste sich und alle griffen zu den Waffen. Im darauffolgenden Chaos wurde Son Sen bedauerlicherweise getötet. Pol Pot war am Boden zerstört, sagt Mey Mak. Am Boden zerstört. Ta Mok ist der Verräter.

Ein weiteres Mal ist die Geschichte in Bewegung versetzt. Wer kann heute die tatsächlichen Motive bezeugen, den tatsächlichen Verlauf? Sowohl Son Sen wie auch Pol Pot sind tot. Übrig bleiben die Angaben aus zweiter Hand und die Zeugen, die Teile gesehen haben und zu einem Ganzen zusammenfügen.

Ich erinnere an den Zweck des Treffens. Er nickt und nimmt sein Mobiltelefon heraus. Kurzsichtig blättert er die Namen in einem kleinen Notizbuch durch und wählt dann eine Nummer.

Nachdem einige überschwängliche, aber unterwürfige Begrüßungsfloskeln gewechselt worden sind, reicht er das Telefon herüber. »Khieu Samphan«, sagt er.

210.

Etwas über ein Jahr nach der Reise war Marita Wikander als Vorsitzende der Freundschaftsgesellschaft Schweden-Kampuchea auf Gunnar Bergström gefolgt. Ihre Antrittsrede hielt sie bei der großen Kampuchea-Konferenz, die im November 1979 in Stockholm ausgerichtet wurde. Sie wird zu einer internationalen Manifestation gegen die vietnamesische Besetzung des Nachbarlandes und einer Huldigung für die Roten Khmer. Vierunddreißig Länder sind vertreten. Anwesend ist auch Ieng Thirith, die Sozialministerin des Demokratischen Kampuchea, mit Außenminister Ieng Sary verheiratet und Pol Pots Schwägerin.

Marita Wikander am Mikrofon.

»Alle, die wir gekommen sind, um an der Kampuchea-Konferenz in Stockholm 1979 teilzunehmen, sind über die Situation in Kampuchea tief besorgt. Mehr als zehn Monate sind vergangen, seit die vietnamesische Armee ihren Einmarsch in Kampuchea mit dem Ziel begonnen hat, das Land zu besetzen. Diese unzweideutige Aggression hat in Kampuchea einen Katastrophenzustand hervorgerufen, bei dem mehr als eine Million Menschen an Hunger und Krankheit gestorben sind oder von der vietnamesischen Kriegführung getötet wurden. Die kampucheanische Nation und das kampucheanische Volk sind heute von Ausrottung bedroht. Aber die Widerstandsbewegung in Kampuchea kämpft beharrlich gegen den Einmarsch, und auf internationaler Ebene hat die Aggression Vietnams deutliche Verurteilungen erfahren.«

Danach verliest sie eine Erklärung des Präsidenten der Roten Khmer, Khieu Samphan.

211.

Ein Bild des Podiums an jenem Tag. Fünf Männer mittleren Alters im Anzug, aus den USA, Japan, Südafrika und Indien. Auf der linken Seite blättert Jan Myrdal in seinen Unterlagen. Zu seiner Linken sitzt Marita Wikander. Sie trägt eine weiße Bluse, in der Hand einen Stift.

Einer der Teilnehmer sagt vermutlich etwas, denn drei der Präsidiumsmitglieder richten ihre Aufmerksamkeit auf einen bestimmten Punkt im Saal. Marita Wikander ist eine davon. Sie sieht jedoch eher nachdenklich aus. Der Blick wie verloren.

Weiß sie zu jenem Zeitpunkt und an jenem Ort, dass ihr Mann tot ist, oder hofft sie noch, dass er einer von denen ist, die »beharrlich kämpfen«?

Vor ihr sitzen Ieng Thirith und Ok Sakun, nunmehr der Vertreter der Roten Khmer in Genf. Sie wohnen bei Marita und werden sich bald für eine Fotografie vor ihrem Haus in Högdalen aufstellen. Eine Fotografie, die ich fünfundzwanzig Jahre später in einem Karton finde.

Marita Wikander wird zur Vorsitzenden eines neu gebildeten internationalen Sekretariats gewählt. Es wird den Kampf der Roten Khmer gegen die vietnamesische Okkupation weiter unterstützen. Ich sehe sie und Jan Myrdal auf Bildern einer Konferenz in Tokio an der Wende von den Siebziger- zu den Achtzigerjahren.

212.

Ich habe eine Fotografie von Khieu Samphan, auf der er mit breitem Lächeln beim Händeschütteln mit Mao Zedong zu sehen ist. Sie ist 1975 aufgenommen worden. In meiner Erinnerung ist Mao Zedong darauf viel größer, türmt sich ausdruckslos vor Khieu Samphan auf. Khieu Samphan lächelt und drückt dem großen Mann die Hand.

Als ich das Bild später wiederfinde, bin ich verwundert, wie stark meine Erinnerung abwich. Mao Zedong und Khieu Samphan scheinen gleich groß.

Davon abgesehen ist das Bild aus meinem Gedächtnis korrekt. Mao Zedongs Gesicht ist schlaff und nichtssagend, das von Khieu Samphan zeigt ein breites Lächeln.

Als er die Tür seines kleinen Hauses am Rand von Pailin öffnet, lächelt er jedoch nicht mehr. Diesmal ist er es, der ohne Ausdruck ist.

Ein paar kleine Jungen, vielleicht seine Enkelkinder, spielen am Fernseher. Sie schalten Spiel und Fernsehgerät rasch ab und verschwinden im Inneren des Hauses. Mit der rechten Hand, jener, die auf dem Bild die von Mao geschüttelt hat, lädt er mich ein, auf einem der Fauteuils aus Lederimitat Platz zu nehmen.

Jeder sitzt nun in seinem dunkelgrauen Fauteuil, und ein junger Mann serviert Wasser. Khieu Samphan sitzt da und wartet. Nicht auf mich, sondern auf einen von zwei nicht vorhersagbaren Gästen: die kambodschanische Gerechtigkeit oder den Tod.

Khieu Samphan tat sich früh hervor. Er gehörte zu den wenigen, die ausgewählt wurden, um auf die neu eröffnete obere Mittelschule in Kompong Cham zu gehen. Dort besuchte er den Jahrgang unter Saloth Sar. Die Klassenkameraden hielten Khieu Samphan für sehr begabt. Seine Gymnasialausbildung setzte er am prestigeträchtigen Lycée Sisowath in Phnom Penh fort und wurde mit einem Stipendium für Frankreich belohnt.

Einen Namen machte er sich zunächst, als er 1959 in Paris promovierte. Seine Doktorarbeit war eine ziemlich radikale Untersuchung der kambodschanischen Wirtschaft unter Betonung der Autarkie. Er gehörte in Paris der Gruppe linksintellektueller kambodschanischer Studenten an und pflegte Umgang mit künftigen Roten Khmer wie Hou Youn, Hu Nim, Son Sen und Ieng Sary.

Als er zurück in Phnom Penh war, kandidierte er für die

Nationalversammlung. Man hat ihn mit großer Unterstützung gewählt und er wurde als Monsieur Propre bekannt – der Unbestechliche. Sihanouks Staatsapparat war durch und durch korrumpiert, aber Khieu Samphan bildete die Ausnahme. Er fuhr mit einem alten hellblauen Moped zur Arbeit, während die übrigen Volksvertreter die Limousine nahmen.

Als Linksradikalem wurde ihm die Aufmerksamkeit der Geheimpolizei zuteil. Eines Tages umringten ihn im Zentrum Phnom Penhs unbekannte Männer. Sie misshandelten ihn und ließen ihn nackt und zusammengeschlagen auf dem Trottoir zurück.

Mitte der Sechzigerjahre vollzog Sihanouk einen weiteren innenpolitischen Richtungswechsel und bot der Linksopposition einen Platz in der Regierung an. Khieu Samphan wurde Staatssekretär für wirtschaftliche Reformen. Er nahm sich der Aufgabe mit großer Energie an – nicht zuletzt, weil seine Doktorarbeit genau dieses Thema behandelt hatte. Als er sich aber weigerte, Bestechungsgelder einflussreicher Personen anzunehmen, musste er gehen.

Sihanouk führte eine neuerliche Wende um 180 Grad aus, und die Regierung wurde rechtskonservativ. Khieu Samphan fürchtete um sein Leben. 1967 tauchte er als einer der letzten Linksoppositionellen unter.

Dort, im Untergrund oder eher im Dschungel, erwarteten ihn die Roten Khmer mit offenen Armen.

Er wurde zu einem der »drei Gespenster«, gemeinsam mit den alten Studienkameraden Hou Youn und Hu Nim – zwei weiteren bekannten Sozialisten, die als von der Geheimpolizei ermordet galten. Drei stattliche Dilemmata für Sihanouk, der wusste, dass sie nicht tot waren, dessen Dementi aber niemand Glauben schenkte.

Nach der Revolution kehrte er nach Phnom Penh zurück. 1976 wurde er zum Staatschef ernannt. In seinem Buch *Cambodia's recent history and the reasons behind the decisions I made* behauptet er, lediglich als Galionsfigur fungiert zu haben. Er ist der Auffassung, dass Pol Pot seinen guten Namen verwendete, um der Regierung ein besseres Ansehen zu geben.

Es wurde kein Dokument gefunden, das Khieu Samphan mit den Tötungen der Roten Khmer direkt in Verbindung bringt. Er gibt an, vom Terror nichts gewusst zu haben. Die Roten Khmer waren zwar sehr gründlich, wenn es darum ging, dass keiner mehr wusste, als für seine oder ihre Aufgabe unbedingt nötig war. Khieu Samphan hatte jedoch nachweislich Kenntnis von S-21 in Phnom Penh. Er sah unter anderem seine Freunde Hou Youn und Hu Nim verschwinden, angeklagt wegen Verrats. Später las er Hu Nims »Bekenntnisse«. Zudem befand er sich mindestens fünfzehn Jahre lang im innersten Kreis um Pol Pot.

Er glaubt möglicherweise, nicht zu wissen. Aber niemand glaubt ihm. Schon die Tatsache, dass andere Linksintellektuelle der Säuberung zum Opfer fielen, er aber nicht, wiegt schwer.

In seiner Eigenschaft als Staatschef war er für ausländische Staatsbesuche zuständig. Die schwedische Delegation zählt nicht dazu, da sie nur eine Freundschaftsgesellschaft repräsentierte. Aber Khieu Samphan weiß mit Sicherheit um die Diskussionen, wie ausländische Besucher zu behandeln seien. Was sie sehen durften und was nicht.

213.

SEI BEREIT, IN AUSFÜHRUNG DEINER AUFGABE FÜR DIE ORGANISATION DEIN LEBEN ZU OPFERN!

214.

[Aus Kampuchea: Rational for a Rural Policy *(1979) von Malcolm Caldwell, posthum veröffentlicht]*

»Es muss deutlich darauf hingewiesen werden, dass die Radikalen, Khieu Samphan etwa und die anderen, keine ›Linkstheoretiker‹ waren. Im Gegenteil, sie betonten nicht nur die Bedeutung der körperlichen Arbeit von Parteimitgliedern Seite an Seite mit den Bauern, sie gingen auch mit gutem Beispiel voran. Sie haben auf materielle Vorteile und Annehmlichkeiten verzichtet, indem sie die Lebensweise der Armen voll und ganz teilten. Phnom Penh hatte nichts, was ihnen gefiel, und nach der Befreiung haben sie ihre Büros auf dem Land behalten, wo sie bisweilen auf den Feldern arbeiteten. Also verstanden sie und verstehen die Probleme der Bauern beträchtlich besser als die westlichen Akademiker, die sich jetzt aus der Ferne und unaufgefordert zum Richter über sie aufschwingen.«

215.

[Ich sah, was ich sah II]

Leng Bith war ein Mönch von gut zwanzig Jahren, als die Roten Khmer die Macht übernahmen. Wie bei vielen anderen jungen Mönchen war der Entschluss, in die Pagode einzutreten, nicht ausschließlich religiös motiviert. Leng Biths Eltern waren Bauern. Für die weitere Ausbildung des jüngsten Sohnes konnten sie nicht aufkommen.

Ich treffe Leng Bith bei einem gemeinsamen Bekannten in Phnom Penh. Heute arbeitet er im Archiv der Nationalversammlung. Er ist ein schmächtiger Mann, Vater von zwei Kindern und Witwer um die fünfzig, dem es gewöhnlich schwerfällt, ernst zu bleiben. Auf seine Scherze folgt ein Lachen und dann ein ordentlicher Klaps auf Schenkel oder Schulter des Zuhörers in nächster Nähe.

Er berichtet:

»Ich begann meine Ausbildung 1973, meine Eltern waren damals in einer Gegend um Pursat, die von den Roten Khmer kontrolliert wurde. Davor lebten sie in einem von Lon Nol kontrollierten Gebiet, aber da die Regierungstruppen die Nahrungsmittel konfiszierten und die Bevölkerung von einem Platz zum nächsten verfrachteten, entschlossen sich meine Eltern, über die Grenze zu gehen. Danach durften sie nicht zurück. Ich fuhr nach Battambang, um zu studieren.

Das Dorf, in dem sie lebten, lag also im Roten-Khmer-Gebiet. Aus diesem Grund kamen keine Lon-Nol-Soldaten dorthin, aber sie kämpften dafür, die Bauern zurückzuholen.

Die Leute fragten mich, warum ich mir was aus dem Studium machte. Wenn Pol Pot kommt, so sagten sie, haben die Roten Khmer für gebildete Menschen keine Verwendung, sie werden sich auf jene verlassen, die Pol Pot treu sind. Ich studierte aber gerne und wollte dieser Schar nicht angehören.

Früher dachten die Menschen, dass die Roten Khmer gut seien. Sie hatten ein offenes Ohr für das Volk. Sie stahlen nicht einmal eine Chilischote. Wenn Erntezeit war, so kamen sie und halfen mit. Sie sagten, dass es in der Zukunft keine Unterdrückung geben werde, keine Reichen und keine Armen, und die Leute glaubten ihnen. Die Soldaten Lon Nols begingen Übergriffe. Kamen sie in ein Dorf, dann töteten sie das Vieh, aßen es auf und vergewaltigten die Töchter der Gemeinde. Das ist der Grund, weshalb die Bevölkerung sie besiegte und sich freiwillig den Roten Khmer anschloss.

Der amerikanische Bombenkrieg war entsetzlich. Wir hatten unseren eigenen Bombenschutz unter dem Haus gebaut. Eine Art Schützengraben, in dem wir uns verstecken konnten.

Sihanouk setzte sich dafür ein, die Roten Khmer zu stärken. Vor den Roten Khmer waren die Leute mit dem Regime Sihanouks sehr zufrieden. Sie wollten seine Rückkehr. Wir haben den Unterschied nicht erkannt.

1973 fuhr ich also zum Studium nach Battambang. Lon Nol kontrollierte die Stadt. An dem Tag, als die Roten Khmer siegten, ging ich von der Schule nach Hause und schaltete das Radio ein. Sie spielten nur Musik. Aber um elf Uhr wurde der Sieg verkündet und gesagt, dass dieser nicht in Verhandlungen, sondern mit der Waffe errungen worden sei. Niemand müsse Angst haben, denn die Befreiungsarmee habe das Land befreit. Wir waren alle sehr froh, das zu hören.

Drei Stunden später trafen die Roten Khmer in der Stadt ein und forderten alle auf, Reis an die Truppen abzugeben. Die Geschäftsinhaber sammelten erfreut Lebensmittel ein, die sie vor die Häuser stellten, um die Soldaten willkommen zu heißen. Mein Eindruck von den neuen Soldaten im Vergleich zu jenen, die ich in meinem Dorf gesehen hatte, war ein gänzlich anderer. Die Soldaten in meinem Dorf waren aufrichtig und freundlich. Die Soldaten, die Battambang einnahmen, waren grausam und unorganisiert. Ihre Freude hatte etwas Maßloses, und das brachten sie übel zum Ausdruck. Für mich sah es so aus, als seien sie richtig zufrieden damit, mit der Waffe gesiegt zu haben – und sie waren alle sehr jung, sechzehn, siebzehn Jahre. Sie schienen keine besondere Ausbildung zu haben.

Einige der Soldaten nahmen Mopeds in Beschlag, mit denen sie schnurstracks gegen Zäune und Strommasten fuhren. Sie waren im Wald aufgewachsen und mit der Stadt nicht vertraut. Die meisten von ihnen kamen aus den ärmsten Teilen des Landes, und man hatte ihnen beigebracht, gebildete Menschen zu hassen. Sie waren voller Neid auf die Reichen und die Kapitalisten. Auch wenn die Organisation sie gelehrt hatte, ihre Mitmenschen zu lieben und solidarisch zu sein, so gelang es ihnen nicht, ihre Wut zu kontrollieren.

Nach dem Sieg hätte ich gerne unterrichtet, aber die Roten Khmer fuhren mit Lautsprechern umher und forderten die Leute auf, aufs Land zurückzukehren, in ihre jeweiligen Provinzen. Ich ging zu Fuß von Battambang in mein Dorf zurück. Eine Vielzahl an Menschen befand sich, von Kompong Chhang kommend, auf der Nationalstraße 5 und ging nach Norden. Wir schliefen direkt auf der Fahrbahn, und es waren viele Gerüchte im Umlauf. Manche meinten, wir sollten besser in den Wald gehen. Dort würde uns die Organisation helfen. Viele tote Soldaten lagen auf dem Weg.

Im Zuge der Räumung hat man jene schikaniert, die einen Teil ihrer Habseligkeiten bei sich haben wollten. Die Roten Khmer wiesen sie an, nicht so viel mitzunehmen. Sie verwendeten den Ausdruck ›suul tuk‹, was so viel wie Hab und Gut bedeutet. Unter den Roten Khmer gab es keine Besitztümer, niemand besaß etwas. Wenn man sagen will, dass einem etwas gehört, so heißt das ›suul tuk knyom‹. Diese Brille, zum Beispiel, gehört mir, sie ist ›suul tuk‹. Aber niemand besaß etwas.

Ich war nicht besonders glücklich über den Sieg der Roten Khmer, doch man sagte mir, dass nun Frieden sei und dass wir alle gleich sein würden und so weiter. Ich war mir allerdings bewusst, dass meine Altersgenossen erwähnt hatten, es würde keine Schulen mehr geben. Die Verlautbarung, dass alle arbeiten müssten, hörte ich nicht und nahm deshalb an, dass mein Studium bei der Arbeitssuche ein Hindernis wäre.

Es machte mich aber froh, dass ich meine Eltern wiedersehen würde.

Ich hatte noch meine Mönchskleidung an, als ich das Dorf erreichte. Dort erzählte man mir, dass der Buddhismus abgeschafft sei. Es kam nicht besonders überraschend. Ich hatte ein Buch über Mao Zedong gelesen und wusste, dass Religionen in einem kommunistischen Land nicht zugelassen waren. Die Dorfbewohner hatten von den Konsequenzen und Veränderungen keine Ahnung. Die Mönche, die in den Dörfern lebten, waren erfreut, auf Mönche zu treffen, die in Battambang studiert hatten. Aber das währte nur eine Woche. Dann wurde mitgeteilt, dass die Religion abgeschafft worden sei. Auch ich hörte Radio, ich hatte ein kleines Gerät, und aus dem vernahm ich, wie die Roten Khmer betonten, dass Mönche Blutegel seien, die nur umherwanderten und um Essen bettelten, ohne etwas Nützliches zu tun. Pol Pot versuchte den Buddhismus auszuradieren.

Da meine Eltern in einem Roten-Khmer-Gebiet gelebt hatten und ich in der Stadt gewesen war, durfte ich sie nicht treffen. Wir waren in verschiedene Kategorien eingeteilt. ›17.-April-Menschen‹, das waren die ›neuen Menschen‹, und unter ›18.-März-Menschen‹ verstand man die ›alten Menschen‹. Ich wohnte vorerst bei meinem Bruder und meiner Schwester, bis ich zu einer mobilen Arbeitsbrigade geschickt wurde. Weil ich Student war und in der Stadt gelebt hatte, galt ich nicht mehr als Bauer, auch wenn das mein Ursprung ist.

Im Lauf des Jahres 1975 trat keine entscheidende Veränderung ein. Wir konnten lediglich feststellen, dass die Kommunisten keinen Nepotismus tolerierten. Ich lebte in Pursat, bei der mobilen Arbeitsbrigade. 1976 fing die Organisation damit an, sich nach dem Hintergrund der Leute zu erkundigen, ob sie Soldaten gewesen seien, Studenten oder Zivilpersonen. Wir wussten nicht, warum sie danach fragten. Ich wurde für ehrlich befunden, weil ich Mönch gewesen war, und man machte mich zum Verantwortlichen einer Gruppe von acht Leuten. Bald darauf wurde ich jedoch degradiert, weil nun die ›alten Menschen‹ zu Chefs erklärt wurden.

1976 war sehr hart. Die Lebensmittelrationen gingen zurück und wir hatten nicht genügend zu essen. Die mobile Arbeitsbrigade bekam noch weniger als andere, musste aber mehr arbeiten. Wir waren beim Bau eines Damms, und weil das Essen nicht reichte, schlich ich mich in mein Heimatdorf zurück. Ich versuchte dort zu bleiben, indem ich den Kranken spielte und meine Dienste der Kantine anbot, in der mein Bruder arbeitete. Ich musste Essen und Dung tragen, das war der Kot, den wir aus den Latrinen fassten, trocknen ließen und dann auf die Reisfelder verteilten.

1977 starb mein Vater. Er war alt, weswegen man ihn nicht schlecht behandelt hat. Meine Mutter war gefragt worden, ob sie die Kantine leiten könne, aber sie lehnte ab. Sie sprach mit den Roten Khmer und erklärte, dass sie nicht daran gewöhnt sei, in der Gruppe mit anderen zu essen. Sie sei daran gewöhnt, zu Hause zu essen, und sie stimmten zu. Sie erhielt zwei Einheiten Reis pro Tag [500 g], für sich und meinen Vater, womit sie genug zu essen hatten. Sie bekamen auch Fisch und Fleisch, ihre Lage war also gut. Sie aßen nur eine Einheit Reis und gaben mir die zweite. Das war der Grund, warum ich aus der Arbeitsbrigade zu fliehen versuchte. Meine Mutter starb 1976. Sie war alt und krank.

Nach dem Tod meiner Eltern kehrte ich zur mobilen Brigade zurück. Ich war sehr mager, eins meiner Knie war groß und geschwollen, ich fühlte mich schwach. Aber sogar in diesem Zustand war ich ein fescher Mann!«

Leng Bith lacht und klatscht mir auf den Schenkel. Er trinkt aus seinem Wasserglas und ist kurz darauf wieder ernst.

»Die einzigen Ausländer, die ich sah, waren Besucher aus Nordkorea. Wir wurden eine Woche im Voraus informiert. Drei Tage bevor sie eintrafen, bekamen wir reichlich zu essen. Drei Mal täglich, sogar Nachtisch. Dann suchte man jene Arbeiter heraus, die in gutem Zustand waren, samt den fettesten Kühen, und diese mussten dann, als die Nordkoreaner kamen, pflügen und Reis anpflanzen. Es war eine sehr gelungene Vorführung für die internationalen Gäste.

1978 verließ ich die Brigade und wohnte bei meinem Bruder und meiner Schwester in unserem Heimatdorf. Ich war für die Viehaufsicht zuständig und hatte sechzig Kühe zu betreuen. Einmal, als ich nach Fröschen, Schnecken oder etwas anderem Essbaren suchte, gingen die Kühe ins Reisfeld hinaus und weideten dort. Einige Personen sahen das und meldeten mich bei der Organisation. Diese entschied, dass ich für einen Monat im Ort bleiben dürfe, damit man beobachten könne, ob ich einen Fluchtversuch unternehmen oder die Kühe weiter Reis fressen lassen würde.

Nach einem Monat kamen vier Soldaten und verhafteten mich. Sie fuhren mich in Richtung Wald, und ich war sicher, dass sie mich hinrichten würden. Aber sie brachten mich in ein Gefängnis. Es war in einer Pagode untergebracht. Dort saßen etwa dreißig Gefangene. Zwanzig von ihnen galten als Schwerverbrecher – es waren Soldaten, die unter So Phim [in der Ostzone] ihren Dienst versehen hatten. Sie trugen Fußfesseln. Die anderen hatten weniger schwere Verbrechen begangen, Kartoffeln gestohlen oder dergleichen. Ihnen war erlaubt, draußen zu sein und tagsüber, unter Überwachung, zu arbeiten.

Anfang 1979 wurden die Soldaten getötet. Man holte sie nach Mitternacht, jeweils zwei auf einmal. Die Tötung dauerte bis fünf

Uhr an. Dann dachte ich, dass die Reihe nun an mir sei, dass sie mich wie die anderen enthaupten würden. Ich beschwor Buddha und gelobte ihm, dass ich, wenn ich am Leben bliebe, für den Rest meines Lebens jeden Tag beten würde.

Um sechs wurde die Tür wieder geöffnet. Man ließ uns ins Freie und die Gefängniswärter sagten, dass wir am Leben blieben, wenn wir uns wohl verhielten. Man forderte uns auf, vor dem Gefängnis zu sitzen und zu warten. Sollte einer versuchen zu fliehen, würden sie uns alle töten. Wenn einer austreten musste, gingen daher alle mit, um zu kontrollieren, dass er nicht auszureißen versuchte.

Wir wurden dann in den Wald gefahren. Alle hatten Angst vor den vietnamesischen Soldaten. Sie brachten uns nach Koh Kong, wo ich sechs Monate blieb. Ende 1979 gelang vielen die Flucht. Ich ging nach Pursat, wo ich Lehrer werden wollte. Mein Wunsch wurde von den Behörden abgelehnt. Ich bestritt meinen Unterhalt stattdessen damit, Waren zwischen Thailand und Phnom Penh zu schmuggeln.

Mein Bruder und meine Schwester überlebten ebenfalls. Einen meiner Cousins hat man jedoch für faul erklärt und zur Umschulung geschickt. Er kam nie mehr zurück. Ich hatte zudem einen Onkel, er war Lehrer unter Lon Nol, der getötet wurde.

Der Vorteil an den Roten Khmer war, dass wir keine Verantwortung hatten. Es gab auch keinen Streit oder Kriminalität. Hätten sie uns mit Lebensmitteln, einem Gesundheitswesen und Ausbildung versorgen können, wäre alles gut gewesen. Wenn sie nicht so viele getötet hätten.

Vor einigen Jahren sah ich jene wieder, die mich gemeldet hatten. Ich war in meinem Heimatdorf und organisierte eine Kollekte für eine neue Pagode. Ich ließ ihnen ausrichten, dass ich nicht die Absicht hätte, mich an ihnen zu rächen, also kamen sie zur Kollekte. Sie hatten aber Angst und hielten sich in großer Entfernung von mir.«

216.

Vier Tage nach dem Einzug der Roten Khmer in Phnom Penh veröffentlicht *Dagens Nyheter* einen Artikel von der ersten Pressekonferenz der neuen Regierung. Die Überschrift lautet: »Totgesagter Sieger«:

»Während Sihanouk mit Wein anstieß und bereitwillig einen Teil der Legenden rund um Khieu Samphan zum Besten gab, saß der Gegenstand der Ausführungen des Prinzen ruhig auf dem Sofa, in einem dezenten, gepflegten, hochgeschlossenen schwarzen Anzug, und nippte an einem Glas Mineralwasser. ›Als Khieu Samphan mein Finanzminister war, war er in der Regierung der Einzige, der keine Bestechungsgelder annahm. Er fuhr mit dem Rad zur Arbeit und aß, gleich dem Volk, nur Reis und Gemüse. Diese Menschen (die Kommunisten) werden die erste nicht korrumpierte Regierung Kambodschas bilden.‹«

217.
[Aus Das Buch der Klänge *von Göran Sonnevi]*

Ich denke mir Pol Pot auf der Flucht durch den Dschungel,
kurz nach dem letzten Verrat   Seinen Sicherheitschef,
Son Sen, samt Frau und neun Kindern
hat er hinrichten lassen   Er liegt auf einer Trage, hängt am
Tropf, intravenös

Er flieht mit 200 Soldaten und deren Familien   Bei
ihm ist noch Khieu Samphan, dieses Mal als Geisel,
denn auch er hat mit den Regierungskräften verhandelt
Ihnen auf den Fersen ist Ta Mok, Pol Pots Henker, der nun

mit seinen Truppen die Seite gewechselt hat   So fliehn zum
Schluss
die Völkermordschatten erneut   Ich wünsche mir Pol Pot
gefasst und vor Gericht gestellt   Habe aber den Verdacht

dass dies nicht geschehen wird   Der innere Völkermord
in Kambodscha war in der Geschichte einer der größeren
Er streifte mich mit seiner blendenden Schwinge

218.

Die Trockenperiode hat ihre Mitte erreicht und in die Landschaft braune Nuancen gebrannt. Der Weg ist so, wie ich ihn in Erinnerung habe. Eingebrochene Brücken und viele große Gruben. Hie und da gibt es einige zusammenhängende Meter Asphalt aus den Sechzigerjahren. Der Rest ist roter Lateritkies und schwer zu befahrender Sand. Vereinzelt rumpeln Autos in großen Staubwolken vorbei, die uns dazu zwingen zu blinzeln und durch das karierte Bauerntuch zu atmen, das alle Khmer auf Reisen bei sich haben. Die Vegetation nahe der Straße sieht künstlich aus, da sie zur Gänze von rotem Staub bedeckt ist.

Ein trockenes Reisstoppelfeld folgt dem nächsten. Dann Berge, deren Regenwald abgeholzt und verkauft wurde, um den Bürgerkrieg zu finanzieren.

Der Name der Person, die mein Moped lenkt, ist Sokha. Er ist klein und dünn und wird demnächst fünfzig. Sein Französisch ist tadellos, sein Blick … schlau?

Ursprünglich kommt er aus Phnom Penh, wo sein Vater Universitätslehrer war. Als die Hauptstadt geräumt wurde, landete er in Kompong Cham, fast exakt Richtung Osten. Es hat etwas Ironisches an sich – sein Vater war auch ein bekannter Autor und Verfasser des Liebesromans *Die Rose von Pailin*, vor der Revolution ein Bestseller. Nun, vierzig Jahre später, fährt sein Sohn Mopedtaxi zwischen Battambang und ebendiesem Pailin.

Sokha erzählt unsentimental von seinen elf Geschwistern. Sie starben alle zwischen 1975 und 1979.

Wir kommen an einem Gebiet mit Niederwald vorbei. Eine internationale Hilfsorganisation räumt hier Minen. Einige schwenken einen Metalldetektor, andere kriechen langsam vorwärts und durchstochern dabei den Boden mit langen Metallnadeln. Alle tragen Schutzwesten und Gesichtsmasken. Mehrere Minen sind markiert. Den Weg entlang stehen Schilder mit dem vertrauten weißen Totenkopf auf blutrotem Hintergrund.

Sokha kennt diesen löchrigen Weg. Er ist ihn viele Male gefahren. Aber es geht deshalb nicht schneller. Für die 85 Kilometer brauchen wir über vier Stunden.

Pailin war einer der letzten Außenposten der Roten Khmer. Die Stadt liegt zwischen den Hügeln des Kardamomgebirges. Zuvor war sie Zentrum für den Handel mit Edelsteinen, nach denen in der Umgebung gegraben wurde. Die meisten sind jetzt nach Thailand verkauft, und Pailin macht den Eindruck einer verlassenen Goldgräberstadt. Als sei die gesamte Stadt zusammengerostet.

Verlassen ist sie jedoch nicht. Es sind noch ehemalige Soldaten hier, die Pol Pot treu geblieben sind. Jene, die weitere zwanzig Jahre Krieg führten, damit er Phnom Penh zurückerobern könne.

Es ist der Tag vor dem chinesischen Neujahr. Vor Schuppen und kleinen Häusern hängen lange Knallkörperketten. Sie sind ihren schwedischen Pendants recht ähnlich, allerdings hat jeder Kracher daran die Maße eines großen Chinaböllers. Die Ketten sind zudem bis zu zwei Meter lang und das obere Ende bildet jeweils ein Ball mit einer besonders starken Sprengladung. Sie versprühen roten Konfettiregen, und aus kurzer Distanz klingt es wie Maschinengewehrfeuer.

Ich sitze mit Soukha in dem einfachen Gästeschuppen auf dem kleinen Markt. Es knallt ohrenbetäubend aus allen Richtungen und der Pulverrauch treibt zwischen den Tischen herein.

Wir warten darauf, dass es zwei Uhr wird. Auf das vereinbarte Treffen mit Khieu Samphan.

Das vorangegangene Telefongespräch war sehr höflich. Khieu Samphan wollte wissen, wie es Jan Myrdal gehe. Er klang zufrieden, als ich ihm versicherte, dass sich sein alter Freund weiterhin aktiv an der gesellschaftlichen Debatte beteilige. Ich versprach zu grüßen.

Die Kracher knallen und die Uhr schlägt zwei.

Wir fahren weiter.

Khieu Samphans Haus zu finden ist nicht besonders schwer. Das Problem ist, dass er mehrere hat. Die Leute auf dem Markt zögern, bevor sie erklären, wie man fahren muss. Die Blicke sind misstrauisch.

Wir kommen am Hotel Pailin vorbei. Es gehört dem früheren Außenminister der Roten Khmer, Ieng Sary, und ist geschlossen. Das Schild ist abgeblättert, die Fensterrahmen stehen leer und kürzlich ließ man alle Bäume im Garten fällen. Die Symbolik ist überdeutlich.

Das erste Haus erweist sich als das falsche. Die Bougainvillea hängt dicht und in intensivem Rosa über die Mauer, von der es umgeben ist. Am Tor steht ein leeres Schilderhaus. Wir läuten, vergebens, Khieu Samphan wohnt hier nicht mehr.

Er wohnt auch nicht im zweiten Haus, zu dem man uns den Weg weist.

Das dritte ist ein einfaches Gebäude aus hellblauem Beton und mit zwei Geschossen. Ein hoher Zaun aus weit auseinanderstehenden Holzlatten läuft rundherum. Das Tor ist zur Hälfte geöffnet.

Ich betrete den Vorgarten. Hinter dem dunklen Glas in der Eingangstür ist eine Gestalt zu erkennen, mit der Hand am Türgriff.

Dann sitzen wir da, jeder in seinem dunkelgrauen Fauteuil aus Lederimitat, und nippen an unseren Wassergläsern. Khieu Samphan trägt ein einfaches, weißes Hemd. An den Füßen hat er Flipflops. Wir nippen am Wasser und er entschuldigt sich. Er kann nicht auf persönliche Fragen antworten. Eine Anweisung seines französischen Anwalts.

Ich sage, dass ich das verstehe.

Ich sage, dass ich keine Fragen über das Demokratische Kampuchea stellen will.

Ich sage, dass ich gerne über Kambodscha in den Sechzigerjahren sprechen möchte, als er Monsieur Propre mit seinem Moped war. Über Phnom Penh, das Paris Südostasiens mit breiten Boulevards und schattigen Alleen. Die Stadt, die eine Delegation aus Singapur besuchte, um vom kambodschanischen Wunder zu lernen.

Er entschuldigt sich und sagt, dass er nichts sagen könne.

Wir nippen am Wasser und wechseln einige Worte über Myrdal. Sie trafen einander zuletzt in Bangkok, in den Achtzigern, sagt er. Was weiß er von der Reise Myrdals mit der Freundschaftsgesellschaft? Nein, das kann er nicht kommentieren.

Er begegnet meinem Blick nur ungern. Der seltene Augenkontakt bleibt kurz. Stattdessen sieht er durch die großen, dunkel getönten Türfenster nach draußen. Er wirkt müde. Das Haar ist weiß und er bewegt sich mit gewisser Anstrengung. Sein Aussehen gleicht mit einem Mal stark jenem Pol Pots, als dieser 1997 wieder auftauchte, einige Monate vor seinem Tod.

Ich sage, dass er so vieles erlebt habe, es gäbe so vieles, worüber man sprechen könne.

Er entschuldigt sich. Keine privaten Fragen.

Wir nippen am Wasser. Der Blick durch das Fenster, zu den Bergen in der Ferne.

Ich frage, ob sich sein Buch gut verkaufe und – ja, das habe es. Die kambodschanische Fassung, macht er mit einem Nicken in meine Richtung deutlich.

Wir sprechen über den schlechten Weg zwischen Pailin und Battambang. Über die starke Sonne und darüber, dass ich vier Stunden brauchen werde, um zurückzufahren. Vier Stunden, nickt er. Ja.

Er bittet einmal mehr um Entschuldigung, dass er nichts sagen könne, und ich begreife, dass es Zeit ist aufzubrechen.

Ich sage, es sei mir klar, dass er nicht antworten könne, aber ich wolle dennoch eine persönliche Frage stellen. Eine einzige.

Er schlägt mit der Hand aus. Das habe keinen Zweck.

Ich bestehe darauf.

Sie haben so vieles erlebt, sage ich, Paris in den Fünfzigerjahren, die politischen Intrigen in der Nationalversammlung während der Sechziger, den Guerillakrieg und schließlich die Revolution. Sie sind Staatschef gewesen und haben danach den Kampf wieder aufgenommen und weitere zwanzig Jahre im

Dschungel zugebracht. Ich hätte einfach gerne gewusst, setze ich fort, welche war Ihre glücklichste Zeit?

Er hält inne. Sein Blick lässt von mir ab und verschwindet ein weiteres Mal in der Ferne. Die Sekunden vergehen und ein flüchtiges Lächeln zeigt sich auf seinem Mund. Einige weitere Sekunden gehen vorüber, aber schließlich hat sein Gesicht wieder den schlaffen, abweisenden Ausdruck angenommen.

»Nein, ich bitte Sie vielmals um Entschuldigung, Monsieur, aber ich kann auf solche Fragen nicht antworten.«

Wir erheben uns, geben einander die Hand, und er schließt die Tür hinter mir.

219.

ES GIBT KEINE SONNTAGE, NUR MONTAGE!

220.

François Bizot schreibt darüber in seinem Buch, *Le Portail*. Über das Lächeln.

François Bizot ist ein französischer Anthropologe, immer noch in Kambodscha aktiv. Er wurde 1971 von den Roten Khmer gefangen genommen. Mehrere Monate lang saß er angekettet in einem Guerillalager, ehe er unerwartet freigelassen wurde.

Chef des Lagers war der damals neunundzwanzigjährige Duch, der später Kommandant von S-21 wurde. Die beiden führten lange Gespräche, und noch heute sagt François Bizot, dass er auf eine verquere Art Sympathie für seinen früheren Gefangenenwärter empfinde.

François Bizot erzählt, wie er vor seiner Freilassung auf eine letzte Probe gestellt worden sei. Man brachte ihn in ein Haus, in dem ihn eine Anzahl hochrangiger Parteifunktionäre zum Abendessen bat. Einer von ihnen war Ta Mok, Befehlshaber für die Südwestzone. Er hatte kurz zuvor sehr entschieden für eine Hinrichtung François Bizots argumentiert.

Es war ein zeitweise sehr angespanntes Essen. Duch, der sich für seinen französischen Gefangenen verbürgt hatte, konnte seine Nervosität nicht verbergen.

Nachdem sein Leben einmal mehr auf der Waagschale zu liegen schien, vertraute man François Bizot Propagandamaterial an, das er an die französische Botschaft übergeben sollte. Jene Männer, die eben noch unschlüssig waren, ob sie ihn am Leben lassen sollten oder nicht, standen vor dem Haus und winkten, als der Wagen losfuhr.

Er schreibt, dass sie alle auf die gleiche Weise lächelten. Eine Art manieriertes Lächeln, als würden sie jemanden nachahmen. Jemand wichtigeren, in einem Land, in dem alle gleich wichtig sein sollten. Sie senkten ein wenig den Kopf und zeigten beim Lächeln gleichsam nur die obere Zahnreihe. Eine Art freudloses Grinsen.

Ich blättere die Bilder durch. Es ist albern, aber Bizots Beobachtung scheint zu stimmen. Ein lächelnder Pol Pot. Ein lächelnder Ieng Sary. Ein lächelnder Khieu Samphan. Dasselbe merkwürdige Lächeln. War es Pol Pot, der damit anfing? Oder kam es aus China?

Das also war die Gemeinsamkeit der Auserwählten. Ich probiere es vor dem Spiegel. Es sieht ganz und gar bescheuert aus.

221.

Die Sonne geht unter, aber an der Fähre herrscht unverminderte Betriebsamkeit. Mopeds und vereinzelt Autos kommen an meinem Sitzplatz neben der Straße vorüber und fahren an Bord. Der Rest des Decks ist mit Menschen, Karren, Kisten und Säcken gefüllt. Bald wird das rostige Fahrzeug einmal mehr über den Fluss pendeln.

Im Gedränge der Passagiere sind Verkäufer mit geflochtenen Körben voll gebratener Insekten, frittierten Crêpes mit kleinen Flussgarnelen und Tüten mit schmutzig gelbem Zuckerrohrsaft. Eine Frau geht vorbei, die an die zehn an den Füßen zusammengebundene Hühner trägt. In der anderen Hand hat sie fünf weiße Enten. Sie quaken leise, beinahe zerstreut.

Hinter der regen Szene breitet sich der Mekong aus, immer noch angeschwollen nach der Regenperiode.

Ich denke an den Roman *Der Liebhaber* von Marguerite Duras. Er kann an genau diesem Platz seinen Anfang genommen haben. Die fünfzehnjährige Marguerite mit ihrem Herrenhut, die den doppelt so alten chinesischen Geschäftsmann trifft. Oder auch an einem Fähranleger weiter flussabwärts.

Neak Loeung sieht aus wie die meisten der kleinen kambodschanischen Provinzstädte. Staubig und heruntergekommen. Ich sehe keine Spuren jener Bomben, die eine amerikanische B-52 am 6. August 1973 über der Stadt abgeworfen hat. Aufgrund eines Irrtums, behauptete man, als sich das gesamte internationale Pressekorps Phnom Penhs hinaus zu den rauchenden Ruinen begab. Später wurde daraus eine klassische Szene in Roland Joffés Film *The Killing Fields.*

Ich sitze da, sehe zu, wie die Sonne untergeht und die Betriebsamkeit weiter anhält, und in den Kopfhörern habe ich eine

Dokumentarsendung, die das Schwedische Radio am 25. Januar 1999 ausgestrahlt hat. Sie heißt *Die Stille in Phnom Penh*, und ich höre, wie Programmproduzent Bosse Lindquist Jan Myrdal interviewt.

Sie sprechen über das Bild des Demokratischen Kampuchea in den Medien. Über die internationale Pressekampagne, die von der Freundschaftsgesellschaft Schweden-Kampuchea und anderen als die große Bedrohung für die Revolution der Roten Khmer angesehen wurde.

Jan Myrdal hat die Stimme verloren, er artikuliert angestrengt und rau. Aber die Betonung und die etwas altertümliche Wortwahl erkenne ich wieder. Es ist dieselbe wie im Dokumentarfilm, den die schwedische Delegation 1978 aufgenommen hat.

BOSSE LINDQUIST Ich [...] bin das Radioarchiv durchgegangen und einige Archive mit Zeitungsausschnitten für den Zeitraum 75 bis 78, 79, herauf bis 80, und ich finde die Propagandaoffensive nicht, über die Sie und andere schreiben.

JAN MYRDAL Nein, ich habe das Material ja nicht vor mir, wenn Sie das sagen –. Wenn Sie also sagen, dass keine Propagandaoffensive im Gange war, kann ich nur sagen, dass sie meinem Erleben nach sehr präsent war. Ich warnte – ich erinnere mich, als wir in Kampuchea waren, ich dasaß und amerikanisches Radio hörte, damals haben sie ja verschiedene Dinge am Laufen gehabt –, ich warnte die Kampucheaner, das viel ernster zu nehmen, diese Kampagnen, die geführt wurden, es würde mit militärischem Eingreifen enden.

BOSSE LINDQUIST Was dann die Vorwürfe des Völkermords und so weiter betrifft, die in jenem Zeitraum vorgebracht wurden, so schreiben Sie in Ihren Texten, dass Noam Chomsky und Torben Retbøll diese Vorwürfe sorgfältig behandelt und aufgeklärt und sozusagen das Falsche oder das Nicht-Untermauerte daran bewiesen haben. Und da frage ich mich, wie Sie das sehen, weil ja das, worauf sich diese Vorwürfe damals stützten, das waren das *Reader's Digest*-Buch und Ponchauds Buch, wenn man die also heute liest, so scheinen sie, trotz allem, in hohem Ausmaß zu stimmen.

JAN MYRDAL Ja, zu jenem Zeitpunkt, als ich das schrieb, da hatte ich Zugang zu Chomsky und Retbøll und den anderen, es ist also damals geschrieben und nicht heute, sondern geschrieben ist es damals. Ich erlebe sie als … Nein, hören Sie auf, was Sie eigentlich versuchen zu sagen, ist, dass ich hier sitze und bewusst lüge!

BOSSE LINDQUIST Nein, sondern was ich …

JAN MYRDAL *(unterbricht abrupt)* Reden Sie keinen Blödsinn, denn das ist es, was Sie die ganze Zeit sagen! Das ist doch dummes Gequatsche!

BOSSE LINDQUIST Was ich meine, ist, dass Sie in Ihren Büchern schreiben, dass eine Propagandakampagne gegen das Kambodscha der Roten Khmer stattfand, die ich nicht finde, wenn ich auf Pressearchiv und Zeitungsausschnittarchiv zurückgreife, und ich möchte daher wissen, worauf Sie sich stützen.

[Stille]

JAN MYRDAL Okay, lassen Sie es uns so sagen, Sie finden sie nicht und ich finde sie. Wenn Sie eine Antwort gewollt hätten, dann hätten sie mich rechtzeitig fragen können, und hätte ich Zeit gehabt, so hätte ich alles vorbringen können. Das hier ist einfach eine sinnlose Diskussion.

BOSSE LINDQUIST Aber, also, Zeit, die haben wir, ich meine, wenn Sie wollen, bin ich sehr dankbar, wenn Sie Lust haben nachzusehen.

[Stille]

JAN MYRDAL Nein. Sie hätten es sagen müssen, das ist typisch Schwedisches Radio, eine richtig falsche Angelegenheit. Wenn Sie die Absicht gehabt hätten, diese Fragen zu stellen, so hätten Sie es sagen müssen. Sie sind der Meinung, eine Kampagne gab es nicht, ich bin der Meinung, es gab eine. Sie sagen, dass Sie nichts finden können. Na, dann sagen wir das eben.

222.
[Wie ein Flimmer weiß]

Pol Pot sitzt da mit einem Bambusstab, einem Fächer, um sich Luft zuzuwedeln, und einem rot-weißen Bauerntuch um die Schultern. Sein Blick ist zum Holzboden hin gesenkt. Die Halle, in der das Treffen stattfindet, hat keine Seitenwände, und es sind dort jene anwesend, die ihm bis hierher gefolgt sind. Der Juli geht zu Ende, und der 72-jährige Führer steht vor einem Volkstribunal.

Er ist des Verrats angeklagt.

Ein Monat ist vergangen, seit er den Mord an Son Sen, seinem geplanten Nachfolger, befohlen hat. Neben Son Sen wurden auch Son Sens Frau, Yun Yat, die unter anderem Kulturministerin der Roten Khmer gewesen war, ihre Kinder und Enkelkinder ermordet.

Das Verhältnis zu Son Sen war immer ambivalent gewesen. Mit der Hinrichtung hatte die Paranoia über die Vernunft gesiegt.

Er hätte vielleicht begreifen müssen, dass er sich nicht gegen seine letzten Vertrauten wenden kann. Dass die anderen, die übrig waren, das nicht tolerieren würden. Wie sollten sie ihm danach vertrauen können?

Vielleicht war es einfach die Maschinerie, die schließlich begonnen hatte, ihre Schöpfer zu verschleißen, die noch geblieben waren. Die Reihe war an die letzten der Brüder eins, zwei, drei und so weiter gekommen.

Verräter. Muss ihm der Gedanke nicht in den Sinn gekommen sein? All die, die für die Revolution gekämpft hatten, aber trotz ihres Leugnens als Konterrevolutionäre hingerichtet wurden. Er muss doch den Gedanken gedacht haben, dass der Verrat vielleicht jenseits des eigenen Urteilsvermögens liege? Dass er latent vielleicht sogar in ihm vorhanden sei? Oder war das undenkbar?

Das Urteil: lebenslängliche Haft.

223.

Ich schreibe einen Brief an den königlichen Palast in Phnom Penh. Es ist das Jahr 2005, und 64 Jahre nach seiner Krönung wohnt Sihanouk immer noch in seinen goldenen Sälen, auch wenn er zugunsten seines Sohnes Sihamoni abgedankt hat.

Ich schreibe an Sihanouk und frage, wie es war. Damals in

den Fünfziger- und Sechzigerjahren, als er das Land mit beinahe uneingeschränkter Macht regierte. Als man Kambodscha noch »Insel des Friedens« nannte und es nicht gleichbedeutend mit Tod, Hunger und Armut war.

Ein paar Wochen später bekomme ich ein braunes Kuvert zurück. Es hat ein dickes Fotobuch in ausgeblichenen Farben und einige Videokassetten zum Inhalt. Kein Brief, keine Kommentare.

Auf den Kassetten finden sich drei der Filme Sihanouks aus den Sechzigern. Das Buch heißt *Photos – souvenirs du Cambodge* und im Untertitel *Sangkum Reastr Niyum 1955–1969*. Es ist voller enthusiastischer Ausschnitte aus der internationalen Presse, in denen die Fortschritte der »Volkssozialistischen Gemeinschaft« aufgezählt werden.

Ich blättere die Bilder durch. Zuerst der Reihe nach die Städte. Wohlgeordnet, grün und nach modernistischer Art geradlinig. Phnom Penhs nunmehr ausgebranntes Bassac-Theater in voller Pracht. Das »graue Gebäude« – damals ein langgezogener Funktionalismusbau für Staatsbedienstete, heute ein heruntergekommenes und zum Abbruch vorgesehenes Slum-Areal. Das mondäne Kep, die Sportanlagen in Battambang und die seit langem verlassene Stadt um das Kasino auf dem Bokor-Berg.

Ich blättere mich durch im Bau befindliche Eisenbahnstrecken, durch futuristische Flughafengebäude und Asphalt, der ausgewalzt wird. Fabriken und Krankenhäuser.

Und: einen fröhlichen Sihanouk mit einem Spaten in der Hand auf einer Baustelle. Und: einen fröhlichen Sihanouk zwischen Untertanen, die auf die Knie fallen. Und: einen fröhlichen Sihanouk mit Jackie Kennedy / Haile Selassie / Charles de Gaulle / Broz Tito / etc.

Wie es war. Wie Sihanouk will, dass es war.

224.

Ich reise mit ihnen. Ich gehe, wo sie gegangen sind, sehe, was sie gesehen haben. Die Palme, die sich auf dem Hintergrund des Gruppenfotos vor Angkor Wat zur Seite neigt, steht noch dort.

Kein Unterschied.

Die alte Busstation in Kompong Cham, an der die Frauen Mais trockneten, als die Schweden dort waren, ist heute zwischen den Marktständen beinahe vergessen.

Sihanouks Strandpalast ist nicht zu finden. Es heißt, ein General habe ihn abreißen lassen, aber das Meer rollt weiterhin türkis an die Sandstrände.

Die Straßen Kampots sind immer noch ziemlich einsam, wenn auch nicht so entvölkert wie in dem rauschenden Film Jan Myrdals.

Viele der Orte sind sich täuschend ähnlich. Die Gebäude wurden nicht verändert, lediglich das tropische Klima hat ihnen weiter zugesetzt.

Während ich die Lider in der unbarmherzigen Sonne zusammenkneife, glaube ich, Hedda Ekerwalds langen Rock im Augenwinkel zu erahnen, Gunnar Bergström unter seiner Maomütze. Mit ein paar Jahren auf oder ab bin ich heute so alt, wie sie damals waren.

Sie bewegen sich dort, am Rand des Gesichtsfelds, scheinbar eine schnelle Kopfdrehung entfernt. Ihre über 1000 Kilometer durch Kambodscha, ein Abenteuer und ein eingelöstes Versprechen. Ihre Besichtigung des Rohbaus, der mühevoll nach erträumten Plänen errichtet wurde.

Und dann jetzt.

Alles hoffnungslos aufgelöst im Ozean der Vergangenheit.

225.
[Im Spiegel]

Zauberer, Ausdeuter. Hellhäutig und Mann. Ich halte den Blick fest von der schwindelerregenden Spitze der Pyramide. Position des Benenners. Der Reisende in einer Zeit, die nur in jenen Menschen existiert, die sie erlebten. Mit welchem Recht, frage ich dich dort im Spiegel, reist du uneingeladen durch ihre Erinnerungen? Mit welchem Recht machst du sie zu deinen und ziehst sie in dein Wunderland? Ausdeuberer? Zaubeuter? He, du? Dichter, Diktator?

226.
[Interview in Time *am 10. März 1980]*

Der Reporter: »Wie viele Menschen starben im Zusammenhang mit Ihrer Revolution?«

Khieu Samphan: »Ich kann dazu nur sagen, dass es weniger als 10 000 waren.«

227.
[Ich sah, was ich sah III]

Chantou Ocur verlor früh seine Eltern. Sein Vater war ein lokaler Anführer in der Widerstandsbewegung gegen die Franzosen, Khmer Issarak. Er wurde im Kampf getötet, als Chantou Ocur acht Jahre alt war. Ein Jahr später verließen die Franzosen Kambodscha.

»Meine Mutter starb aus Kummer, kurz nach meinem Vater.

Er war sehr beliebt, die Leute sprachen in der Zeit, als ich aufwuchs, oft über ihn. Gemeinsam mit meinen beiden älteren Geschwistern musste ich bei Verwandten und bei den Mönchen in verschiedenen Pagoden in Kandal wohnen, einige zehn Kilometer außerhalb Phnom Penhs.

1975 hielt ich mich in Phnom Penh auf. Ich studierte Philosophie und Mathematik an der Universität. Ich war Vorsitzender einer Studentenorganisation. Lehrer zu werden war mein Ziel. Damals hatten die Roten Khmer einen guten Ruf. Der Kommunismus schien der Gesellschaft zu entsprechen. Er war gegen Korruption und für das gewöhnliche Volk. Die Idee, dass man den Abstand zwischen Reichen und Armen verringern müsse, war gut. Aber dann kam Pol Pot und zerstörte alles.

Im Zuge der Räumung wurde ich aufgefordert, in mein Heimatdorf in Kandal zu gehen. Da die Straßen voller Menschen waren, brauchte ich für fünfunddreißig Kilometer zwanzig Tage. Ich verbrachte einen Monat in meinem Dorf, dann schickte man mich nach Battambang, zu einer mobilen Arbeitsbrigade. Ich achtete darauf, stets schmutzig zu sein, damit man mir nicht ansah, dass ich aus der Stadt kam. Ich widersprach nie und tat immer, was mir aufgetragen wurde. In gewisser Weise war es wie bei den Mönchen.

Als es hieß, dass Phnom Penh evakuiert werden solle, habe ich mich darüber nicht aufgeregt. Ich dachte, dass es notwendig sei, um in der Stadt aufzuräumen. Ich rechnete damit, dass alles wieder seinen früheren Gang gehen würde. Ich war glücklich, dass der Krieg vorüber war, und die meisten hielten es wie ich – wir legten unsere Waffen nieder und schwenkten eine weiße Fahne.

Die ganze Zeit über hatte ich ein kleines Notizbuch bei mir, in dem ich niederschrieb oder aufzeichnete, was ich sah. Es war ungeheuer gefährlich, aber irgendeine Kraft ließ mich das tun. Es war, als wäre ich den Roten Khmer immer ein wenig voraus gewesen. Ich versteckte das Buch und einen Bleistiftstummel im Hosenbund. Wenn die Seiten voll waren, vergrub ich es. Insgesamt vergrub ich Bücher und Zeichnungen an fünf Stellen. Als ich 1989 nach Kambodscha heimkehrte, fuhr ich nach Battambang zurück und suchte die Bücher. Ich fand eines davon. Ich schrieb nie negative Gedanken auf, nur das, was ich sah.

Das erste Jahr war das schlimmste. Ich litt Hunger, und das Leben war psychisch ungemein anstrengend. Ich wusste nicht, wo mein Bruder geblieben war. Ich sah einen meiner Freunde sterben, und ich wurde zu sehr harter Arbeit gezwungen. Ich war weiterhin still und folgsam. Nach einer Weile fasste man Vertrauen zu mir. Ich wurde in eine Arbeitsgruppe versetzt, die es besser hatte. Wir bekamen mehr zu essen als andere. Danach war das Leben beinahe normal, und man ernannte mich zu einer Art Gruppenleiter.

Das furchtbare erste Jahr brachte mir einige Werte im Leben bei, gewissermaßen alles, was ich über die Gesellschaft und die Menschen weiß. Ich lernte, Geduld zu haben, auch, dass der Buddhismus in der Praxis wirklich funktioniert. Ich sage oft, dass dieses Jahr meine erste Universität und meine wichtigste Ausbildung war.

Ich schlief unter einem der Häuser, die auf Pfählen stehen. Im Haus wohnten Soldaten. Durch den Fußboden hörte ich sie vor dem Einschlafen miteinander reden, darüber, wie sie Menschen getötet hatten. Es war sehr klinisch – als sprächen sie von Hühnern. Was sie taten und wie die Menschen gestorben waren. Ich sah auch, wie sie sich das Blut von den Füßen wuschen, wenn sie abends heimkamen. Beim Haus stand ein großer Wasserkrug, und dort wuschen sie sich die Füße. Ich sah sogar, wie sie Leute töteten, allerdings aus der Entfernung. Menschen, denen man die Hände auf den Rücken gebunden hatte, wurden auf einem Weg an der Stelle vorübergeführt, an der ich mich aufhielt. Danach hörte ich, wie sie weinten und schrien, ehe es völlig still wurde.

Die Gruppe der Soldaten, die die Tötungen ausführte, bestand aus dreizehn Mann. Ich habe keinen von ihnen nach 1979 getroffen. Einige davon waren gute Kerle, die über das, was sie taten, erschüttert waren. Sie steckten mir manchmal eine kleine Extraration Essen zu. Die anderen waren auf das Töten stolz. Sie kamen alle aus armen Familien. Die, die stolz auf das Töten waren, hatten eine große Wut in sich. Sie wollten sich rächen. Ich glaube, bei den Tötungen ging es vor allem um Wut. 1978 kam eine neue Gruppe Soldaten. Sie waren beinhart und töteten alle aus der ersten Gruppe.

Mit dem Essen kam meine Kraft zurück. Ich musste Reissäcke tragen und Reis mahlen. Die Mühle war enorm schwer, aber für einen Khmer bin ich ungewöhnlich groß und man hielt mich für stark genug, sie im Kreis zu ziehen.

Zur Zeit der Ernte waren die Menschen glücklich. Es gab dann viel zu essen. Aber nach zwei Monaten wurden die Rationen wieder kleiner. Eine Weile später blieben nur noch wenige Reiskörner in der Suppe. Ich dachte damals nie an die Zukunft. Ich versuchte einfach, einen Tag nach dem anderen zu überleben, ausreichend Essen aufzutreiben und nicht getötet zu werden.

Ich glaube nicht, dass die Menschen sich beklagt hätten, wenn es genug zu essen gegeben hätte und nicht so viele getötet worden wären. Die Kambodschaner sind ein Arbeitsvolk. Um uns herum gibt es Nahrung in großen Mengen – Obst, Fisch und Gemüse. Aber es war uns nicht erlaubt, unser Essen selbständig zu sammeln. Ich habe in den USA mit vielen Flüchtlingen gesprochen, und sie waren mit mir einer Meinung. Es war gut, dass die Kluft in der Gesellschaft verschwand.

Als die Vietnamesen kamen, floh ich in den Wald. Ich ging in den Dörfern umher und versuchte, eine Widerstandsbewegung zu organisieren. Die Vietnamesen kamen dahinter und ich musste mich zur thailändischen Grenze durchschlagen. Dort landete ich im Flüchtlingslager. Dann wurde ich in die USA geschickt.

1989 kehrte ich zurück und fand in Phnom Penh meinen Bruder wieder. Ich war sehr glücklich. Meine Schwester hat auch überlebt. Sie arbeitet auf der Post, genau wie vor dem Krieg.«

228.

SICH ZU VERBEUGEN IST UNMODERN!

229.

Ich erhalte eine E-Mail von Marita Wikander. Sie schreibt, dass sie sich nicht interviewen lassen möchte. Der Ton ist nicht unfreundlich gehalten. Aber es ist keine Einladung zu einem weiteren Dialog.

Sie schreibt, dass sie die Jahre über versucht habe, die Reise in das Demokratische Kampuchea von 1978 zu verstehen. Was in Kambodscha damals geschah und was dort heute geschieht. Aber ihre privaten Überlegungen dazu seien nicht von allgemeinem Interesse.

Wichtiger sei die kambodschanische Tragödie, schreibt sie. Der amerikanische Bombenkrieg, danach die Revolution, die die gesellschaftlichen Strukturen vernichtete und Menschen millionenfach in den Tod trieb. Die Armut, die dann folgte.

Das sei, schreibt sie, so entsetzlich, dass es schwierig sei, es richtig zu begreifen.

Und mit freundlichen Grüßen.

230.
[Wie ein Flimmer weiß]

Es ist das erste Interview mit einem westlichen Journalisten seit achtzehn Jahren. Eine einfache Hütte, ein kleiner Holztisch. Pol Pot spricht mit schwacher Stimme. Ein Schlaganfall hat zum Teil die linke Körperseite gelähmt. Das linke Auge ist fast blind. Er sieht betrübt aus, dann wieder flehend.

Er sagt:

»Ich kam, um zu kämpfen, nicht um Menschen zu töten. Auch jetzt, wo Sie mich sehen, halten Sie mich denn für ein Untier? Mein Gewissen ist rein.«

Und:

»Ich entziehe mich nicht der Verantwortung – unsere Bewegung hat Fehler begangen, wie jede Bewegung der Welt. Aber es gab einen Umstand, der jenseits unserer Kontrolle lag – dass der Feind gegen uns arbeitete. Eins will ich Ihnen sagen, auf eine Sache bin ich sehr stolz: Hätten wir nicht gekämpft, dann wäre Kambodscha 1975 eine vietnamesische Provinz geworden.«

Als das Interview dann vorüber ist, als Pol Pot sich dafür entschuldigt hat, dass er sehr müde sei, und man ihm dabei geholfen hat, vom Tisch aufzustehen, da kommt dieses Lächeln wieder. Ein »engaging smile«, schreibt der Journalist.

Und als er sein Lächeln gelächelt hat und wackelig, auf einen jungen Soldaten gestützt, zum Auto geht, sagt er zum Soldaten, seinem Gefangenenwärter:

»Du sollst wissen, dass ich alles, was ich getan habe, für mein Land getan habe.«

231.
[Wie ein Flimmer weiß]

JOURNALIST Wollen Sie für das Leiden, das Sie verursacht haben, um Entschuldigung bitten?

POL POT *(verwirrt, zum Dolmetscher)* Könnten Sie bitte die Frage wiederholen?

DOLMETSCHER Er fragt, ob Sie für das Leiden, das Sie verursacht haben, um Entschuldigung bitten wollen?

POL POT *(immer noch mit einem verwirrten Ausdruck)* Nein.

232.

Der Weg.

Gefrorene Schlingen durch die Landschaft. Als ich klein war, glaubte ich, dass er von einem Ort zu einem anderen führt.

Dass er beginnt und dass er an bestimmten Orten endet.

Später verstand ich, dass dem nicht so ist. Der Weg führt zu neuen Wegen. Alle Wege hängen zusammen. Sie bilden große Kreise. Umrundungen. Wer lang genug fährt, für den wird deutlich, dass der Weg zu einem selbst führt.

233.

EINE HAND FASST NACH DER HACKE, DIE ANDERE NACH DEM GEWEHR!

234.

Vom Balkon aus sehe ich das Olympiastadion in Phnom Penh. Entworfen von Vann Molyvann, Prinz Sihanouks Lieblingsarchitekten, ist es das bedeutendste moderne Bauwerk des Landes. Die Linien, der Rhythmus – alles wird durchweht vom Geist der Sechzigerjahre und dem vorwärtsgerichteten Blick.

Es war natürlich nie die Rede davon, dass Kambodscha die Olympischen Spiele ausrichten würde. Aber man baute ein Stadion, ganz mit eigenen Mitteln, ohne ausländische Hilfe. Ein Prestigeprojekt. Sihanouk wollte der Außenwelt zeigen, wozu sein Land in der Lage sei.

Wenn schon die Grundmauern auf Hybris gebaut sind, wird man dann nicht den Rest mindestens ebenso bezeichnen dürfen?

»Den eigenen Kräften vertrauen«, wie Pol Pot es später ausdrückte.

Ein träger Wind zieht am Balkon vorbei. Die Hitze lässt einen Augenblick lang nach. Auf der Straße klopfen einige Automechaniker lautstark eine Beule aus.

Das Olympiastadion soll jener Ort sein, an den man die Beamten der Regierung Lon Nols brachte, um sie in den Tagen nach der Revolution hinzurichten. In einem Buch finde ich ein Bild von Pol Pot auf einem Podium an einer der Schmalseiten. Eine Art Massenzusammenkunft, welche, ist unklar. Es wurden fast nie welche abgehalten. Keine, die Sihanouks grandiosen Eröffnungen glichen, mit Fahnen schwenkender Schuljugend und Paraden.

Heute steht die Anlage verfallen da. Zwischen fünf und sieben Uhr morgens und bei Sonnenuntergang lebt sie auf. Dann strömen Menschen herbei, um Gymnastik zu treiben oder die Laufbahnen entlangzujoggen.

Die vergoldeten Ausschmückungen am Stadion glitzern, und es ist offensichtlich, dass ich mich verführen ließ. Das Bild des Demokratischen Kampuchea ist so dramatisch, so entsetzlich und spektakulär. Ich habe versucht, den Ablauf der Ereignisse von diesem Punkt aus zu verstehen. Deshalb blieb auch vieles unbegreiflich.

Das Bild: Eine kollektivierte Gesellschaft, Zwangsarbeit und standrechtliche Hinrichtungen. Ein Land, errichtet nach dem kommunistischen Modell. Robotermenschen, kompromisslos und ohne Mitgefühl.

Überall die gleiche schwarze Kleidung, die gleichen drakonischen Gesetze und die gleichen unmenschlichen Verhältnisse.

Wenn alles ein großer rationeller Apparat ist, dann sind das Töten und der Hunger Teil des Kalküls. Die Gleichgültigkeit gegenüber dem menschlichen Leid total.

Was bringt eine Anzahl Männer dazu, eine derartige Politik zu betreiben? Und wie bekommt man die Untergebenen dahin, sie auszuführen?

Die Berichte, auf die ich stoße, fügen sich schlecht in das Muster. Sie ragen heraus und widersprechen einander. Ich muss den Blick anderswohin richten. Die Antworten liegen nicht in diesem Bild, weil es nicht möglich ist, es zu begreifen. Es zeigt die Erwartung, nicht die Wirklichkeit.

Das Demokratische Kampuchea war in sieben Zonen unterteilt. Jede davon wurde von einem Mann geleitet, der zumindest anfänglich Pol Pots Vertrauen hatte – Ta Mok, So Phim, Ke Pauk, Koy Thoun, Ruos Nim, Son Sen und Vorn Vet. Die Zonenchefs waren in vielerlei Hinsicht selbständig. Während des Bürgerkriegs und in der Zeit davor gab es zwischen ihnen nur eingeschränkten Kontakt. Die regionale Selbstverwaltung ging stattdessen sehr weit.

In einer paternalistischen Gesellschaft wie der kambodschanischen, in der die persönliche Loyalität viel wichtiger ist als Gesetze und Direktiven, hatte das voraussagbare Folgen. Man kann sie als regionale Kriegsherren ansehen. In manchen Fällen sogar als Anführer von Clans, wenn etwa Ta Mok dafür sorgte, dass die wichtigsten Posten in seiner Nähe an Familienmitglieder gingen.

Die Zonenchefs verfügten zwar über gemeinsame Erfahrungen, waren jedoch keinesfalls aus einem Guss. Einer hatte in Paris studiert, die Mehrzahl hingegen waren alte Khmer Issarak, Veteranen des Unabhängigkeitskampfes gegen die Franzosen in den Fünfzigerjahren, und damals bereits für ihre Brutalität bekannt.

Auch sieht das Land nicht überall gleich aus. Das Leben auf den Reisfeldern in Zentralkambodscha unterscheidet sich markant von jenem in den mit Dschungel bewaldeten Bergen im Osten und Westen. Zentral gefasste Beschlüsse erfuhren in den verschiedenen Landesteilen unterschiedliche Ausprägungen.

Außerdem ist die Information unterwegs verdreht worden. Das war ein Ergebnis der Ambition, leitende Positionen an Ungebildete zu übertragen. Viele von ihnen waren Analphabeten. Direktiven mussten deshalb mündlich durch die Hierarchien wandern. Eine Art Stille-Post-Spiel, bei dem einige Dinge verstärkt wurden und andere wegfielen.

Das vorherrschende revolutionäre Prinzip besagte, dass es besser sei, zu viel zu tun als zu wenig. Eine Weisung in Bezug darauf, »die Reichen unschädlich zu machen«, kann durchaus mit jeder Wiederholung entlang des Weges eine immer buchstäblichere Interpretation erfahren haben.

Jene Information, die von der lokalen Ebene nach oben wanderte, war ebenfalls nicht besonders zuverlässig. Es gab Planziele, denen gegenüber man sich zu verhalten hatte. Wenn diese nicht erfüllt wurden, riskierten die lokalen Anführer, bestraft zu werden. Die Angaben wurden daher auf jeder Stufe geschönt.

Sie lagen dann den Beschlüssen der regionalen oder nationalen Führung zugrunde. Eine verheerende Wechselwirkung.

Ein Beispiel: Ein Kollektiv soll laut Plan 300 Tonnen Reis produzieren. Die Ernte wird eingebracht, beläuft sich aber nur auf 200 Tonnen. Das bedeutet einen Misserfolg. Den wagt man vor den Vorgesetzten nicht zuzugeben, sondern behauptet, die Ernte habe die erwarteten 300 Tonnen erreicht. Regionalen Berechnungen zufolge benötigte das betreffende Kollektiv 150 Tonnen Reis pro Jahr, um seine Mitglieder zu versorgen. Da die behauptete Ernte das Doppelte des eigenen Bedarfs erzielt hat, wird das Kollektiv angewiesen, den Überschuss, 150 Tonnen, anderen Regionen zu überlassen. Dem nicht Folge zu leisten kommt nicht in Frage. In der Praxis bleiben schließlich nur 50 Tonnen, um das kommende Jahr davon zu leben, also ein Drittel des tatsächlichen Bedarfs. Die regionalen Entscheidungsträger stellen obendrein fest, dass das Kollektiv das Produktionsziel des ersten Jahres von 300 Tonnen mühelos erreicht habe. Es gibt somit Raum für Verbesserung. Im kommenden Jahr wird befohlen,

400 Tonnen zu produzieren. Zunehmend unterernährt werden die Mitglieder des Kollektivs nun gezwungen, noch härter zu arbeiten als zuvor.

Eindeutigkeit ist eine falsche Fährte. Im Gegenteil, die regionalen und lokalen Unterschiede waren sehr groß. Der Nordwesten Kambodschas, um Battambang, gilt allgemein als eine der schlimmsten Gegenden, in die man hunderttausende Menschen deportierte, um neues Land urbar zu machen. Vom Osten Kambodschas, um Kratie, heißt es, er sei eines der weniger schwierigen Gebiete gewesen.

Es konnte aber bei Kratie Kollektive geben, in denen die Lebensverhältnisse ebenso entsetzlich waren wie in Battambang. Und vice versa. Die meisten, mit denen ich spreche, berichten von Hunger, einige wenige sagen aber, dass sie eher zu viel zu essen hatten. Manchmal konnten sogar benachbarte Kollektive unter ganz unterschiedlichen Voraussetzungen leben, wobei das eine hungerte und das andere nicht.

Auch die Erlebnisse waren individuell. Den Bauern hatte man ihre Familienbetriebe konfisziert und die traditionellen sozialen Strukturen zerstört. Die tägliche Arbeit wurde härter, war aber im Grunde dieselbe. Die Umwälzung fiel für die Stadtbevölkerung erheblich einschneidender aus. Ihre moderne urbane Konsumgesellschaft fand sich über Nacht bei Sklavenarbeit auf dem Land wieder, die jener der Steinzeit ähnlich war.

Das Bild scheint bei näherer Betrachtung kaleidoskopisch, wobei die Fragmente unterschiedlich aussehen.

Was bleibt von der Eindeutigkeit bestehen? Die Revolution, deren zentrale Theorien Vorrang vor den lokalen Gegebenheiten hatten. Die Kompromisslosigkeit. Die traditionelle Gewalt, zusätzlich angefacht von der Grausamkeit des Bürgerkriegs.

Aber kaum mehr.

Eindeutig, zweideutig, dreideutig. Was ist Ursache, was ist Wirkung?

Wie immer das sein mag, ich kann nichts anderes sagen, als dass das Demokratische Kampuchea eines der schlimmsten, vielleicht auch das schlimmste Regime der Moderne ist. Eine Kombination aus unbeschreiblicher Brutalität und oft verblüffender Inkompetenz.

236.

WENN UNSERE HERZEN WEDER VON GEFÜHLEN NOCH VON MITLEID GENÄHRT WERDEN, WIRD UNSER KAMPF UNERSCHÜTTERLICH SEIN!

237.

Haus Nummer eins. Der alte französische Gouverneurspalast am Fluss. Sie sitzen um einen schweren dunklen Holztisch. Blumengeschmückt und für das Abendessen gedeckt.

Ministerpräsident Pol Pot, Außenminister Ieng Sary und die Delegation der Freundschaftsgesellschaft Schweden-Kampuchea.

Es ist der zwölfte Tag der Reise. Das Abendessen wurde kurzfristig angekündigt. Da man ihnen zuvor nichts gesagt hatte, waren Hedda Ekerwald und Marita Wikander auf ihrem üblichen Stadtspaziergang. Die Reiseführer hatten jedoch keine Schwierigkeiten, sie zu lokalisieren.

Aber jetzt sitzen sie um den Tisch. Sie wurden per Handschlag von ihren Gastgebern empfangen. Keine Wangenküsse wie bei den dänischen Delegierten einige Wochen zuvor. Eine

Frage der Etikette vielleicht, um dezidiert kommunistische Abordnungen und jene von Freundschaftsgesellschaften zu unterscheiden?

Das Gespräch verläuft auf Khmer und wird ins Französische übersetzt. Weniger formell, jetzt, da die Interviews gemacht sind, entspannter. Pol Pot hat eine Barriere aufgehoben. Sowohl er als auch Außenminister Ieng Sary sprechen fließend Französisch und legen keinen Wert mehr darauf, die französischen Fragen und Antworten der Schweden übersetzt zu bekommen. Sie selbst sprechen weiterhin Khmer.

Das Servicepersonal ist leise und effizient. Man serviert dampfenden Reis, trägt Fischsauce in kleinen flachen Schalen auf. Limettenspalten, Chilipfeffer. Trey domrey – Elefantenfisch. Für die Schweden schwer zu essen. Massenhaft kleine scharfe Gräten im weißen Fleisch. Pol Pot und Ieng Sary sind daran gewöhnt. Sie nehmen die Gräten aus dem Mundwinkel, während sie sprechen.

Und frische Austern. Importiert. Aber woher? Aus China? Frische Schalentiere in einem heißen und feuchten Land. Gunnar Bergström zögert, traut sich als Vorsitzender aber nichts anderes, als sie zu essen. Im Augenwinkel sieht er, wie Jan Myrdal seine Austern diskret in der Sakkotasche verschwinden lässt.

238.

[Donnerstag, 24. August 1978]

Hedda Ekerwald schreibt ins Reisetagebuch:

»Besuch der Kooperative Ang Trasom und anschließend Rückreise nach Phnom Penh. Am Abend waren wir zum Essen bei Ministerpräsident Pol Pot gemeinsam mit Außenminister Ieng

Sary. […] Pol Pot und Ieng Sary zu treffen war eigenartig. Wir interviewten Pol Pot […]. Dabei redete er in langen mehrsilbigen Worten wie »Annektionisten und Territoriumfresser«. Es klingt möglicherweise auf Khmer, das er zu dem Zeitpunkt sprach, einfacher. Aber als er das spätere Gespräch mit uns dann ohne Aufnahmegerät führte, redete er so natürlich und schlicht. Schade, dass ihr ihn da nicht hören konntet!«

239.

ES LEBE DIE RECHTSCHAFFENE UND ÜBERAUS HELLSICHTIGE ORGANISATION!

240.

Huoy? Ich erkenne den Namen wieder.

Ich sehe nach. Ja, das ist der Mann, der Isoup Ganthy in S-21 verhörte und dann seine Unterschrift ans Ende des Protokolls setzte. Ich begegne ihm, nicht in der Wirklichkeit, sondern in einem Dokumentarfilm. Er ist offenbar Landwirt irgendwo außerhalb Phnom Penhs.

Im Film erscheint er als gewöhnlicher, wenn auch schweigsamer Mann. Ernst, verhalten. Ich bilde mir ein, eine Art Anspannung zu bemerken. Als hätte er die Tür hinter etwas verschlossen, das ihn vernichten könnte, etwas, das die ganze Zeit an der Klinke rüttelt.

Auf der Stirn hat er drei runde und dunkle Flecken. Abdrücke einer Schröpfung, wie sie in der traditionellen kambodschanischen Behandlung von Kranken verwendet wird.

Er berichtet von seiner Zeit in S-21:

»Ich war jung zu der Zeit. Ich dachte nicht besonders weit voraus. Ich war leidenschaftlich und tat das, was man mir auftrug zu tun. Als ich aufgefordert wurde, mich zu beteiligen, machte ich das. Wenn jemand weggebracht oder getötet werden sollte, so tat ich es, wenn es das war, was die Organisation wollte. Wenn ich heute daran denke, sehe ich ein, dass es falsch war. Ich schäme mich über mich selbst. Aber ich denke nicht daran. Wenn ich daran denke, bekomme ich Kopfschmerzen.«

241.

Inwieweit wurde der Kampf für jene, die die Kurbeln an den Matrizendruckern bedienten und vor den Coop-Märkten standen, zu einer persönlichen Identität? Jene, die ihre Jugendjahre darauf verwendet haben, die Welt durch die FNL zu entdecken?

Und wie färbte die Gemeinschaft unter den Aktivisten, die ideologische wie die soziale, ihr Weltbild? Oder genauer gesagt, welche Nuancen fielen weg? Ausreichend viele, dass eine Reise in die künftige Gesellschaft wesentliche Dimensionen verlieren würde?

Dass man sehen wollte, es aber nicht vermochte? Weil alles, wofür man jahrelang gekämpft hatte, im Weg stand?

Weil es nicht nur bedeutet hätte, in Frage zu stellen, was man sah, sondern auch die eigene Identität? Wer man war?

242.

Kissinger!

Kissinger!

Mör!

Der!

243.

Es ist nicht nur das zusammengeklebte *Kampuchea zwischen zwei Kriegen*, das ich an jenem Tag in der Bibliothek in Phnom Penh finde. Ich blättere auch in einem Lehrbuch fürs Gymnasium vom Anfang der Fünfzigerjahre. In dem ziemlich dünnen Band wird die gesamte Weltgeschichte abgehandelt.

Die letzten vergilbten Seiten sind dem Zweiten Weltkrieg gewidmet. Große Männer fassen große Beschlüsse, und Armeen vernichten und werden vernichtet. Zerstreut überfliege ich die staubtrockene Darstellung.

Erst nachdem ich das Buch zurückgestellt habe und mit dem Rad einige Häuserblocks weit gefahren bin, begreife ich, dass darin kein Wort über den Holocaust stand.

244.

WER PROTESTIERT, IST EIN FEIND! WER WIDERSTAND LEISTET, IST EINE LEICHE!

245.

Als ich mich anschicke zu gehen, werde ich von Suong Sikoeun zurückgehalten. Der Besuch scheint ihn belebt zu haben, und mühevoll hat er sich aus seiner halb liegenden Position erhoben.

Er sagt, dass er einen Traum habe.

In den letzten Jahren, vor der Herzoperation, habe er die Jugendlichen aus der Gegend unter anderem in Englisch und Geographie unterrichtet. Unbezahlt, bien sûr. Das sei ein wichtiger Auftrag. Aber, sagt er, es fehlten Bücher. Könne ich seine alten Freunde, jene in der Freundschaftsgesellschaft Schweden-Kampuchea, nicht fragen, ob es ihnen möglich sei, Geld für eine kleine Bibliothek zu spenden? Es wäre für die kommenden Generationen von großem Wert. Sie würden dort Kenntnis über die Klassiker der Weltliteratur erlangen. Das würde ihren Horizont erweitern.

Ich bestelle die Grüße per E-Mail an Hedda Ekerwald. Sie gehört zur Gruppe, die eingesetzt wurde, um die schlummernde Freundschaftsgesellschaft endgültig abzuwickeln. In Kürze soll entschieden werden, was mit der alten Vereinskasse geschehen soll. Jene, für die sie vor vielen Jahrzehnten sammeln gegangen sind.

Ihre Antwort lässt auf sich warten. Später erzählt sie, dass sie sich entschieden hätten, eine Organisation zu unterstützen, die in der Nähe des Badeorts Sihanoukville mit obdachlosen Kindern arbeitet. Strandkindern, die Obst verkaufen und sich selbst.

246.

Steve Heder trifft mit leichter Verspätung ein. Er ist gestresst und lässt alle Charakterzüge vermissen, die das Klischee für Amerikaner vorgesehen hat. Kein lautes Wissenwollen, wie es mir gehe, kein breites Lächeln, das auf die Frage folgt, was er denn für mich tun könne, da sie gar nicht erst gestellt wird.

Der Mund verbirgt sich hinter einem großen Schnauzbart, aber ich bin ziemlich sicher, dass er während des Gesprächs kein einziges Mal lächelt.

Steve Heder war im Januar 1979 zu einem Besuch des Demokratischen Kampuchea eingeladen. Vor der Revolution war er Korrespondent in Phnom Penh gewesen. Diese Geste, routinierte Kambodscha-Korrespondenten ins Land zu lassen, sollte Pol Pots Ansehen verbessern. Sogar der Generalsekretär der UN, Kurt Waldheim, erhielt eine Einladung.

Steve Heder saß abwartend in Peking, als die Vietnamesen in sein Reiseziel einmarschierten. Aus der Fahrt ins Demokratische Kampuchea wurde nichts. Stattdessen fuhr er an die Grenze zwischen Thailand und Kambodscha. Dort befragte er systematisch 1500 Flüchtlinge zu ihren Erlebnissen unter den Roten Khmer.

Seitdem hat er die Revolution beforscht, die er anfänglich unterstützte. Er gilt heute bei vielen als der, der – abgesehen von der früheren Parteiführung – am meisten über die Regierungszeit der Roten Khmer weiß.

Ich habe eigentlich nur eine Frage an ihn.

Wie konnten Suong Sikoeun und seine Handlanger die schwedische Delegation zwei Wochen lang täuschen? Wie konnte das in einem Land, in dem so wenig funktionierte, so perfekt organisiert sein? Wo man kaum Erfahrung mit ausländischem Besuch hatte?

Er nickt nachdenklich und sagt dann, dass ich falsch läge. Sie seien keine Anfänger gewesen, wenn es darum ging, Besuche zu inszenieren und Potemkinsche Dörfer zu errichten.

Aber, wende ich leicht verwirrt ein, sie hatten ja kaum ausländische Besuche.

Nein, das stimmt. Aber, sagt er, es war doch dasselbe, wenn die Parteiführung im Land umherfuhr, die wenigen Male, bei denen sie Phnom Penh verließ.

Ihnen konnte nur gezeigt werden, was sie zu sehen erwarteten. In dem Maß, in dem sie etwas von den Konsequenzen ihrer gescheiterten Politik gesehen hätten, wäre das auf die lokalen Anführer zurückgefallen. Es lag absolut im Interesse Letzterer, eine zurechtgerückte Version der Wirklichkeit vorzuweisen.

Ob die schwarzen Mercedes-Benz nun Politoffiziere aus Phnom Penh oder bleiche Ausländer beinhalteten, war für jene, die entlang der Straßen standen oder sie in den Kooperativen in Empfang nahmen, von geringerer Bedeutung. Sie wussten, was auf sie wartete, sollte die Vorstellung nicht glaubwürdig sein.

Das führte auch dazu, meint Steve Heder, dass Pol Pot und die anderen vermutlich recht wenig davon wussten, wie es auf dem Land eigentlich aussah. Die Ergebnisse und Zahlen, die gemeldet wurden, spiegelten eher deren Erwartungen als die tatsächlichen Verhältnisse wider.

Das wiederum hatte zur Folge, dass die Reformversuche, die 1978 eingeleitet wurden, zu einem großen Teil zum Scheitern verurteilt waren. Sie basierten ja auf Schlussfolgerungen, die man aus falschen Prämissen abgeleitet hatte.

Das ist keine Entbindung von Verantwortung. Steve Heder verschiebt lediglich den Schwerpunkt ein klein wenig. Die Schuld liegt, wo sie liegt.

247.

JEDER TAG EIN FEST!

248.

Was werden künftige Generationen uns vorwerfen können? Dass wir nicht hinreichend dagegen protestierten, dass Russland ungestört Tschetschenien verwüstete? Die Besetzung Tibets durch China? Jene von Palästina durch Israel? Dass wir allen Warnungen der Forscher und aller Berichterstattung zum Trotz, trotz all dessen, was wir wissen, unser Leben nicht radikal umstellten, um die immer schnellere Erderwärmung zu bremsen? Dass weltweit täglich 30 000 Menschen an Hunger sterben mussten, während wir zugleich ein Drittel der Lebensmittel, die wir aus den Geschäften nach Hause trugen, wegwarfen? Dass Millionen von Kindern und Frauen als Sexsklaven verkauft wurden?

Werden sie auf die vergilbten Zeitungsausschnitte zeigen und sagen, aber hier steht doch alles, wie könnt ihr denn sagen, dass ihr es nicht verstanden habt?

249.

[Dienstag, 15. August 1978]

Hedda Ekerwald schreibt in ihr Reisetagebuch:

»Es war merkwürdig, die Baustelle des Dammes ›Sechster Januar‹ zu besuchen. […] Hier arbeiteten 4000 Jugendliche daran, das Auslasstor fertigzustellen, welches das Wasser in alle Kanäle leiten soll.

In Schweden sieht man selten so viele Menschen gemeinsam arbeiten. Im Akademischen Krankenhaus in Uppsala z. B. sind um die 5500 Leute angestellt. Aber sie sind drinnen, in verschiedenen Räumen und Gängen, hier am Damm ›Sechster Januar‹ sieht man sie alle zusammen. Das macht auch deutlich, welch große Leistung sie gemeinsam zustande bringen! Es sind diese Bewässerungsanlagen, die die kampucheanische Landwirtschaft revolutionieren.

Die jungen Menschen kommen aus den Bezirken rund um den Damm und wohnen dort während der Bauzeit in Baracken. Ich frage mich, wie es ist, so zu wohnen und zu arbeiten. Das kann man erst sagen, wenn man sie kennengelernt hat. Sehnt man sich in sein Dorf zurück, hat man politischen Streit und hält in Cliquen zusammen, tanzt man abends zu Volksmusik aus dem Radio? Wie viele treffen einander, um später zu heiraten? Ich habe große Lust hierzubleiben und mit ihnen gemeinsam zu arbeiten.«

250.
[Wie ein Flimmer weiß]

Es ist der 15. April 1998 und Pol Pot liegt in einem einfachen Schuppen. Das Herz schlägt nicht, die angestrengte Atmung hat aufgehört. In die Nasenlöcher hat jemand Baumwolle gestopft. Das Haar ist braun gefärbt – eine letzte Verkleidung vor einer eventuellen Flucht nach Thailand.

Die Todesursache ist unbekannt. Sein Leibarzt behauptet

Herzanfall. Das Gerücht, er sei vergiftet worden, macht bereits die Runde.

Es ist sehr warm. Die Luft im Schuppen ist drückend und stinkt nach Formalin, das verwendet wurde, um den Körper zu konservieren.

Drei Tage später wird Pol Pot kremiert, auf einem Haufen aus Autoreifen und Müll.

Der Rauch durch das Laubwerk.

251.

Ein dichtes Programm und hohes Tempo. Das Muster kehrt bei vielen Delegationen auf Besuch in kommunistischen Regimen wieder, schreibt der amerikanische Professor Paul Hollander in seinem Buch *Political Pilgrims – Travels of Western Intellectuals to the Soviet Union, China and Cuba*. Ziel sei es, die Gäste auf subtile Weise zu ermatten und sie mit positiven Eindrücken zu überwältigen.

Die Roten Khmer hatten sich das Prinzip angeeignet, beherrschten es aber nicht. Das zeigen interne Dokumente, in denen die Reisebegleiter Bericht an ihre Vorgesetzten erstatteten. Die besuchenden Delegationen bekamen nicht, wie in anderen Ländern, vorab ein Programm. Es wurde improvisiert, mit einer Vorplanung von einigen Tagen, was zumindest teilweise ermöglichte, auf die Wünsche der Gäste einzugehen.

Der Journalist Richard Dudman, der gemeinsam mit Elizabeth Becker und Malcolm Caldwell der vorletzten Delegation ins Demokratische Kampuchea angehörte, schreibt am 4. Januar 1979 in *Dagens Nyheter*:

»Aber ihre Vorstellung davon, wie man einem Besucher das Land zeigt, besteht in langen, schnellen Autofahrten von einem gründlich geplanten Aufenthalt zum nächsten. Für Fotos von einem Bauprojekt oder einer Gruppe Landarbeiter bei der Arbeit halten sie auf Ersuchen hin manchmal an.

Nähere Kontakte mit gewöhnlichen Kampucheanern wollte man weitgehend verhindern, wenn jene nicht im Vorfeld dafür ausgesucht wurden. Wir testeten hin und wieder, auf gut Glück normale Menschen für Interviews zu wählen, nur um herauszufinden, dass diese exakt dort gestanden hatten, um von uns ausgewählt zu werden, und dass sie viele Male zuvor von kommunistischen Delegationen interviewt worden waren.

Die Mitglieder der lokalen Verwaltungsräte von Bauernkooperativen oder Fabriken lieferten fertige Hintergrundinformation und beschränkten sich darauf, über Produktdetails zu sprechen oder die ›korrekte Linie der Kommunistischen Partei Kampucheas‹ zu preisen, wenn es um den Aufbau des Landes und die Verteidigung gegen die Vietnamesen ging.

Wenn wir unangenehme Fragen stellten wie: ›Sind Sie Mitglied der Kommunistischen Partei?‹, hielten die lokalen Verwaltungsratsmitglieder üblicherweise bei den Begleitern der Regierung nach Zeichen Ausschau, ob sie das sein sollten oder nicht.

Manches Mal übersetzte der Regierungsdolmetscher eine lange und offenbar detaillierte Antwort auf eine Frage mit: ›Er weiß es nicht.‹

Kampuchea hat, was seine Präsentation gegenüber der Außenwelt betrifft, einen weiten Weg vor sich.«

252.
[Ich sah, was ich sah IV]

Hak Heng weiß nicht, in welchem Jahr sie geboren wurde. Sie glaubt aber, dass sie achtundsiebzig Jahre alt sei. Sie wohnt in einem kleinen Zimmer in der Pagode Vat Sunsome Koseul im Südwesten Phnom Penhs.

Gekleidet ist sie wie alle alten Witwen oder Nonnen – weiße Bluse, schwarzer, steifer Rock und ein kariertes Tuch über die Schulter gehängt. Die wenigen Zähne sind rot von den Betelnüssen, das Haar ist weiß und wenige Zentimeter kurz. Sie geht gebückt und seit einer früheren Hüftfraktur hinkend.

Das Zimmer teilt sie mit einer anderen Frau. Platz ist nur für ihre beiden Pritschen und einige Küchenutensilien in einer Ecke. Es ist ein armes, wenn auch geselliges Dasein, da viele andere Witwen, Witwer und Mönche innerhalb der Pagodenmauern wohnen.

Hak Hengs Mutter war Sino-Khmer, ihr Vater Chinese. Sie wuchs in Kandal auf, südlich von Phnom Penh. Die Eltern waren Geschäftsleute, und vor allem die Mutter ist ihr als eine lebhafte und willensstarke Frau in Erinnerung.

»Als ich siebzehn war, verheirateten mich meine Eltern mit einem Freund meines Vaters. Mein zukünftiger Mann war zwanzig Jahre alt und wir hatten einander zuvor nie getroffen. Er hatte bereits ein Kind. Ich traute mich nicht zu widersprechen, als die Heirat vorgeschlagen wurde. Es ist nicht wie heute, wo es ausreicht, dass man verliebt ist. Mein Mann war Fischer, handelte aber auch mit anderen Waren.

Einmal, noch vor der Unabhängigkeit, wurde ich von der Befreiungsbewegung Khmer Issarak entführt. Der Anführer war ein guter Freund meines Mannes, der mir daher versprach, dass sie mir nicht wehtun würden. Sie verlangten aber eine große Summe Lösegeld, die meine Eltern bezahlen mussten. Danach zogen wir nach Phnom Penh um, weil wir vor den Khmer Issarak Angst hatten.

Es war einfacher, in der Stadt für seinen Lebensunterhalt zu sorgen als auf dem Land. Auf dem einen Markt kauften wir Sachen ein und auf dem anderen verkauften wir sie wieder.

1970 wurde Sihanouk gestürzt. Wir vermissten ihn und er tat uns leid. Ohne einen König konnte das Land es nicht schaffen. Aber wir waren machtlos. Danach durfte ich nicht mehr zu meiner Familie in Kandal fahren, da dieser Teil den Roten Khmer unterstand und ich in der Stadt war, die zu Lon Nol gehörte.

Mein Mann verschwand 1974. Er wurde von Lon Nols Soldaten ermordet, die ihn beschuldigten, mit den Roten Khmer zusammenzuarbeiten. Sie stahlen sein Moped. Er war kein Roter Khmer, alles, was er wollte, war, dass der König zurückkommen solle.

Am 17. April 1975 wurden wir aus der Stadt gejagt. Man sagte uns, wir sollen Kleidung für drei Tage mitnehmen, aber das entsprach nicht der Wahrheit, denn wir durften nicht wiederkommen. Ich war mit dreizehn meiner fünfzehn Kinder eine Woche lang zu Fuß unterwegs. Man erlaubte uns nicht, in mein Heimatdorf zurückzukehren.

Nach fünf oder sechs Monaten wurden wir nach Sisophon geschickt. Dort mussten wir Land roden und Reis und Gemüse anpflanzen. Wir bekamen fast nichts zu essen. Ich wurde krank und mein Körper war aufgeschwollen. Danach war ich so abgemagert, dass ich schon fast tot war. Wir bekamen zwei Schöpflöffel wässrige Reissuppe zwei Mal täglich. Fünf Personen teilten sich 250 Gramm Reis pro Tag. Mit Blättern und anderem, das wir finden konnten, versuchten wir die Suppe zu strecken. Zugleich mussten wir hart arbeiten, große Bäume fällen und das Land pflügen, das wir gerodet hatten. Ich weinte jede Nacht. Wir durften selbst kein Essen kochen. Wer ein Feuer machte, um Essen für sich selbst zuzubereiten, wurde getötet.

1978, als wir neue Flächen roden sollten, zwang man uns, über tote Körper zu steigen. Sie waren begraben, aber nicht sehr tief, weshalb der Regen die Erde fortgespült hatte. Sie lagen dicht beieinander, und manche der Körper waren aufgedunsen und weich beim Drauftreten.

Meine Kinder schickte man an verschiedene Orte, um zu arbeiten. Ich durfte nur die zwei kleinsten behalten. Ich wusste nicht, wo die anderen waren. Fast keins von ihnen überlebte. Der abscheuliche Pol Pot tötete zehn meiner Kinder.

Als die Vietnamesen kamen, freuten wir uns darüber. Sie gaben uns Reis und Medikamente, und wir mussten nichts Besonderes tun. Ich ging nach Phnom Penh zurück. Es dauerte mehrere Wochen. Wenn die Roten Khmer niemanden getötet und uns zu essen gegeben hätten, wäre es einfacher gewesen zu arbeiten. Dann wären wir zufrieden gewesen.«

253.

[Mittwoch, 16. August 1978]

Hedda Ekerwald schreibt ins Reisetagebuch:

»Wir reisten nach Siemréap, wo wir eine Krokodilfarm besichtigten, den Bombenkrater aus dem Jahr 1976, einen Staudamm aus der Angkor-Zeit und den Frontverlauf zwischen Lon Nols Armee und der Befreiungsarmee vor den Tempeln von Angkor. Wir wohnten in einer der Residenzen Prinz Sihanouks im Stadtinnern.«

254.

Die Krokodile liegen unbeweglich in der Sonne, und von der anderen Seite der Straße ist langsame Begräbnismusik zu hören. Die Haut der Tiere ist von einem matten Grau, die offenen Rachen zitronengelb. Ein schwacher Geruch von verfaultem Fisch.

Ich gehe als einziger Besucher durch die Krokodilfarm in Siem Reap. Es wundert mich nicht, dass die Touristen Angkor Wat den Vorzug geben.

Einige mit Mauern eingefasste staubige Gelände und tausend Krokodile. Jedes Gehege hat ein kleines Becken mit algengrünem Wasser. Der Beton der Mauern ist verwittert. Es wirkt, als hätte man die ganze Anlage vergessen.

Ich gehe von Gehege zu Gehege, ziehe die Eintrittskarte zwischen den Fingern lang. Man dankt mir darauf für meinen Beitrag zur Erhaltung der Wildtiere Kambodschas.

Am 16. August 1978 stand die schwedische Delegation am selben Ort und sah die Krokodile über- und untereinanderkriechen »wie Schlangen in einer Schlangengrube«. In der Zeitung *Kampuchea* wird den Krokodilen dann eine eigene Spalte gewidmet. Wahrscheinlich als etwas leichtere Lektüre gedacht.

An der Ticketkassa werden gefirnisste Babykrokodile verkauft, alle in den gleichen bedrohlichen Posen erstarrt. Zum Verkauf angeboten sind auch Krokodilzähne, Taschen, Gürtel und, aus einem weniger offensichtlichen Grund, eine Puppe mit blondem Haar und blauen Augen.

Ich frage die Ticketverkäuferin, wie alt die ältesten Krokodile seien. Sie wisse es nicht, antwortet sie, glaube aber, dass sie an die achtzig Jahre alt sein können.

Ich gehe zurück und schaue auf den Reptilienhaufen hinunter. Eins davon gleitet auf mich zu und hebt den Kopf, fixiert mich mit ausdruckslosen Augen. Weiße und gelbe Schmetterlinge flattern hin und her.

Es ist also möglich, denke ich, dass einige von euch vor fünfundzwanzig Jahren auch hier lagen. Dass alles geschehen ist, während ihr hier gelegen und die Sonne hinter den Betonmauern auf- und untergehen gesehen habt. Die Silhouetten derer, die hier standen, wo ich stehe, und euch angesehen haben.

Ein besonders großes Exemplar geht langsam Richtung Teich. Es muss uralt sein. Eine hässliche Narbe läuft über seinen Echsenschädel, ein Auge fehlt.

Was soll ich mit dieser Erfahrung anstellen? Festhalten, dass die Revolution kommt und geht und nur das Krokodil besteht?

255.

Vielleicht ließen sich die jungen FNL-Aktivisten auch von der Geschichte verleiten. Oder eher ihrer unterbewussten Erwartung der Geschichte. Und von der menschlichen Vorliebe für Symmetrie.

Die Großeltern hatten die Welt ihrer Jugend in Feuer und Asche des großen Krieges untergehen gesehen, der Krieg, der allen Kriegen ein Ende machen sollte.

Die Eltern wiederum durchlebten den Zweiten Weltkrieg.

Eins, zwei … und welcher Umsturz sollte es für die nächste Generation werden?

Was sollte in diesen Jahrzehnten geschehen, damit in den Geschichtsbüchern der Zukunft darüber geschrieben werden würde? Wenn nicht zuerst der alles auslöschende Atomkrieg kam, warum dann nicht der Zusammenbruch des imperialistischen Kapitalismus? Vielleicht sogar die Weltrevolution?

Auch wir sind leicht zu verleiten. Wir haben ja nur dieses eine Leben, das wir leben. Ein einzigartiges Leben. Im Namen der Proportionalität müsste also auch in diesem einzigartigen Lebensverlauf etwas Einzigartiges eintreffen. Etwas Großes, mit uns selbst als Zuschauern und Akteuren.

Wir erwarten mit anderen Worten, dass der Boden genau unter unseren Füßen erzittert. Vielleicht in Form einer pandemischen Seuche, die das Dasein, das wir für selbstverständlich halten, zunichtemacht.

Es ist eine trügerische Vorstellung. Beinahe narzisstisch.

Zwischen den Zeilen einer stark komprimierten Version der Jahrtausende in den Geschichtsbüchern gibt es doch Unmengen von, nun, nichts Besonderem.

Die meisten Menschenleben sind aufgeflammt und erloschen, ohne dass sie etwas von welthistorischer Bedeutung sich ereignen gesehen haben.

256.

Siem Reap ist das neue Kambodscha. Die Stadt ist Zentrum der schnell wachsenden Tourismusindustrie. Einige Kilometer entfernt liegt das Areal um Angkor Wat, der Touristenmagnet mit seinen enormen Tempelbauten. Viele stehen weiterhin verborgen im ungerodeten Dschungel.

In nur wenigen Jahren haben hier unzählige geschmackvoll eingerichtete Restaurants, Bars und Hotels eröffnet. Seit meinem letzten Besuch vor vier Jahren erkenne ich kaum etwas wieder. Die Residenz König Sihanouks jedoch steht noch da. Ein niedriges schönes Gebäude, mit antiken Kanonen auf beiden Seiten der Treppe zum Eingang. Ich frage einige Taxifahrer, die im

Schatten unter einem Baum hocken. Kommt der König oft zu Besuch? Nein. Sie sind sich einig. Es ist lange her, dass er hier war.

Ich setze mich in eins der netten Restaurants. Es ist Nachmittag und die Stadt beinahe frei von Touristen. Sie sind alle bei den Tempeln. In einigen Stunden werden sich die Gastgärten füllen, die Straßen von Mopedtaxis und Tuk Tuks wimmeln.

An der Wand hängt eine im Zusammenhang mit einem Restaurant eigenartige Dekoration: ein eingerahmter Toilettensitz. Der kleine Zettel daneben gibt Auskunft. Die Trophäe stammt von Pol Pots letzter Wohnadresse – mit anderen Worten Pol Pots Toilettenbrille.

Eigentlich ist nichts Verwunderliches daran. Kambodscha versucht Geld damit zu verdienen, was die Touristen fasziniert. S-21 ist heute ein Museum, und die Massengräber in Choeung Ek sind ein selbstverständliches Reiseziel für alle Besucher Phnom Penhs. In unmittelbarer Nähe von S-21 wurde ein Café eröffnet, in dem man wässrige Reissuppe essen kann, serviert von Kellnern in Rote-Khmer-Uniformen. Bei Ta Moks Haus sitzen seine alten Leibwächter und verlangen ein paar Dollar Eintritt.

Ich trinke meinen Limettensaft aus und gehe ein paar Blocks weit in eins der vielen Internetcafés. Die Verbindung ist hervorragend.

Ich schreibe an Jan Myrdal.

Ich schreibe, dass ich immer noch Fragen habe, obwohl ich alles, was er darüber geschrieben hat und ich finden konnte, gelesen habe. Dass ich ihn gerne treffen und mit ihm über seine Reisen ins Demokratische Kampuchea sprechen möchte.

Ich bekomme keine Antwort.

257.

Am Freitag, den 15. September 1978 veröffentlicht *Aftonbladet* eine Reportage von Marita Wikander. Der Titel lautet: »Bericht aus dem abgeriegelten Land«. Sie schreibt:

»Eines Abends sitzen wir auf der Veranda eines Gästehauses in Kompong Thom. Wir hören Radio. Die Bauern sind vor kurzem mit ihren Büffeln nach der Feldarbeit des Tages nach Hause gegangen. Die Kinder planschen im Teich, einige alte Frauen sitzen vor ihren Häusern und plaudern. Alles ist friedlich, aber die Außenwelt erreicht uns über den Äther. Auf Voice of America fordert [Senator] McGovern internationale Militäreinsätze, um das leidende Volk in Kampuchea von einem Völkermörderregime zu befreien. Auf einer anderen Wellenlänge spricht das englische Programm vom Radio Moskau von Aufruhr in großen Teilen Kampucheas.

Verwundert sehe ich mich um. Sprechen sie wirklich von diesem Land?«

258.

Israel Young, der von allen Izzy genannt wird, verschwindet hinunter in den Keller. Ich bleibe in seinem kleinen Büro auf Södermalm in Stockholm sitzen. Ein Ecklokal mit großen Fenstern nach zwei Richtungen hin. Menschen gehen auf dem Gehsteig vorüber.

Izzy Young ist vor allem dafür bekannt, dass er 1961 Bob Dylans erstes richtiges Konzert arrangiert hat. Es wurde zum Auftakt für Dylans Karriere. Seit über dreißig Jahren lebt Izzy Young in Schweden und ist eine zentrale Figur in der schwedischen Volksmusik. Die Tür zu seinem einfachen Büro ist immer offen und viele bleiben stehen, um zu plaudern. Es ist alles zusammen recht unschwedisch. Mehr wie New York. Zumindest wie New York durch die Kameralinse Woody Allens.

Izzy Young kehrt über die steile Kellertreppe zurück, mit staubigen Tüten und Kladden. Es ist ein Teil dessen, was vom Archiv noch übrig ist, das er für die Freundschaftsgesellschaft Schweden-Kampuchea betreut hat. Den Rest hat er der Universität Lund geschenkt. Er saß einige Jahre lang auch im Vereinsvorstand.

Das Interesse für die kambodschanische Revolution wurde in den USA geweckt, nach den amerikanischen Bombardements auf Kambodscha. Dort kam er in Kontakt mit Huot Sambath und Hing Sokhom, Vertretern der Exilregierung Prinz Sihanouks.

Er brummt in einer Mischung aus Englisch und Schwedisch vor sich hin, während er in den Tüten wühlt. Protokolle, Tagebücher und Fotografien tauchen kurz auf. Ich traue mich nicht zu fragen, wonach er sucht. Falls er überhaupt etwas sucht.

In einem alten Karton findet er ein Bündel Fotokopien, die zu einem kleinen Buch zusammengestellt wurden. Ich erkenne das Vorsatzblatt wieder. Es sind Kopien eines »Bekenntnisses« aus S-21. Aus dem kleinen Buch fällt eine Fotografie, ebenfalls dort aufgenommen. Sie zeigt einen Mann mit Nummernschild auf der Brust. Sein Gesicht drückt eine Mischung aus Verzweiflung und Resignation aus, die ich bei so vielen der Todgeweihten auf den Bildern in S-21 gesehen habe.

»Er war mein bester Freund«, sagt Izzy Young und überreicht das Buch.

Ich lese den Umschlag. »Hing Sokhom – FUNC USA 1970–

1976«. Das Datum der Hinrichtung ist dasselbe wie bei seinem schwedischen Kollegen, Isoup Ganthy.

»Er war mein bester Freund und ich habe ihn überredet, nach der Revolution nach Kampuchea zurückzukehren.«

Er sieht mir in die Augen, traurig.

»Ich habe ihn überredet.«

Später, auf einem anderen Dokument, finde ich eine Anfrage von Izzy Young an die schwedische Delegation vor deren Abreise. Er bittet sie, sich nach Hing Sokhom zu erkundigen, von dem man nichts gehört habe, seit er 1976 zurückgegangen sei.

259.

[Samstag, 26. August 1978]

Hedda Ekerwald schreibt in ihr Reisetagebuch:

»Draußen auf dem Pochentong-Flughafen nahmen wir Abschied. Wir stiegen ins Flugzeug ein. Dort im Freien standen Ok Sakun, Sok Rim, Hoeung und die anderen und sahen uns nach und winkten. Sie winkten immer noch, als das Flugzeug eine halbe Stunde später abhob.«

260.

Ich komme am Flughafen an und habe reichlich Zeit, bevor mein Flugzeug startet. Der Terminal ist senfgelb und neu gebaut, aber Teile des alten sind noch vorhanden. Sogar die große, gefaltet errichtete Sonnenüberdachung aus Beton steht da, die ich auf Bildern aus Prinz Sihanouks Tagen gesehen habe. Man sieht sie auch im Hintergrund einer Fotografie, auf der Pol Pot und ein Großteil des Zentralkomitees auf einen Staatsbesuch warten. Mit dem Neubau ist sie jetzt etwas an die Seite gewandert.

An diesem Ort landeten die Schweden mit ihrem chinesischen Flugzeug. Vielleicht standen Ok Sakun und die anderen da und warteten im gefalteten Schatten des Sonnendachs?

Sie landeten und gingen die Treppe hinunter, geradewegs in das fremde Klima und die fremde Kultur hinaus.

Die Hitze und die Gerüche. Die Landschaft mit ihren leuchtend grünen Reisfeldern. Die hohen geraden Stämme der Zuckerpalmen, ihre struppigen Kronen zum Horizont hin.

Geradewegs in all das hinaus, was sie bislang nur auf Schwarzweißfotografien gesehen hatten.

Und unter dem Sonnendach ihre alten Bekannten aus Paris. Jene, die einige Jahre zuvor eine allem Anschein nach unmögliche Zukunft diskutiert hatten.

Jetzt war diese Zukunft hier und sie die Gäste ihrer Freunde. Der ehemaligen Verbannten, die nun hohe Positionen in einer Gesellschaft einnahmen, auf die sie im Innersten vielleicht nicht einmal zu hoffen gewagt hatten.

Ich versuche mir vorzustellen, wie überwältigend das gewesen sein muss. Wie sie sich verwundert umgesehen haben müssen, um all diese Eindrücke in sich aufzunehmen. Überall dieses Kampuchea. Der Handschlag der Freunde und das Willkommenslächeln. Das Land, von dem man gesungen, geschrieben, gelesen hat. Geträumt hat.

Pol Pots Einladung traf im Frühjahr 1978 in Stockholm ein. Danach folgten Monate des unsicheren, ungeduldigen Wartens. Der Frühling ging in den Sommer über und am Kalender wurden die Blätter abgerissen. April und Mai. Juni und Juli. Dann endlich: August.

Flugreise über Peking, wo Jan Myrdal wartete. Auch China muss sie fasziniert haben. Ein Besuch in einer anderen Welt, in einer möglichen Alternative zu einer bipolaren Weltordnung. So groß und reich und unüberschaubar. Das bevölkerungsreichste kommunistische Land der Erde, mit einer Revolution, die um so vieles lebendiger war als die alte verstockte in der Sowjetunion. Nicht China war es, das 1968 in die Tschechoslowakei einmarschiert war, die den Kurs abgelehnt hatte. Statt einer Invasion bei seinen Freunden hatte Mao Zedong die Kulturrevolution auf den Weg gebracht, damit Bürokratie und starre Strukturen aufgebrochen werden.

Hier ging der Kampf weiter.

Und dann endlich der zwölfte August. Das fremde Land mit seinem großen braunen Mekong. Sie stiegen aus dem Flugzeug, als einige der ersten Außenstehenden, deren Einreise bewilligt wurde.

Vier Ausersehene, vier Ausgewählte.

Ein Resultat persönlicher Kampagnenarbeit, der Studien und der unermüdlichen Unterstützung für die Unterdrückten.

Für *the underdog*.

Sie hatten den überwältigenden Sieg der Volksrevolution über die amerikanische Kriegsmacht willkommen geheißen. Sie waren dem Land gefolgt, das von vorne anfing, das eine ganz neue Gesellschaftsordnung errichten würde. Nicht anhand der kolonialen und überholten Strukturen des entlegenen Westens, sondern aufgrund eigener Bedürfnisse und Erfahrungen. Eine neue Art der Demokratie und eine andere ökonomische Ordnung.

Wie sollten sie diese radikalen Initiativen beurteilen? Gab es objektive Kriterien oder sollten sie einen Schritt zurück machen und still ausharren? Das Ergebnis abwarten?

Oder anders ausgedrückt: Muss die Frage immer lauten, warum? Kann man nicht auch fragen dürfen, warum nicht?

Ich stelle mir vor, dass sie hier landen, auf dem Flughafen vor mir, nach Jahren voller positiver Gedanken. Nicht notwendigerweise Schönmalerei, aber eine Art Wohlwollen. Sie haben die Berichterstattung genau verfolgt, nach erfreulichen Zeichen gesucht statt umgekehrt. Auseinandersetzungen mit der Nachrichtenmaschinerie geführt, die ganz darauf eingestellt schien, Kampuchea herunterzumachen. Die fast ausnahmslos von behaupteten Übergriffen und Sklavenarbeit berichtete, obwohl andere Stimmen existierten, andere Angaben. Wie war das zum Beispiel mit der Reisproduktion? Hatte nicht die Regierung in Phnom Penh mitgeteilt, dass das Land kürzlich autark geworden sei? Warum wurde daraus keine wichtige Nachricht?

Eine Reise in das theoretisch so Vertraute, in das praktisch so Fremde. Mitglieder einer kleinen Schar von eigens Geladenen. Sie reisen mit kritischem Blick, aber zugleich mit einer Offenheit für den Versuch, nach der Zerstörung durch den Krieg etwas grundlegend anderes zu machen.

Fast dreißig Jahre später stehe ich am selben Flughafen. Ich bin zu einer Art Fazit gekommen. Ich kann zurückblicken und die Muster erkennen. In mein Notizbuch schreibe ich: »Kann man von Gunnar und Marita und Jan und Hedda verlangen, dass sie die Fassade durchschauten? Hätten sie wissen müssen, wie die Zeichen zu deuten sind?«

Ich neige dazu, mit Ja zu antworten.

Aber: Hätte ich selbst sie erkannt, falls ich 1978 dort gewesen wäre?

Auserwählt in ein Land zu reisen, das ich so gut zu kennen glaubte?

Ich muss sagen, ich weiß es nicht.

Und ich sehe mich um und ergänze ins Notizbuch: »Welche Fassaden habe ich für mich selbst errichtet?«

261.
[Wie ein Flimmer weiß]

Suong Sikoeun war dabei, als Pol Pots Leiche verbrannt wurde.

»Zu sehen, wie Pol Pot zwischen Autoreifen kremiert wurde, ohne Mönche, ohne dass seine Frau oder Tochter anwesend waren ... Ich sagte später zu seiner Frau, dass ich Tränen in den Augen hatte, als ich das sah. Man hätte zumindest ein Begräbnis organisieren können, einfach, gewiss, aber würdevoll.«

262.

Er streifte mich mit seiner blendenden Schwinge

263.

Die Nachrichtenagentur AFP veröffentlichte am 12. Juli 1979 eine Liste kambodschanischer Diplomaten, die nach der Revolution ins Demokratische Kampuchea zurückgekehrt waren. Jener, die seit damals verschwunden waren und von denen man annahm, dass sie hingerichtet worden waren. Einer der Namen war dem von Marita Wikanders Mann sehr ähnlich.

Die Roten Khmer ließen jedoch mitteilen, dass mehrere Zeugen die Personen auf der Liste gesehen hatten, im Zuge der chaotischen Räumung Phnom Penhs angesichts der heranrückenden vietnamesischen Armee.

Ihr weiteres Schicksal sei hingegen unbekannt, hieß es.

264.
[Wie ein Flimmer weiß]

Sommer 1998 und nur noch Ta Mok ist übrig. All die anderen revolutionären Anführer sind tot oder desertiert. In Kürze werden ihn die Regierungstruppen gefunden und ins Gefängnis gebracht haben. Das ist der Schlusspunkt für die Roten Khmer.

Über Pol Pots Tod sagt er zu einem kambodschanischen Journalisten:

»Pol Pot starb wie eine reife Papaya, die von einem Baum fällt. Es gab keinen, der ihn tötete, keiner vergiftete ihn. Für ihn ist es zu Ende gegangen. Er hat keine Macht mehr, er hat keine Rechte, er ist nicht mehr als Dreck. Dreck ist wertvoller als das, was er war. Den können wir als Dünger verwenden.«

265.
[Aus der Zeitung Gnistan *vom 29. Oktober 1978, Gunnar Bergström schreibt]*

»Im Sand unter dem Pfahlhaus, wo Kinder im Alter von zehn, zwölf Jahren versammelt waren, versuchte ich eine Karte zu zeichnen und zu erzählen, dass ich aus Schweden komme. Es gelang nicht so recht, aber die Kinder verstanden, dass ich lange geflogen bin, um in ihr Land zu kommen.«

BIBLIOGRAPHIE (AUSWAHL)

Augustsson, Lars Åke & Hansén, Stig: *De svenska maoisterna* (Lindelöw, Göteborg 2001)

Barron, John & Paul, Anthony: *Murder of a Gentle Land* (Reader's Digest Press, USA 1977); [dt. *Das Massaker. Der erschütternde Bericht über den kommunistischen Völkermord in Kambodscha* (Stephanus-Edition, Uhldingen / Seewis 1979)]

Becker, Elizabeth: *When the War Was Over* (Public Affairs, New York 1998)

Bizot, François: *Le Portail* (La Table Ronde, Paris 2000)

Caldwell, Malcolm: *Kampuchea: Rationale for a Rural Policy* (Janata Prachuranalu, Hyderabad 1979)

Chanda, Nayan: *Brother Enemy* (Collier Books, New York 1986)

Chandler, David: *Brother Number One – revised edition* (Silkworm Books, Bangkok 1999)

Chandler, David: *The Tragedy of Cambodian History* (Yale University Press, USA 1993)

Chandler, David: *Voices from S-21* (Silkworm Books, Bangkok 1999)

Chomsky, Noam & Herman, Edward S.: *Distortions at Fourth Hand* (The Nation, 6. Juni 1977)

Ear, Sophal: *The Khmer Rouge Canon* (University of California, Berkeley 1995)

Englund, Peter: *Kring Gulag* (aus der Essaysammlung *Förfluten-*

hetens landskap) (Atlantis, Stockholm 1991); [dt. *Die Marx-Brothers in Petrograd: Reisen in die Landschaft der Vergangenheit* (Basisdruck, Berlin 1993)]

Evans, Grant & Rowley, Kelvin: *Red Brotherhood at War* (Verso, London 1984)

Dunlop, Nic: *The Lost Executioner* (Bloomsbury, London 2005)

Frederiksen, Peter: *Kindkys af Pol Pot* (Lindhardt og Ringhof, Kopenhagen 2004)

Heder, Steve & Tittemore, Brian: *Seven Candidates for Prosecution* (Documentation Center of Cambodia, Phnom Penh 2004)

Hitchens, Christopher: *The Trial of Henry Kissinger* (Verso, London 2001); [dt. *Die Akte Kissinger* (Deutsche Verlags-Anstalt, Stuttgart / München 2001)]

Hollander, Paul: *Political Pilgrims – Travels of Western Intellectuals to the Soviet Union, China and Cuba* (Harper & Row, New York 1983)

Kamm, Henry: *Cambodia: Report from a Stricken Land* (Arcade Publishing, New York 1998)

Khieu, Samphan: *Cambodia's Recent History and the Reasons Behind the Decisions I Made* (Ponleu Khmer Printing & Publishing House, Phom Penh 2004)

Kiernan, Ben: *How Pol Pot Came to Power* (Verso, London 1985)

Kiernan, Ben: *The Pol Pot Regime* (Silkworm Books, Bangkok 1996)

Kiernan, Ben & Boua, Chanthou: *Peasants and Politics in Kampuchea* 1942–1981 (Zed Books, London 1982)

Kline, David & Brown, Robert: *The New Face of Kampuchea* (Liberator Press, Chicago 1979)

Lindqvist, Sven: *Nu dog du* (Albert Bonniers förlag, Stockholm 1999)
Locard, Henri: *Pol Pot's Little Red Book – the Sayings of Angkar* (Silkworm Books, Bangkok 2004)
Maguire, Peter: *Facing Death in Cambodia* (Columbia University Press, New York 2005)
Myrdal, Ekerwald u. a.: *Kampuchea mellan tva krig* (Folket i Bild / Kulturfront, Stockholm 1979)
Myrdal, Axelsson, Bergström u. a.: *Kampuchea – Krigen. Politiken. Diplomatin* (Ordfront, Stockholm 1983)
Myrdal, Jan: *Kampuchea hösten 1979* (Pan / Norstedts, Stockholm 1979)
Myrdal, Jan: *Kampuchea och kriget – Skriftställning 11* (Oktoberförlaget, Stockholm 1979)
Myrdal, Jan & Kessle, Gun: *Ansikte av sten. Staden Angkor i Kambodja. Uppgång, storhet och fall. En berättelse om vår tid* (Pan / Norstedts, Stockholm 1968); [dt. Myrdal, Jan: *Kunst und Imperialismus am Beispiel Angkor*. Mit Fotos von Gun Kessle (Nymphenburger Verlagshandlung, München 1973]
Osborne, Milton: *Sihanouk: Prince of Light, Prince of Darkness* (Silkworm Books, Bangkok 1994)
Picq, Laurence: *Au delà du ciel* (Editions Bernard Barrault, Paris 1984)
Ponchaud, François: *Cambodge – année zéro* (Julliard, Paris 1977)
Porter, Gareth & Hildebrand, George: *Cambodia: Starvation and Revolution* (Monthly Review Press, New York 1976)
Salomon, Kim: *Rebeller i takt med tiden* (Rabén Prisma, Stockholm 1996)
Salomon, Kim: *Utopiernes suggestionskraft*, in: Adam Holm & Peter Scharff (Hg.): *Idealisme eller fanatisme? Opgøret om*

venstrefløjen under den kolde krig (Forum, Kopenhagen 2003)

Shawcross, William: *Sideshow: Kissinger, Nixon, and the Destruction of Cambodia* (Simon & Schuster, New York, rev. ed. 1987); [die engl. Erstausgabe erschien dt. als *Schattenkrieg: Kissinger, Nixon und die Zerstörung Kambodschas* (Ullstein, Berlin / Frankfurt / Wien 1980)]

Shawcross, William: *The Quality of Mercy* (Simon & Schuster, New York 1984)

Short, Philip: *Pol Pot – Anatomy of a Nightmare* (Henry Holt, New York 2005)

Sihanouk, Norodom: *Prisonnier des Khmers Rouges* (Hachettes, Paris 1986)

Sihanouk, Norodom: *Souvenirs doux et amers* (Hachette, Paris 1981)

Thion, Serge: *Watching Cambodia* (White Lotus Press, Bangkok 1993)

Vann, Nath: *A Cambodian Prison Portrait* (White Lotus Press, Bangkok 1998)

Vickery, Michael: *Cambodia 1975–1982* (Silkworm Books, Bangkok 1999)

HÖRFUNK

Lindquist, Bosse: *Tystnaden i Phnom Penh* (Dokumentarsendung, Erstausstrahlung am 25. September 1999 im Schwedischen Radio / Programm P1)

[NACHWORT]

I.

2007 war das Jahr, in dem die Anführer der Roten Khmer von der Gerechtigkeit schließlich eingeholt wurden. Einen nach dem anderen brachte man in die speziell dafür errichtete Haftanstalt außerhalb Phnom Penhs. Es war der Anfang vom Ende eines Rechtsprozesses, der zehn Jahre lang ausgehandelt worden war. Die Vereinten Nationen und Kambodscha sollten in einem gemeinsamen Gericht gegen die jetzt gealterte Führung ermitteln. Dass es Zeit in Anspruch nahm, sich auf das Verfahren zu einigen, wird damit erklärt, dass Großmächte wie die USA und China nicht wollten, dass ihre Einmischung in die tragische Geschichte Kambodschas zum Gegenstand einer gerichtlichen Untersuchung wird. Und in Kambodscha wollte die derzeitige politische Führung, darunter viele Rote Khmer, die 1978 vor den Säuberungen in der Ostzone nach Vietnam flohen, keine Nachforschungen zu ihrer Vergangenheit riskieren.

Alle Beteiligten haben kambodschanisches Blut an ihren Händen.

Herausgekommen ist ein Kompromiss, der darin besteht, dass gegen einige Personen aus der vordersten Reihe der Roten Khmer Anklage wegen Völkermordes und Verbrechen gegen die Menschlichkeit erhoben wird.

Der erste Richterspruch fiel im Juli 2010, als der Kommandant der Todesfabrik S-21, Duch, zu fünfunddreißig Jahren Gefängnis verurteilt wurde. Duch, der zuvor zum Christentum konvertiert war, bekannte sich schon in der Frühphase des Prozesses schuldig. Als Verantwortlicher für S-21, wo die wichtigsten politischen Gefangenen verhört und ermordet wurden, hat Duch einen besonderen Einblick in die geheimnisvolle Führungsriege des Regimes. Ein Einblick, der sich in den folgenden Anklagen als wertvoll erwiesen hat.

Unter denen, die festgenommen worden sind, befindet sich naturgemäß auch der Staatschef der Roten Khmer, Khieu Samphan. Seine letzte Zeit in Freiheit wurde in dem faszinierenden Film *Facing Genocide* von David Aronowitsch und Staffan Lindberg dokumentiert. Der Film kann als Khieu Samphans Versuch gesehen werden, sich seinen eigenen Nachruf zurechtzulegen. Erstaunlicherweise macht er keinerlei Anstalten, sich von Pol Pot zu distanzieren, er präsentiert sich stattdessen als überaus naher Vertrauter (»Ich war wie sein Schatten!«). Vor den verblüfften Filmemachern begibt sich Khieu Samphan in die Rolle des jovialen und redefreudigen Reiseführers im alten Kernland der Roten Khmer. Eine Szene ist besonders stark. Mit weißem Sonnenhut und hellblauem kurzärmeligen Hemd steht Khieu Samphan vor Pol Pots altem verlassenen Haus nahe der thailändischen Grenze. Er sagt: »Ständig glaube ich, ihn zu sehen. Hier, im Kardamomgebirge, an verschiedenen Orten.« Er verstummt und einer der Filmemacher fragt: »Vermissen Sie ihn?« Khieu Samphan nickt rasch und presst die Lippen zusammen, als würde er zu weinen beginnen. Nickt erneut, sagt kurz etwas und wendet sich von der Kamera ab.

Die wichtigste Person wird sich jedoch nicht vor Gericht einfinden – gut ein Jahrzehnt ist vergangen, seit sich der Rauch von

Pol Pots Feuerbestattung aufgelöst hat. Auch sein Oberbefehlshaber, der »Schlächter« Ta Mok, wird nicht zur Verantwortung gezogen werden. Er starb 2006 in Haft, nachdem man ihn 1999 festgenommen hatte. Ta Mok vertrat jenen Flügel innerhalb der Roten Khmer, der nicht im Ausland ausgebildet worden war. Mit ihm ging ein wichtiger Zeuge verloren. Er besaß weitreichende Kenntnisse über die Wurzeln der Roten Khmer bei den Khmer Issarak, der Widerstandsbewegung gegen die französische Kolonialmacht. Es ist sogar zu vermuten, dass er sich gegenüber der Gruppe von Intellektuellen, Außenminister Ieng Sary und Khieu Samphan etwa, die nach der Revolution schrittweise die Führung übernahm und So Phim, Ruos Nim und andere seiner früheren Waffenbrüder bei den Khmer Issarak ermorden ließ, weniger loyal fühlte. (Ta Mok hielt sich im Übrigen nicht damit auf, verdächtige Parteimitglieder nach S-21 und in Duchs Verhörraum zu schicken, sondern ließ sie sofort töten.)

Unabhängig davon, wie die Urteile gegen die Anführer der Roten Khmer ausfallen, wird der Prozess eine wichtige Funktion erfüllen. In erster Linie nicht deshalb, weil die Schuldigen festgestellt werden. Was die Anklage so wichtig macht, ist, dass große Teile der betroffenen Bevölkerung noch immer sehr eingeschränkte Kenntnisse davon haben, was zwischen 1975 und 1979 geschah. Sie überstanden eine unerklärliche Katastrophe, mit deren Folgen sie seither zu leben versuchen. Das Gerichtsverfahren kann somit auch die Funktion einer Volksaufklärungskampagne und der Traumabewältigung erfüllen.

Und vielleicht erhalten die Menschen endlich Antworten auf die Frage, die ich während der Jahre in Kambodscha so oft gehört habe: »Warum haben sie uns getötet?«

II.

Die vorliegende Ausgabe von *Pol Pots Lächeln* beinhaltet gegenüber der ursprünglichen eine Handvoll weiterer Szenen. Die meisten davon sind im Zuge der verschiedenen Übersetzungen entstanden. Somit gleicht keine Ausgabe der anderen. Die neuen Szenen sind jedoch für den Gesamtzusammenhang nicht von ausschlaggebender Bedeutung, sondern liefern vor allem Details und Vertiefendes, und ich hätte sie wahrscheinlich in die Originalfassung mit aufgenommen, wenn sie mir zum Zeitpunkt, als diese geschrieben wurde, bekannt gewesen wären. Es mag respektlos klingen, aber die Vorstellung eines unveränderlich abgeschlossenen, von höheren Sphären gegebenen Werks teile ich nicht. Auch in der Vergangenheit war Autoren der Gedanke nicht fremd, bereits veröffentlichte Texte im Nachhinein zu verbessern.

III.

Pol Pots Lächeln stützt sich auf Material aus sehr unterschiedlichen Quellen. Zum Teil ist es Arbeiten entnommen, die vorrangig die kambodschanische Zeitgeschichte behandeln. Einige der Autoren haben mich bei meinen Nachforschungen unmittelbar unterstützt. Ich möchte die Gelegenheit wahrnehmen und mich besonders bei Philip Short, Steve Heder, Ben Kiernan, Helen Jarvis und Peter Frederiksen bedanken. Sie haben sich Zeit genommen, meine Fragen zu beantworten, und auf alternative Wege der Recherche hingewiesen. Philip Short war zudem so freundlich, mein Interview mit Suong Sikoeun zu vervollständigen.

Der Großteil der zitierten Parolen stammt aus Henri Locards *Pol Pot's Little Red Book – the Sayings of Angkar*. Viele der Szenen in *Wie ein Flimmer weiß* wurden von Philip Shorts *Pol Pot – Anatomy of a Nightmare* und David Chandlers *Brother Number One* inspiriert. Das Gedicht in Szene 62 erscheint mit freundlicher Genehmigung von Thomas Nydahl. [Das Gedicht von Göran Sonnevi in Szene 217 wurde mit beratender Unterstützung Klaus-Jürgen Liedtkes ins Deutsche übertragen; Anm. d. Ü.]

Die Szenen 138 und 165 verdanken ihre Entstehung dem Artikel *Ein Vater verschwindet*, erschienen am 11. November 1999 in *Dagens Nyheter*. Bei dem Dokumentarfilm, auf den in Szene 239 Bezug genommen wird, handelt es sich um *S-21: The Khmer Rouge Killing Machine* von Rithy Panh. Hedda Ekerwalds Reisetagebuch wurde 1978 in Ausgabe 3–4 der Zeitung *Kampuchea* veröffentlicht.

Bedanken möchte ich mich auch, in keiner bestimmten Reihenfolge, bei Sara Stridsberg, Daniel Åberg, David Sandberg, Helena Hjelm, Aarti Kapor, Gordon Candelin, Patrick Uong, Nhek Sarin, Israel Young, Bosse Lindquist, Kim Son, Julio Jeldres, Alexander Skantze, Kim Salomon, Ulf Krook, Martin Fröberg, Kirstin Berget, Steve Sem-Sandberg, Jens Kristensson, Jenny Teng, Maud Sundqvist, Yuok Chhang, Augustin Erba, Ingmar Lemhagen, Richard Herold, Mariusz Kalinowski und meinen Eltern, die alle in unterschiedlicher Weise bei der Arbeit an diesem Buch geholfen haben.

Abschließend danke ich insbesondere Hedda Ekerwald und Gunnar Bergström, die sich freundlicherweise die Zeit nahmen, mit mir zu sprechen.

Peter Fröberg Idling
Hägerstensåsen, September 2012